Geschichte Spartas

Ein spannender Leitfaden über die Spartaner und den Trojanischen Krieg

Inhaltsverzeichnis

Teil 1: Sparta

Ein spannender Überblick über die Spartaner, ihren Stadtstaat im antiken Griechenland, über die Perserkriege, den Peloponnesischen Krieg und andere Konflikte, in denen ihre Armee kämpfte

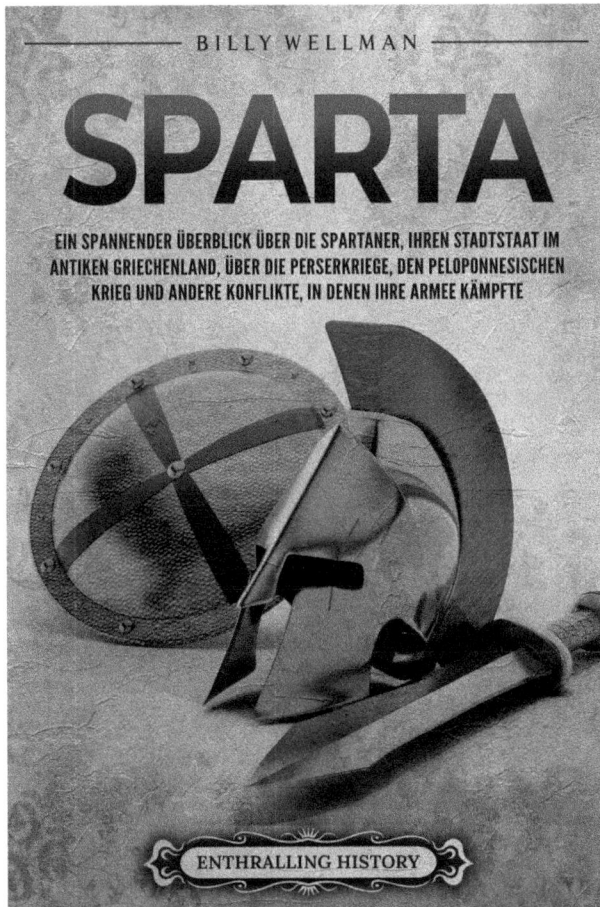

Einführung

Jeder Teil unserer Gesellschaft ist mit unerzählten Geschichten verbunden, die Tausende von Jahren zurückreichen. Das bedeutet, dass es auf den Seiten der Geschichte viel Wissen zu entdecken gibt. Dieses Wissen gibt uns ein umfassenderes Bild von uns selbst und unserem Platz in der Welt.

Geschichte war schon immer mehr als ein langweiliges akademisches Fach, das manchmal den Anschein erweckt, als habe es keinen praktischen Nutzen für das Leben. Jede Generation der Menschheit hat ihre Lebensgeschichte und ihre Erfahrungen an die nächste Generation weitergegeben. Dies geschah auf unterschiedliche Weise: durch Erzählungen, Überlieferungen, traditionelle Lieder und Gemälde, um nur einige zu nennen. Und die brillanten Bemühungen der Historiker, sowohl in der Antike als auch in der Moderne, haben der Menschheit immer wieder Entdeckungen aus der Vergangenheit beschert, die wir brauchen, um die Gegenwart zu verstehen.

Wie können wir die Welt, in der wir leben, wirklich verstehen, wenn wir nicht wissen, wie sie entstanden ist?

In der Antike entstanden viele Zivilisationen, deren Einfluss bis heute spürbar ist. Wenn wir diesen Zusammenhang in Bezug auf Griechenland zurückverfolgen, führt uns das bis in die klassische Epoche, in die Zeit, in der die meisten Ereignisse stattfanden, die in diesem Buch beschrieben werden.

Das klassische Zeitalter begann und endete in verschiedenen Teilen der antiken Welt zu unterschiedlichen Zeiten, aber in Griechenland datiert es auf das 6. bis 4. Jahrhundert v. u. Z. Das ist eine sehr lange Zeit her, etwa dreitausend Jahre.

Für manche ist es schwer zu verstehen, dass es sich um reale Menschen handelt, die gelebt und diese großen Taten vollbracht haben, und nicht um Fantasiefiguren aus einem Roman.

Möchten Sie alles darüber lesen? Freuen Sie sich auf eine außergewöhnliche Reise in das antike Griechenland, die Heimat einiger der außergewöhnlichsten Gesellschaften der Weltgeschichte.

Unser Hauptziel ist Sparta, eine Stadt im südöstlichen Teil der Peloponnes. Sie war die Heimat einiger der größten Krieger, die je auf Erden wandelten. Sie waren in mehr Dramen verwickelt, als man sich vorstellen kann. Die Spartaner waren ein Volk, das sich seiner Freiheit rühmte, und das zu Recht!

Ob Sie bereits ein großer Fan sind, ein Enthusiast, der mehr über sie erfahren möchte, oder ein Anfänger, der ganz von vorne anfangen möchte – dieses Buch erzählt alles, was es über Sparta zu wissen gibt.

Die faszinierende Erzählung ist klar und verständlich formuliert und Sie werden keine bessere Geschichte finden!

ABSCHNITT EINS:
DER AUFSTIEG SPARTAS
(1100 V. U. Z. – 500 V. U. Z.)

Kapitel 1 – Vom Mythos zur Wirklichkeit

Ein Großteil der reichen Geschichte des antiken Sparta ist mit den ruhmreichen Taten seiner legendären Könige verbunden. Ihre glorreichen Triumphe in der Schlacht, ihre verwickelten Liebesgeschichten und ihre brillanten Leistungen in der antiken Politik machten den griechischen Stadtstaat im Südosten der Peloponnes berühmt.

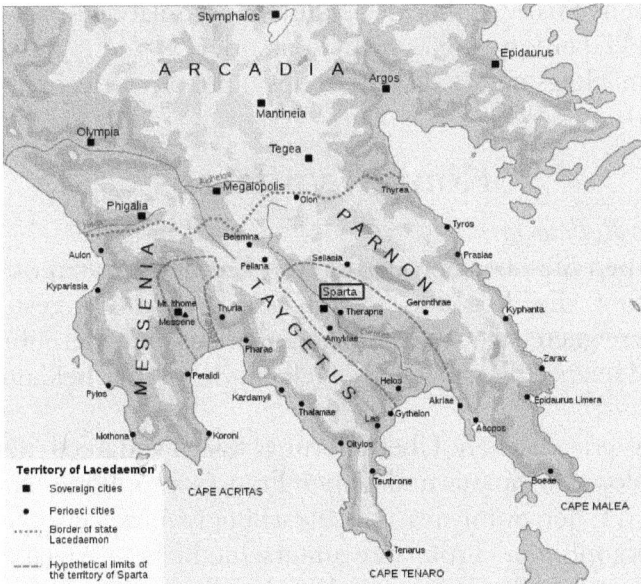

Karte des antiken Sparta.[1]

Es ist wichtig, die mythischen Anfänge Spartas zu untersuchen, um seine Entwicklung zu verstehen. Vieles von dem, was Sie in diesem Kapitel lesen werden, basiert auf Legenden, aber viele Legenden haben einen wahren Kern. Während des Trojanischen Krieges zum Beispiel gab es wahrscheinlich keine Götter und Göttinnen auf dem Schlachtfeld, aber die Menschen damals hielten es für wahr und deshalb spielen sie in den Geschichten über den Krieg oft eine wichtige Rolle.

Was die Ursprünge betrifft, so hieß Sparta nicht immer „Sparta". Der Stadtstaat war früher unter dem Namen Lakedaimon bekannt und wird in einigen Texten als Lakonien bezeichnet. Die Geschichtsschreiber Herodot und Thukydides nannten Sparta in ihren Werken oft Lakedaimon. Die Stadt war nach der gleichnamigen antiken lakonischen Hauptstadt in Südgriechenland benannt.

Um 1600 v. u. Z. war Lelex, ein Sohn des griechischen Meeresgottes Poseidon, der erste mythische König von Lakonien (oder Sparta). Während einige antike Überlieferungen Lelex als Nachkommen des Sonnengottes Helios oder Poseidon beschreiben, glauben andere, dass Lelex ein Sterblicher war, der aus Erde und Bäumen geboren wurde. Er war mit einer Flussnymphe namens Kleochareia verheiratet, die ihm viele Söhne gebar, von denen einer sein Erbe war, Myles.

Myles war der Vater von Eurotas, der keinen männlichen Erben hatte, dem er sein Reich vermachen konnte. Er übergab das Reich an Lakedaimon, den Sohn des Zeus. Dieser heiratete eine der Töchter des Eurotas namens Sparte, daher der Name des Königreiches.

König Lakedaimon ahnte nicht, dass der Name Sparta einmal für einen der mächtigsten Stadtstaaten des antiken Griechenlands stehen würde.

König Tyndareos

Hippokoons Rebellion

Vielleicht haben Sie über den berühmten Eid des Tyndareos gelesen und sind dabei auf die Legende von König Tyndareos gestoßen. Diese Geschichte ereignete sich während seiner politischen Bemühungen, seine Stieftochter Helena, die später als Helena von Troja bekannt wurde, zu heiraten.

Nach der griechischen Überlieferung war Tyndareos der Sohn des Königs Oibalos von Sparta und seiner Frau Gorgophone. Nach anderen Quellen war er der Sohn des messenischen Königs Perieres und seiner Königin Gorgophone. Trotz der unterschiedlichen Angaben über die Abstammung von Tyndareos sind sich alle einig, dass er mehrere

Geschwister hatte, darunter Hippokoon und Ikarios.

Tyndareos wurde zum König von Sparta gekrönt, aber Hippokoon begehrte den Thron. Er war der Meinung, dass ihm die Krone zustehe, da er der älteste Sohn sei. Bei seinem ersten Versuch eroberte Hippokoon den Thron von Sparta und schickte den bisherigen Throninhaber Tyndareos zusammen mit seinem anderen Bruder Ikarios (der später der Vater von Penelope, der Frau des berühmten Odysseus, werden sollte) ins Exil.

Die verbannten Brüder fanden Zuflucht bei den Bewohnern von Ätolien. Bei ihnen handelte es sich um die legendären Kureten, die sich zu jener Zeit im Krieg mit ihren Feinden, den kalydonischen Jägern, befanden. Nach anderen Quellen verbrachte Tyndareos sein Exil in der malerischen lakonischen Stadt Pellana am Fluss Eurotas.

Vielleicht wäre Tyndareos im Exil geblieben, wenn nicht Herakles, der berühmte Sohn des Zeus, eingegriffen hätte. Die Feldzüge des Herakles auf der peloponnesischen Halbinsel richteten sich gegen den Herrscher von Pylos, König Neleus, und alle seine Verbündeten. Nachdem König Neleus und seine Söhne besiegt waren, ereilte das gleiche Schicksal auch seine Verbündeten, darunter den Herrscher Hippokoon. Nach dem Tod Hippokoons und seiner Söhne kehrte Tyndareos nach Sparta zurück und erhob erneut Anspruch auf den Thron.

Leda und der Schwan

Die Götter hatten oft Kontakt mit den Sterblichen und erschienen ihnen in verschiedenen Gestalten. Als König Tyndareos den Thron von Sparta bestieg, gebar ihm seine schöne Königin Leda von Ätolien vier Kinder: Klytaimnestra, Helena, Pollux und Kastor. Aber nicht alle waren seine Kinder.

Den antiken Quellen zufolge war Zeus, der Gott des Himmels, von der Schönheit Ledas verzaubert. Aus Sehnsucht nach ihr stieg er in Gestalt eines Schwans vom Olymp herab und schlief mit ihr in der Nacht, in der sie eigentlich bei ihrem Gatten, dem König, sein sollte.

Die Königin Leda wurde schwanger und gebar zwei Eier, die jeweils zwei Kinder enthielten. Da Leda in der gleichen Nacht auch mit ihrem Mann schlief, gibt es widersprüchliche Versionen darüber, welche Kinder von Zeus und welche von Tyndareos stammten. Jedenfalls wurden sie von König Tyndareos als seine eigenen Kinder aufgezogen.

William Butler Yeats schrieb in den 1920er Jahren ein Sonett über diese Begegnung, und die Legende von Leda und dem Schwan wurde in Gemälden, Skulpturen, Wandmalereien, epischen Gedichten und anderen Kunstformen dargestellt.

Leda und der Schwan, eine Kopie aus dem 16. Jahrhundert nach dem heute verlorenen Gemälde von Michelangelo: *Der Schwur des Tyndareos*[2]

Helena (ja, die berühmte Helena von Troja) gilt als eines der Kinder des Götterkönigs Zeus. Sie wurde als ebenso schön beschrieben wie Königin Leda, obwohl viele sagen, dass sie die schönste Frau der Welt war. Zu ihrem göttlichen Status kam ihr unwiderstehlicher Charme, der die Aufmerksamkeit der heiratsfähigen Junggesellen in ganz Griechenland auf sich zog.

Helena von Troja, Gemälde von Dante Gabriel Rossetti, 1863.[3]

Als junges Mädchen wurde Helena von Theseus von Athen (dem berühmten Besieger des Minotauros) entführt. Da er sich für göttlich hielt, war es nur recht und billig, dass er jemanden heiratete, der ebenfalls göttlich war. Und eine bessere Partie als die Tochter des Zeus konnte er sich nicht wünschen. Er versteckte sie bei seiner Mutter Aithra und begab sich mit seinem Freund in die Unterwelt.

Seine Abwesenheit bot eine Gelegenheit für Helenas Brüder, Castor und Pollux. Sie eroberten Athen und brachten ihre Schwester nach Sparta zurück. Als Strafe für die Beleidigung wurde die Stadt geplündert und Theseus' Mutter zur Sklavin gemacht.

Als Helena volljährig wurde, strömten die Freier in den Palast des Königs Tyndareos, um um ihre Hand anzuhalten. Odysseus, Ajax der Große, Menestheus, Patroklos, Menelaos und Agamemnon (einigen Quellen zufolge stand Agamemnon für Menelaos) waren einige der vielen Männer, die Helena heiraten wollten.

Alle Freier überreichten der Königsfamilie von Sparta luxuriöse Geschenke, aber König Tyndareos war sich nicht sicher, wen er auswählen sollte. Wenn er bei der Auswahl nicht diplomatisch genug vorging, riskierte er, die Freier zu beleidigen und Krieg und Konflikte zu heraufzubeschwören. Die Zeiten waren heikel und die Situation brisant, so dass Vorsicht für Tyndareos das oberste Gebot war.

Odysseus von Ithaka, einer der Freier, sah die Not des spartanischen Königs und schlug ihm eine Lösung vor. Er würde einen diplomatischen Weg finden, um die Angelegenheit zu lösen und im Gegenzug die Hand von Penelope, der Nichte des Königs, erhalten. König Tyndareos nahm das Angebot des Odysseus begeistert an und wie versprochen wurde eine Lösung vorgeschlagen. Alle Freier würden sich verpflichten, den ausgewählten Freier nicht anzugreifen, und versprechen, gegen jeden, der eine Bedrohung für den ausgewählten Freier und seine Frau darstellte, zu den Waffen zu greifen.

Die Bewerber erklärten sich bereit, den als Tyndareos-Eid bekannten Schwur abzulegen, der sicherstellte, dass, falls der Auserwählte zögern sollte, weitere Kandidaten bereitständen. Menelaos, der Fürst von Mykene (dem vordorischen Sparta), wurde als Ehemann für Helena ausgewählt, und sein älterer Bruder, König Agamemnon von Mykene, heiratete Helenas Schwester Klytaimnestra.

Helenas Ehe mit Menelaos sollte jedoch eine Wendung nehmen, als ein schöner trojanischer Prinz auftauchte.

König Menelaos

Menelaos und sein Bruder Agamemnon wurden mitten in einen finsteren Machtkampf zwischen ihrem Vater Atreus und ihrem Onkel Thyestes hineingeboren. Der Streit war so heftig, dass ihr Vater durch die Hand seines Cousins Aigisthos starb und Thyestes den Thron von Mykene bestieg.

Ihr tyrannischer Onkel zwang Menelaos und Agamemnon, ihre Jugend im Exil zu verbringen. Als die verbannten Brüder auf König Tyndareos trafen, nutzten sie ihre militärische Stärke und eroberten mit seiner Hilfe ihre Heimat von Thyestes zurück. Agamemnon wurde König von Mykene und Menelaos heiratete Helena, die Stieftochter des Königs Tyndareos.

Einige Zeit nach ihrer Hochzeit traten König Tyndareos und seine Frau Leda als König und Königin von Sparta zurück. Menelaos und Helena übernahmen die Herrschaft und ihre erste Tochter, Hermione, wurde geboren.

Der Trojanische Krieg

Prinz Paris (auch unter dem Namen Alexander bekannt) gehörte nicht zu den Freiern, die den Eid des Tyndareos geschworen hatten. Aber er begehrte Helena auch nicht- zumindest nicht, bis er der Göttin Aphrodite begegnete. Als Belohnung dafür, dass er Aphrodite zur schönsten Göttin erkor, versprach Aphrodite Paris, dass die schönste Frau der Welt seine Frau werden würde.

Nach seiner Begegnung mit der Göttin kehrte der Prinz von Troja zu seiner Familie zurück und begab sich auf eine diplomatische Reise nach Sparta - so schien es zumindest. In Wahrheit war es jedoch Paris' Mission, Helena zu finden und sie mit Aphrodites Segen zu seiner Frau zu machen. Er fand heraus, dass Königin Helena so schön war, wie es in den Geschichten hieß, und der trojanische Prinz verliebte sich in sie.

Als Paris erfuhr, dass Helenas Mann sich im fernen Kreta aufhielt, um an einer Beerdigung teilzunehmen, floh er mit Helena nach Troja. Über Helenas Flucht nach Troja gibt es unterschiedliche Überlieferungen. Einige gehen davon aus, dass sie vom lüsternen Paris gewaltsam aus ihrem Palast entführt wurde, andere behaupten, dass sich Helena durch die Vermittlung von Aphrodite in Paris verliebte und freiwillig mit ihm Sparta verließ.

Helenas erzwungene oder freiwillige Übersiedlung nach Troja wurde durch ihre Heirat mit Paris besiegelt. Sie war nicht mehr Helena von Sparta, sondern Helena von Troja, und damit war der Grundstein für den legendärsten Krieg in den Annalen Spartas gelegt: den Trojanischen Krieg.

Herodot schreibt, dass es nicht das erste Mal war, dass die Frau eines regierenden Königs von einem anderen entführt wurde. Die Entführung der Helena war einer von vielen Vorfällen dieser Art in jener Zeit, so dass Paris wahrscheinlich mit geringen oder gar keinen Konsequenzen für sein Handeln gerechnet hatte.

König Menelaos hingegen war außer sich vor Wut, als er nach Hause kam und sein Bett leer vorfand. Auch seine Tochter Hermione war von diesem beispiellosen Ereignis erschüttert.

In der Ilias, dem berühmten griechischen Gedicht von Homer über den Trojanischen Krieg, heißt es, dass König Menelaos zunächst eine diplomatische Mission nach Troja unternahm, um die Rückkehr seiner Frau zu erreichen.

Paris und die Trojaner lehnten ab, was den Zorn und die Rachsucht des Menelaos nur noch mehr anstachelte. Ein Fürst von Troja hatte den König von Sparta und damit Sparta selbst beleidigt. Im Gegensatz zu anderen, die ungestraft die Frauen anderer Könige entführt hatten, sollte die Beleidigung des Prinzen Paris nicht ungestraft bleiben.

Menelaos sammelte seine Männer und rief durch Agamemnon alle Freier der Helena zusammen, die den Eid des Tyndareos geschworen hatten, damit sie ihr Versprechen einlösten. Mit den Königen, Fürsten und Adeligen der Peloponnes an seiner Seite schmiedete Menelaos ein eindrucksvolles Bündnis. Er konnte auf seinen Bruder Agamemnon, den listenreichen Odysseus und den legendären Kriegshelden Achilles zählen, um nur einige zu nennen. Gemeinsam marschierten sie nach Troja, das wahrscheinlich in der heutigen Türkei lag, und belagerten die Festung im 12. oder 11. Jahrhundert v. u. Z.

In einigen Versionen wird der Trojanische Krieg als eines der Mittel dargestellt, mit denen Zeus die menschliche Bevölkerung auf der Erde reduzieren wollte. Obwohl wir wissen, dass dies nicht der Grund für den Krieg war, ist es leicht zu verstehen, warum die Menschen damals so dachten. Schließlich forderte der Trojanische Krieg viele Opfer.

Er dauerte angeblich zehn Jahre, Tausende wurden in der Schlacht getötet und Hunderte desertierten. Die Trojaner waren ihren Feinden gegenüber im Vorteil, da ihre Stadt von fast undurchdringlichen Mauern geschützt war. Außerdem kannten sie das Gelände besser als die kriegführenden Fremden.

Die Griechen hatten zwar mehr Männer im Kampf, aber nachdem Achilles im Kampf getötet worden war, erkannten die Griechen, dass sie eine Strategie brauchten, die den Krieg ein für alle Mal zu ihren Gunsten beenden würde.

Odysseus hatte eine weitere brillante Lösung.

Am nächsten Morgen wachten die Trojaner mit der Nachricht auf, dass Menelaos' den Kampf aufgegeben hatte. Nachdem sie die Tore Trojas erfolglos belagert hatten, waren die Griechen nach Hause gesegelt. Der Krieg war vorbei. Die Griechen ließen ein riesiges hölzernes Pferd als Opfergabe an Athene am Ufer Trojas zurück.

Eine Nachbildung des Trojanischen Pferdes aus dem Film „Troja". Einige haben die Theorie aufgestellt, dass das Trojanische Pferd in Wirklichkeit ein Schiff gewesen sein könnte!'

Die Männer von Troja feierten und brachten das Pferd als Trophäe für ihren Triumph in der Schlacht in die Stadt. Es schien, als müsse Helena von Troja nicht mehr nach Sparta zurückkehren.

Die Trojaner wussten nicht, dass das Trojanische Pferd ein Trick der Griechen war und ihr tödlicher Plan in dieser Nacht in die Tat umgesetzt werden sollte. Menelaos und die besten Krieger Griechenlands hielten sich im Inneren des Pferdes versteckt. Während die Trojaner schliefen, schlichen sich die Griechen aus ihrem Versteck und öffneten die Stadttore für den Rest ihrer Truppen.

Troja wurde gnadenlos geplündert und die Trojaner niedergemetzelt. Das Trojanische Pferd war nicht das Siegeszeichen, das sich die Trojaner vorgestellt hatten. Es war ein Instrument für den Fall Trojas und eigentlich die Trophäe des Menelaos und seiner Verbündeten.

Der Einfall der Dorer und der Beginn des dunklen Zeitalters Griechenlands

Herakles, der Sohn des Zeus und der Alkmene, war ein griechischer Halbgott und Stammvater der Herakliden.

König Eurystheus, der letzte mykenische König aus dem Geschlecht der Perseiden, war ein erbitterter Feind des Herakles, und sein Hass erstreckte sich auch auf dessen Nachkommen. Nach der Überlieferung der griechischen Antike ließ Eurystheus sie alle aus ihrem Land auf der Peloponnes vertreiben.

Die verbannten Herakliden wurden von König Aigimios von Doris aufgenommen und in die dorische Gemeinschaft integriert. Doris war eine kleine Region in Zentralgriechenland, in der Dorisch gesprochen wurde, einer der wichtigsten Dialekte des klassischen Griechisch.

Im Gegensatz zu den benachbarten achäischen Städten mit ihrer ausgefeilten Kultur und ihren prächtigen Bauwerken bevorzugten die Dorer ein einfaches, gemeinschaftliches Hirtenleben. Sie bestellten die Felder als Bauern und Hirten, und ihre Männer waren im Kriegshandwerk bewandert.

Viele Generationen später kehrten die Nachkommen des Herakles, die nun vollständig Dorer waren, auf die Peloponnes zurück, um ihr Heimatland zurückzufordern. Dieser Akt wird im Englischen historisch als die „Dorische Invasion (im Deutschen „Dorische Wanderung") bezeichnet und fand im frühen 11. Jahrhundert statt.

Der Begriff „Invasion" beschreibt die Wanderung der Dorer nach Mykene in Griechenland und war kein typischer Krieg. Der Begriff wurde jedoch aufgrund der gewaltsamen Natur der dorischen Besetzung Griechenlands übernommen.

Als Vergeltung für ihr Exil überfielen die mit Schwertern bewaffneten Dorer die Stadt Mykene, das Epizentrum der aufstrebenden griechischen Zivilisation, und zerstörten ihre Gebäude. Sie eroberten auch Lakonien, die Argolis und Messenien und drangen weiter in die südlichen Inseln der Ägäis vor. Die ehemaligen Bewohner der eroberten griechischen Städte flohen in die Berge Arkadiens, andere suchten Asyl in Kleinasien und Attika.

Die Dorer führten ihre Expansion weit über die griechischen Küsten hinaus in Teile Italiens und Nordafrikas, während sie die Festungen Sparta, Argos und Korinth hielten. Die plötzliche Eroberung durch einen fast unbekannten bäuerlichen Stamm beendete möglicherweise die mykenische Epoche in Griechenland.

Die Einzelheiten dieser Epoche liegen im Dunkeln, da die historischen Aufzeichnungen, die während der mykenischen Ära verfasst wurden, während der Invasion der Dorer verloren gingen. Aus diesem Grund bezeichnen Historiker diese Epoche als „dunkles Zeitalter".

Nachdem die Dorer auf der Peloponnes zur herrschenden Schicht aufgestiegen waren, wurde ihre Sprache, das Dorische, zum vorherrschenden Dialekt auf der gesamten Peloponnes.

Durch den starken Rückgang der griechischen Bevölkerung und die Zerschlagung der kulturellen Strukturen ging der Reichtum des vordorischen Griechenlands stark zurück. Historische Dokumente gingen verloren, Handels- und sozioökonomische Systeme brachen zusammen, und der Ruhm der Bronzezeit wurde unter den Trümmern zerstörter Paläste und Tempel begraben.

Mit dem Ende des mykenischen Griechenlands gewann Sparta als Sitz der politischen Macht an Bedeutung. Die Herakliden (oder Herakleiden) des 7. Jahrhunderts v. u. Z. übernahmen die politischen Geschicke, da sie sich als die einzig verbliebenen Nachfahren des Zeus betrachteten.

Mitten im Chaos des dunklen Zeitalters Griechenlands entstand eine neue Regierung. Zwei Herrscherdynastien sollten aus den Nachkommen des Zeus hervorgehen: die Agiaden und die Eurypontiden. Zwei Könige sollten über Sparta herrschen.

Dies war eine der Bestimmungen der neuen spartanischen Verfassung, der Großen Rhetra, die von einem weisen Gesetzgeber namens Lykurg formuliert wurde.

Kapitel 2 – Die lykurgischen Reformen

Lykurg von Sparta

Der griechische Biograph und Historiker Plutarch gibt in seinem Werk „Das Leben des Lykurg" die ausführlichste Lebensbeschreibung des spartanischen Staatsmannes Lykurg aus dem 9. Jahrhundert. Lykurg wird die Gründung der nachdorischen politischen Ordnung Spartas zugeschrieben, die Sparta aus dem turbulenten dunklen Zeitalter Griechenlands herausführte.

Über Lykurgs Abstammung oder seine tatsächliche Existenz ist wenig bekannt, aber einige Legenden besagen, dass er die menschliche Gestalt des Gottes Apollon gewesen sein könnte. Dies steht jedoch im Widerspruch zu Plutarchs Bericht, wonach Lykurg irgendwann in seinem Leben Apollon Opfer darbrachte. Plutarch stellt Lykurg als Nachkommen des Herakles und als Fürsten eines der beiden spartanischen Herrscherhäuser dar.

Die Einzelheiten seiner Herkunft sind bis heute umstritten, die Historiker sind sich jedoch einig, dass Lykurgs Weg zum Ruhm mit dem Tod seines älteren Bruders Polydektes von Sparta begann. Polydektes hinterließ seinen Sohn Charilaos in Lykurgs Obhut. Lykurg machte das Kind zum König und die Nachricht von seiner Tat verbreitete sich in ganz Sparta.

Je berühmter Lykurg wegen seiner Bescheidenheit und seines Glaubens an die Gerechtigkeit wurde, desto mehr hasste ihn die Königin, die Mutter von Charilaos. Sie war überzeugt, dass Lykurgs Großzügigkeit nur Fassade war und er insgeheim den Thron anstrebte.

Lykurg war nicht in der Lage, die Königin und ihr Volk von seiner Aufrichtigkeit gegenüber Charilaos zu überzeugen, und so beschloss er, Sparta zu verlassen. Er begab sich auf eine lange Reise, die ihn von dem jungen König trennte, bis dieser alt genug war, um einen Erben zu zeugen.

Die Reise

Nachdem er in Sparta seine hohe politische Position aufgegeben hatte, war seine erste Station Kreta, ein griechischer Stadtstaat, der ebenfalls während der dorischen Invasion erobert worden war.

Kreta erholte sich schnell von den Wirren des dunklen Zeitalters. Es wurde einst von König Minos, dem Sohn von Zeus und Europa, regiert. Minos war ein hervorragender Gesetzgeber, und Lykurg sollte seine Reformen nach seinem Vorbild gestalten.

Thales, ein Musiker und Dichter, war ein Bekannter von Lykurg auf Kreta. Thales war ein Meister der schönen und beruhigenden Musik, und seine Darbietungen hatten eine fast magische Wirkung auf die Menschen. Es heißt, dass jedes Mal, wenn Thales in einem Bankettsaal auftrat, die Zuhörer ihre Streitigkeiten beiseitelegten und sich verpflichteten, tugendhafte Menschen zu sein. Lykurg sah im Einfluss der Musik des Thales das Potential, die Herzen der Menschen zu öffnen und brachte ihn mit zurück nach Sparta.

Lykurg ging dann nach Ionien. Zu seiner Überraschung unterschied sich die Lebensweise der Ionier grundlegend von der der Dorer. Die Ionier, einer der vier großen Volksstämme des antiken Griechenlands, waren kulturell hoch entwickelt. Ihre Kunst und Philosophie waren weit fortgeschrittener als die der strengen Dorer. In Ionien lernte Lykurg die Werke Homers kennen, die er eingehend studierte und bekannt machte. Plutarch hebt hervor, dass Lykurg auch einen kurzen Aufenthalt in Ägypten einlegte, wo er sich militärisches Wissen aneignete. Er reiste nach Spanien und Indien, wo er die Besonderheiten der dortigen Gesellschaft und Politik kennenlernte.

Der Kontakt mit fremden Kulturen und Zivilisationen weckte in Lykurg den Wunsch, die politischen Grundlagen Spartas zu reformieren. Es gab keinen besseren Zeitpunkt, um eine schriftliche Botschaft des Volkes von Sparta zu erhalten, in der um seine Rückkehr gebeten wurde.

Der heimkehrende König

Lykurg wurde in Sparta feierlich empfangen. Es scheint, dass die Bewunderung des Volkes für ihn seit seiner Abreise noch zugenommen hatte. Sein Neffe, König Charilaos, war entsetzt über seine Rückkehr und befürchtete, dass Lykurg gekommen sei, um den Thron von Sparta an sich zu reißen.

Zum Glück hatte Lykurg Wichtigeres zu tun. Er machte sich auf den Weg zum Apollontempel, in dem Pythia, die Hohepriesterin und das Orakel von Delphi, residierte. Dort begab er sich in die Obhut des Gottes und bat ihn um Rat und Segen für seine Mission, Sparta zu reformieren.

Das Orakel gab Lykurg seinen Segen, was zu einer enormen Unterstützung für ihn führte, da das Orakel im Volk sehr verehrt wurde. Die Zahl der Anhänger Lykurgs in ganz Sparta wuchs und seine Reformen sollten den berühmtesten Stadtstaat Griechenlands schmieden.

Zeichnung des Lykurg von Sparta[5]

Lykurgs Reformen

Das politisch schwache Sparta brauchte dringend ein neues Gesetzeswerk. Nachdem Lykurg den Segen des Orakels erhalten hatte, wurde er dazu inspiriert, eine Reihe von Gesetzen zu formulieren, die als die Große Rhetra bekannt sind. Lykurg soll gesagt haben, dass es keine schriftliche Verfassung geben werde, weshalb man annimmt, dass die Große Rhetra mündlich überliefert wurde. Es ist jedoch möglich, dass sie irgendwann niedergeschrieben wurde, da wir einiges über ihren Inhalt wissen.

Nach der neuen Verfassung sollte Sparta statt von einem von zwei Königen regiert werden, wobei die Macht gleichmäßig verteilt sein sollte.

Die Gerusie

Die Gerusie war ein Ältestenrat, der sich aus insgesamt dreißig Männern zusammensetzte: achtundzwanzig Männer und die beiden Könige von Sparta. Nach der Großen Rhetra hießen die Mitglieder der Gerusie Geronten und mussten mindestens sechzig Jahre alt sein.

Einmal gewählt, gehörten die Mitglieder der Gerusie, mit Ausnahme der Könige, dem Rat auf Lebenszeit an. Die Kandidaten stammten in der Regel aus der Aristokratie und wurden von der spartanischen Bürgerschaft gewählt. Die Abstimmung erfolgte mündlich und wurde trotz vieler Mängel im antiken Sparta über viele Generationen beibehalten.

Zusammen besaß die Gerusie eine immense richterliche Macht, einschließlich eines Vetorechts gegenüber der spartanischen Volksversammlung (Apella). In den Worten Plutarchs war die Einrichtung der Gerusie ein Bruch mit der Anarchie und Tyrannei, die den größten Teil des dunklen Zeitalters Griechenlands geprägt hatten. Die Macht der Könige konnte nun kontrolliert werden und die Bürger konnten sich Gehör verschaffen.

Die Umverteilung

„Denn es herrschte eine extreme Ungleichheit unter ihnen, und ihr Staat war mit einer Vielzahl von Bedürftigen und Notleidenden überlastet, während sich ihr gesamter Reichtum auf einige wenige konzentrierte. Um Arroganz und Neid, Luxus und Verbrechen sowie die noch schlimmeren Krankheiten des Mangels und des Überflusses aus dem Staat zu verbannen, erreichte er, dass sie auf ihr Eigentum verzichteten und einer neuen Aufteilung des Landes zustimmten, damit sie alle gleichberechtigt zusammenleben konnten und ihr einziger Weg zu Ansehen über Verdienste führen sollte."

Diese Worte Plutarchs fassen den Hintergrund der Agrarreformen des Lykurg in Sparta zusammen. Das gesamte Land Spartas wurde in gleiche Teile aufgeteilt und dem Volk zurückgegeben. Damit wurde der Geißel des hegemonialen Landbesitzes durch die habgierige Führungsschicht ein Ende gesetzt.

Als Nächstes befasste sich Lykurg mit dem Münzwesen Spartas. Die Nation wurde von Reichtum, der in den Händen einiger weniger lag (der Vollbürger Spartas, bekannt als die Spartiaten), und ausbeuterischer Korruption geplagt.

In seiner Weisheit glaubte Lykurg, dass ein direktes Vorgehen gegen den angehäuften Reichtum der Führungsschicht die relative Stabilität in Sparta stürzen würde. Stattdessen konzentrierte er sich auf das bestehende Münzsystem – die Quelle ihres unrechtmäßig erworbenen Reichtums. Auf seinen Befehl hin wurde ein Verbot für den Besitz von Gold und Silber verhängt. Spartas neue Währung bestand aus Eisen und war mit Essig überzogen, wodurch sie zerbrechlich und für ausländische Händler wertlos wurde.

Was nützte eine Währung, die in anderen griechischen Staaten nicht ausgegeben werden konnte? Die Handelsbeziehungen bröckelten bald ebenso wie der Reichtum der korrupten Führungsschicht. Da ihnen der Zugang zu Luxusgütern verwehrt war, bestand wenig Interesse, sich auf illegale Weise zu bereichern, wie es Lykurg vorausgesagt hatte.

Noch wichtiger für Sparta war, dass die Menschen begannen, sich auf selbst produzierte Güter zu verlassen. Dies bedeutete, dass Sparta nicht mehr so viel mit fremden Mächten interagieren musste, was es der Gesellschaft ermöglichte, in fast allen Bereichen autark zu werden.

Die Institution der Speisesäle

Die öffentlichen Speisesäle in Sparta wurden nur von den unteren Schichten der Gesellschaft besucht. Die Reichen zogen es vor, in ihren prächtigen Häusern Mastschweine zu essen, die auf goldenen Tellern serviert wurden. Sie aßen die seltensten und exotischsten Früchte und tranken den besten Wein. Sie waren besessen von privaten, farbenfrohen Darstellungen funkelnden Geschirrs aus Silber und Gold.

Lykurg führte seine dritte Reform ein, die vorschrieb, dass jeder Spartaner, unabhängig von seinem sozialen Status, in den öffentlichen Speisesälen essen sollte. Dieses System wurde Syssitien genannt.

Die Reichen, selbst die Könige von Sparta, aßen nicht mehr üppig oder im privaten Kreis mit ihren Frauen, sondern ernährten sich einfach.

Das Fleisch, das in den Speisesälen geteilt wurde, stammte von den Tieropfern, die den Göttern dargebracht wurden, denn ein Teil des

Opfers wurde für den Speisesaal aufbewahrt. Fleisch stammte auch von der Jagd, da die Männer einen Teil des Tieres für diese gemeinsamen Mahlzeiten abgeben mussten. Es gab nur wenige Umstände, die es den Männern erlaubten, nicht mit am Tisch zu sitzen.

Militärreformen und Vermächtnis

Lykurg war ein glühender Verfechter militärischer Disziplin und körperlicher Ertüchtigung, so dass er die Erkenntnisse, die er während seiner Aufenthalte in Ägypten und anderen Ländern gewonnen hatte, in die bestehende spartanische Struktur einfließen ließ.

Vor den Reformen bestand das spartanische Heer aus harten und tapferen Kriegern. Lykurg erkannte, wie wichtig es war, den Geist und den Körper der jungen Spartaner zu trainieren, damit sie Sparta zu Ruhm verhelfen konnten. Die jungen Männer mussten in die Kunst des Krieges eingeführt werden, und die jungen Frauen mussten ihren Körper trainieren, um starke spartanische Männer hervorzubringen.

Für die Männer wurde ein militärisches Ausbildungsprogramm, die Agoge, eingeführt. Sobald die spartanischen Jungen das Alter von sieben Jahren erreicht hatten, wurden sie von ihren Familien getrennt, um eine strenge Ausbildung zu erhalten. In den Anfängen der Agoge war Lykurg der Ausbilder der Jungen. Als sich das System weiterentwickelte, kamen weitere qualifizierte Ausbilder hinzu.

Lykurg glaubte, dass nur die besten Männer Spartas diesen Prozess, der der Herstellung von Gold höchster Qualität glich, überleben würden. Die Jungen wurden unter härtesten Bedingungen ausgebildet und bestraft und von den Ältesten gründlich geprüft.

Die Agoge war ein extrem wettbewerbsorientiertes System, das den jungen Männern Spartas brutale Disziplin und unübertroffene Wachsamkeit einimpfte. Diese Werte galten als die Grundprinzipien eines wahren Kriegers, und die höchste Ehre für einen jungen Mann in Sparta war es, seine Ausbildung abzuschließen und kampfbereit zu sein.

Unter Lykurg waren die Frauen Spartas nicht von körperlichen Aktivitäten ausgeschlossen. Sie rangen, boxten und trieben andere Sportarten, um für die Mutterschaft fit zu bleiben. Sie glaubten, dass ihr Körper auf diese Weise nur Kinder hervorbringen würde, die weder missgebildet noch krank seien.

Lykurg wusste, dass ein Feind Spartas während eines längeren Kampfes alle militärischen Strategien Spartas durchschauen konnte. Deshalb riet er von wiederholten Kriegen gegen dieselben Feinde ab. Die militärischen Techniken Spartas durften nicht allgemein bekannt werden, da Sparta sonst Gefahr lief, vernichtend geschlagen zu werden.

Einige historische Quellen schreiben Lykurg auch Reformen des Eherechts zu, die alle auf Mäßigung und sexuelle Zurückhaltung abzielten. Zweifellos strebte Lykurg ein Sparta ohne Korruption, Völlerei und Ausschweifungen an, egal ob Mann oder Frau, reich oder arm.

In den Annalen Spartas wird Lykurg als visionärer Anführer beschrieben, der dem kollektiven Wohl der Menschen Vorrang vor egoistischen persönlichen Vorteilen einräumte. Er verfolgte einen sehr pragmatischen Ansatz in der spartanischen Politik und gewann mit Hilfe des Orakels von Delphi die Herzen vieler Spartaner.

Der Historiker des 21. Jahrhunderts, John Lewis Gaddis, verwendet den Ausdruck „ein Fuchs mit einem Kompass", um Lykurgs scharfsinnige Persönlichkeit zu beschreiben. Indem er sich dafür entschied, Sparta zu verlassen, damit Frieden herrschen konnte, anstatt seinen kleinen Neffen und die Königin zu töten, etablierte sich Lykurg als ein Mann, der Habgier ablehnte. Dieser Einstellung widmete er sein Leben und versuchte, sie seinen Mitmenschen einzuprägen.

Natürlich gibt es auch Kritiker. In einigen historischen Berichten wird Lykurg als perfektionistischer Faschist dargestellt, der die gefürchtete Praxis befürwortete, kranke Säuglinge in eine Höhle bei Kaiadas zu werfen. Unter Lykurg sahen die Spartaner angeblich keine Verwendung für solche Kinder in der Agoge oder anderen staatlich geförderten Erziehungsprogrammen. Archäologen, die Ausgrabungen in Kaiadas durchführten, widerlegten diese Behauptung und erklärten, dass in der Grube keine Überreste von Säuglingen gefunden wurden. Da die Legende jedoch bis heute überliefert wurde, könnte etwas Wahres daran sein, denn schließlich haben auch andere Gesellschaften auf der ganzen Welt Babys ausgesetzt, wenn sie sich nicht richtig um sie kümmern konnten. So könnte es auch in Sparta geschehen sein, auch wenn es nicht aus Notwendigkeit heraus geschah, sondern um eine perfekte spartanische Gesellschaft zu schaffen.

Das Ende des Weges

Um das Leben des Lykurg ranken sich zahlreiche Legenden. Eine Geschichte besagt, dass Lykurg, nachdem er sein Ziel erreicht hatte, die Grundlagen für die moderne Gesellschaft Spartas zu schaffen, auf dem Marktplatz von den Adeligen mit Steinen beworfen wurde, die ihn wegen seiner Maßnahmen zur Gleichberechtigung der Menschen verunglimpften.

Lykurg floh vom Marktplatz und Alkander, einer der Adeligen, nahm die Verfolgung auf. Er griff Lykurg an und schlug ihm ins Auge, so dass er erblindete.

Die anderen Adligen fanden die beiden und waren schockiert über das Geschehene. Von Schuldgefühlen geplagt, weil sie Lykurg so schlecht behandelt hatten, übergaben die Spartaner Alkander Lykurg.

Lykurg nahm den jungen Mann mit sich und entließ das Volk, aber anstatt Rache zu üben, begnadigte Lykurg Alkander. Er nahm Alkander bei sich auf und unterstützte ihn. Die Nachricht von dieser Tat verbreitete sich in ganz Sparta, und das Volk schaute mit größerer Bewunderung auf Lykurg als je zuvor.

Eines Tages versammelte Lykurg die Einwohner Spartas, Freunde und Feinde, zu einem wichtigen Anlass. Angesichts der wachsenden Unruhe in Sparta über seine Regierung hatte er beschlossen, etwas zu unternehmen, so wie er es getan hatte, als man ihn beschuldigt hatte, eine Bedrohung für seinen Neffen Charilaos darzustellen.

Lykurg verließ Sparta.

Vor seiner Abreise ließ Lykurg die Spartaner schwören, seine Reformen beizubehalten. Er hatte ihnen einen Gefallen getan, indem er die Große Rhetra nicht aufschreiben ließ und ihnen so die Möglichkeit gab, sie zu ändern.

Nachdem die Spartaner geschworen hatten, sich an seine Gesetze zu halten, reiste Lykurg ab und man sah oder hörte nie wieder etwas von ihm. Sein weiteres Leben und sein Tod sind so geheimnisumwittert, dass einige Quellen der klassischen griechischen Mythologie von seinem „Verschwinden aus der Geschichte" sprechen. Andere vermuten, er habe sich zu Tode gehungert, um den Eid der Spartaner zu besiegeln.

Seine zahlreichen Anhänger begründeten einen Heldenkult um Lykurg, der über Generationen hinweg als leuchtendes Vorbild für die Ideale Spartas galt. Viele schreiben es Lykurg zu, dass Sparta in der Geschichte an Bedeutung gewann.

Schließlich war die Stadt Sparta nach den Reformen Lykurgs nicht mehr wiederzuerkennen.

Kapitel 3 – Die Messenischen Kriege

Nach der dorischen Invasion Griechenlands versuchte Sparta, die politische Kontrolle, die kulturelle Vorherrschaft und den Landbesitz der Dorer auszuweiten. Die erste Phase dieser Expansion betraf die benachbarten Stadtstaaten auf der peloponnesischen Halbinsel: Argos im Nordosten und Messenien im Westen.

Messenien war die Heimat schöner, fruchtbarer Felder, die schnell das Interesse der Dorer (Spartaner) weckten. Land war ein wichtiges Maß für den Reichtum eines Volkes, und ein Volk, das so viel Viehzucht betrieb wie die Dorer, wusste das nur zu gut. Zwar hatten sie bei ihrem Einfall den größten Teil Messeniens erobert, doch die politische Macht in der Region blieb fest in den Händen der Achäer. Deshalb beschlossen die Spartaner, die Region zu erobern.

Den Versuch Spartas, Messenien zu annektieren, und die historischen Reaktionen, die dieser Versuch zeitigte, beschreibt Pausanias als die Messenischen Kriege.

Die Katalysatoren

Kriege brechen selten spontan aus. In der Regel bauen sich Spannungen auf, manchmal über Generationen hinweg, und steigen wie heißes vulkanisches Magma auf, um bei der geringsten Gelegenheit auszubrechen. So war es auch bei den Messenischen Kriegen, einer Reihe von Schlachten zwischen Sparta und seinem Nachbarn Messenien.

Die Legende der Könige

Der Grund für die Meinungsverschiedenheiten zwischen den beiden griechischen Stadtstaaten lag in ihrer gegensätzlichen ethnischen Orientierung. Die Achäer konnten die Einsetzung eines dorischen Feldherrn, Kresphontes, als neuen König von Messenien nicht akzeptieren. Schließlich stammte er aus dem „unkultivierten" Clan der Herakliden, die während der dorischen Invasion viele Griechen aus ihrer Heimat vertrieben hatten.

Kresphontes wurde erst König, nachdem er um die Hand der Merope angehalten hatte. Merope war eine arkadische Prinzessin und die Tochter des achäischen Königs Kypselos. Die Achäer waren freundliche Nachbarn der Arkader. Offensichtlich war die Heirat ein diplomatischer Versuch, die Macht des Kresphontes zu festigen.

War er damit erfolgreich?

Nein, nicht wirklich. Es schien, als hätten die Achäer den König durchschaut, und die Scheinehe reichte nicht aus, um sie für immer zu besänftigen. In den Augen der Achäer blieb Kresphontes eine Bedrohung für die politische Vormachtstellung der Achäer in Messenien.

Schließlich planten und führten die achäischen Adeligen einen blutigen Staatsstreich durch, bei dem König Kresphontes und alle seine Söhne bis auf einen, den jungen Prinzen Aipytos, getötet wurden.

Prinz Aipytos wurde verschont, weil er sozial in die achäische Kultur integriert war. Er war in Arkadien aufgewachsen. Er dachte, handelte und sprach wie ein Arkadier. Im Grunde war der junge Prinz nur dorischer Abstammung.

Nach seiner Thronbesteigung wurde Aipytos der erste König einer neuen messenischen Dynastie, der Aipytiden.

Die Dorer, die Teile Messeniens besetzt hielten, waren über die „Achäisierung" des einzigen verbliebenen Erben des Königs Kresphontes erbost, aber sie waren in der Region in der Minderheit und konnten wenig ausrichten.

So wandten sie sich an ihr Mutterland Sparta um Hilfe. Zu diesem Zeitpunkt war der spartanische Expansionsfeldzug in Argos erfolgreich, so dass nur noch Messenien zu unterwerfen war.

Die Jungfrauen des Artemistempels

Fünfundzwanzig Jahre vor dem Ausbruch des Ersten Messenischen Krieges ereignete sich in einem Artemistempel ein Ereignis, das als weiterer Katalysator für den Krieg wirkte.

Artemis, Tochter des Zeus und Zwillingsschwester des Apollon, wurde in Griechenland als Göttin der Jagd, des Mondes und der Keuschheit verehrt. Ihr Tempel war heilig und verbot jede Form von Gewalt gegen Mann und Frau.

Eines Tages während der Herrschaft des Phintas fand im Tempel der Artemis an der Grenze zwischen Messenien und Lakonien ein großes Fest statt.

An diesem Fest nahmen bedeutende Messenier und Spartaner teil, darunter auch König Teleklos von Sparta. Aus irgendeinem Grund kam es an diesem Tag zu schrecklichen Gewalttaten. Pausanias erzählt zwei Versionen der Geschichte, die sich sowohl in der spartanischen als auch in der messenischen Geschichtsschreibung finden.

Nach spartanischer Überlieferung belästigten und vergewaltigten die anwesenden Messenier die Jungfrauen, die im Tempel der Artemis beteten. Die Messenier ermordeten auch den König Teleklos von Sparta und entweihten damit den heiligen Boden.

Die messenische Version hingegen besagt, dass es sich um einen Gegenangriff auf Teleklos handelte, der junge bewaffnete Männer als Jungfrauen verkleidet hatte. Dies sei eine Strategie gewesen, um in den Tempel zu gelangen. So konnten sie den messenischen Adel leichter überfallen und niedermetzeln.

Die Wahrheit ist unbekannt, aber der Tag endete auf die gleiche Weise. König Teleklos und sein Heer, das aus Jungfrauen oder schlecht verkleideten Männern bestand, wurden von den Messeniern am heiligen Ort der Artemis angegriffen und getötet.

Das Feuer des Krieges zwischen Sparta und Messenien war längst entfacht, es fehlte nur noch der letzte Funke.

Diese aufkeimende Feindschaft sollte eine ganze Generation überdauern und von Generation zu Generation weitergegeben werden.

Der Auslöser

Als Polychares, ein messenischer Athlet, 764 v. u. Z. bei den Olympischen Spielen das Stadionrennen gewann und zum Sieger gekürt wurde, verbreitete sich sein Ruhm in ganz Griechenland. Er konnte nicht ahnen, dass er in einen Streit verwickelt werden würde, der einen Krieg zwischen rivalisierenden Nachbarn auslöste.

Euaiphnos, ein Spartaner, verpachtete dem Olympiasieger Weideland. Dies bedeutete, dass Polychares das Land zum Anbau von Feldfrüchten und zur Viehzucht nutzen konnte, während er Euaiphnos dafür bezahlte.

Eines Tages verkaufte Euaiphnos das Vieh des Polychares ohne dessen Zustimmung an Händler und behielt das Geld für sich. Von Polychares zur Rede gestellt, behauptete Euaiphnos, es habe einen Piratenüberfall gegeben, bei dem das Vieh gestohlen worden sei.

Zu Euaiphnos' Unglück flogen seine Lügen auf, als einer von Polychares' Hirten, der nur knapp einer schlimmen Misshandlung durch die Händler entkommen war, seinem Herrn die Wahrheit sagte. Angewidert von dessen Unehrlichkeit stellte Polychares Euaiphnos erneut zur Rede. Euaiphnos entschuldigte sich sofort. Er bat Polychares, seinen Sohn zu schicken, um das Geld zurückzuholen, das durch den illegalen Viehverkauf eingenommen worden war. Polychares willigte ein, da er glaubte, Euaiphnos sei bereit, die Dinge wieder in Ordnung zu bringen.

Euaiphnos missbrauchte jedoch erneut das Vertrauen des Polychares, indem er dessen Sohn ermordete, als sie sich weit außerhalb der Grenzen Spartas befanden. Euaiphnos hatte nicht die Absicht, das Geld zurückzugeben.

Als Polychares vom Mord an seinem Sohn erfuhr, schwor er bittere Rache, nicht nur an dem Spartaner, der ihm Unrecht getan hatte, sondern an so vielen Spartanern, wie er finden konnte. Er forderte von der spartanischen Regierung Gerechtigkeit. Aber das dauerte zu lange. Polychares beschloss, das Recht selbst in die Hand zu nehmen, und begab sich auf einen blutigen Rachefeldzug.

Die spartanische Regierung schritt nun zur Tat und verlangte die Auslieferung des Polychares wegen Mordes an Spartanern. Die messenische Regierung stellte sich hinter Polychares und verlangte, dass zuerst Euaiphnos bestraft werde.

Versuche einer diplomatischen Lösung wurden durch einen internen Konflikt zwischen den beiden Königen von Messenien, Androkles und Antiochos, vereitelt. Die Könige und ihre Anhänger konnten sich nicht auf die Auslieferung von Polychares einigen. König Androkles, der für die Auslieferung war, wurde von übereifrigen Gefolgsleuten des Antiochos ermordet, die gegen die Auslieferung waren.

Als sein Sohn Euphaes König von Messenien wurde, erklärte König Alkmenes von Sparta Messenien den Krieg.

Der Erste Messenische Krieg (743 – 724 v. u. Z.)

Im Krieg entscheiden ausgeklügelte Strategien, rohe Gewalt und die besten Waffen über Sieg und Niederlage. Ein beispielloser Angriff aus dem spartanischen Lager war der erste Akt des Krieges, und Sie werden feststellen, dass der Sieger des Ersten Messenischen Kriegs bereits zu Beginn feststand.

Der spartanische König Alkamenes, Sohn des ermordeten Königs Teleklos, machte sich auf den Weg, um Ampheia in einem nächtlichen Überraschungsangriff zu erobern.

Ampheia war eine messenische Stadt, die wahrscheinlich auf den Hügeln an der Grenze zu Sparta lag. Sie war ein idealer militärischer Stützpunkt für Alkamenes und seine Truppen. So schlichen sich die Spartaner im Schutze der Nacht durch die offenen und unbewachten Tore von Ampheia und plünderten die Stadt gnadenlos aus, wobei sie die schlafenden Bewohner aus dem Schlaf rissen und ihrem Schicksal überließen.

Die schockierten und unvorbereiteten Einwohner von Ampheia flohen, um ihr Leben zu retten. Einige suchten Zuflucht in Tempeln, andere flohen durch die Stadttore, um dem Zorn der Spartaner zu entgehen. Die Unglücklichen, denen die Flucht nicht gelang, erwartete ein hartes Leben in der Sklaverei oder ein grausamer Tod.

Die Spartaner richteten sich in ihrem neuen Stützpunkt ein. Von Ampheia aus drangen sie in andere Teile Messeniens vor. Sie ruhten nicht, bis der gesamte Stadtstaat die Herrschaft Spartas anerkannt hatte.

Die Nachricht gelangte schnell zu König Euphaes, der in der messenischen Hauptstadt Stenyklaros residierte. Euphaes wandte sich sofort an sein Volk, um es über die schlimme Lage zu informieren. Der Feind, Sparta, hatte den ersten Schritt getan und Ampheia war durch Nachlässigkeit und Unachtsamkeit in die Hände des Feindes gefallen - ein Fehler, der sich nicht wiederholen durfte.

König Euphaes mobilisierte Messenier von nah und fern, um ihre Städte zu befestigen. Die Bürger wurden gründlich in der Kunst des Waffengebrauchs und in anderen Verteidigungstaktiken ausgebildet.

Euphaes' Strategie war einfach: Er wollte eine Offensive gegen die spartanischen Truppen vermeiden. Als Bewohner des besetzten Landes hatten die Messenier einen geografischen Vorteil. Sie konnten sich sicher hinter ihren befestigten Stadtmauern verschanzen, bis die Spartaner aufgaben und abzogen.

Leider zog das spartanische Heer noch zwei Jahre weiter, plünderte Teile Messeniens und brachte Geld und Getreide zu spartanischen Stützpunkten in Ampheia. Die Messenier hatten sich geirrt, als sie glaubten, die Spartaner würden nicht in ihrem Land bleiben.

Mit der Zeit wurde den Menschen klar, dass die Verteidigungsstrategie des Königs Euphaes nicht funktionieren würde. Die Spartaner waren in ihrem Feldzug unerbittlich und hatten den größten Teil des messenischen Landes erobert.

Die Messenier waren seit Jahren Gefangene im eigenen Land und verzweifelt. Ihre Vorräte waren knapp und gingen zur Neige, und sie erkannten, dass sie sich nicht ewig hinter den Stadtmauern verstecken konnten, zumal auch ihre landwirtschaftlichen Nutzflächen unter spartanischer Herrschaft standen. König Euphaes beschloss, dass die Zeit gekommen war, sich den spartanischen Eindringlingen ein für alle Mal entgegenzustellen.

Zweifellos waren die Spartaner gefürchtete Krieger, auch wenn sie den Höhepunkt ihrer militärischen Fähigkeiten noch nicht erreicht hatten. Aber die messenischen Truppen hatten jahrelang ihre Schwerter geschliffen und ihre Kampffähigkeiten verbessert. Sie hatten durchaus eine Chance gegen die hartnäckigen Eindringlinge.

Im Jahr 739 v. u. Z. verließ ein gut ausgebildetes messenisches Heer im Namen des Königs Euphaes die Hauptstadt. Sein Ziel war die spartanisch besetzte Stadt Ampheia.

Wenige Kilometer vor ihrem Ziel schlugen die Messenier ihr Lager auf. Die überlegene Kriegstaktik des Königs Euphaes war ausschlaggebend für den erfolgreichen Angriff auf die spartanischen Truppen, die sie bei der Überquerung des Ithome-Gebirges in einen Hinterhalt gelockt hatten.

Würde dieser kleine Sieg den Kriegsverlauf ändern? Die Zeit sollte es zeigen.

Der greise König Euphaes übertrug Kleonnis das Kommando über die messenischen Truppen. Etwa zur gleichen Zeit starb der spartanische König Alkamenes und sein Sohn Polydoros bestieg den Thron.

An einem historischen Tag zogen die Messenier in die Schlacht gegen die Spartaner in den Ebenen des Taygetos-Gebirges in der Nähe von Ampheia.

Pausanias ist der Ansicht, dass die militärischen Strategien und Kampfformationen der Spartaner denen der Messenier überlegen waren. Die Spartaner setzten eine Formation namens Phalanx ein, eine rechteckige Formation aus schwerer Infanterie, die Speere und ähnliche Waffen sowie Schilde benutzte.

Die Abbildung zeigt, wie eine Phalanx-Formation aussehen würde.⁶

Die Messenier griffen an, ohne auf die Formation zu achten, aber es gelang ihnen nicht, die spartanischen Linien zu durchbrechen oder sie beim ersten Versuch zu besiegen. Oder beim zweiten. Oder beim dritten – oder bei den vielen Versuchen danach.

Die Linien der Spartaner schienen undurchdringlich.

Schließlich zogen sich die Messenier zurück und suchten Zuflucht in der Felsenfestung des Berges Ithome. Sie wussten, dass sie den Krieg verlieren würden und riefen die Götter um Hilfe an. Sie befragten das verehrte Orakel von Delphi, das ihnen verriet, dass eine königliche Jungfrau geopfert werden müsse, um den Sieg über den Feind zu sichern.

Aristodemos, ein messenischer Kriegsheld, trat vor, um seine jungfräuliche Tochter zu opfern. Das königliche Opfer sollte die spartanischen Truppen für mehrere Jahre in Schach halten.

Nachdem die Spartaner die Worte des Orakels von Delphi gehört hatten, brachen sie ihren Einfall in Messenien ab. Schließlich wurden sie jedoch unruhig und setzten den Kampf fort. Die Spartaner marschierten erneut nach Messenien und es gelang ihnen, König Euphaes zu töten. Aristodemos wurde zum neuen König gekrönt.

Die Spartaner waren so erbarmungslos, dass Aristodemos, überwältigt von Scham und Demütigung, am Grab seiner Tochter Selbstmord beging. Die besiegten Messenier wurden entweder versklavt oder konnten fliehen.

Der Zweite Messenische Krieg
(ca. 684 – 650 v. u. Z.)

Wie Sie vielleicht schon wissen, war ein besonderes Merkmal der antiken Gesellschaften die Ungleichheit der Menschen. Nicht jeder Mann und jede Frau wurde frei geboren oder blieb frei. Das Schicksal fast aller Menschen, von den Freigeborenen über die Sklaven bis hin zu den Adeligen, wurde durch Kriege bestimmt.

Nach dem Ersten Messenischen Krieg erlebten die besiegten Messenier unter der neuen Oberherrschaft der Spartaner einen sozialen Abstieg. Sie wurden von Freigelassenen zu Heloten.

Nach einigen klassischen Quellen waren die ersten Heloten in der Geschichte die von den Spartanern kolonisierten Lakonier auf der Peloponnes, zu denen sich bald die gefangenen Messenier gesellten.

Da die Messenier nun unter spartanischer Herrschaft standen, waren die messenischen Heloten kaum besser als Sklaven. Im Gegensatz zu den Sklaven waren die Heloten jedoch nicht Eigentum eines Einzelnen. Sie gehörten dem Staat und jeder Helot wurde einem Haushalt zugeteilt, wo er Aufgaben im Haushalt, in der Verwaltung, in der Wirtschaft und im Militär übernahm. Im Krieg dienten die Heloten den Spartanern als Kämpfer und Ruderer auf den Kriegsschiffen.

Aber auch wenn die Heloten sich auf dem Schlachtfeld auszeichneten, vermochten sie nur selten, ihre Freiheit zu erlangen. In einigen Fällen gelang es einem Heloten, sich freizukaufen, aber das geschah nicht oft. Die Heloten konnten ihre eigenen Familien haben und ihre Religion ausüben, aber das genügte den Messeniern nicht, die sich nach ihrer Freiheit sehnten.

Da die Spartaner sehr mit ihren militärischen Anstrengungen beschäftigt waren, waren die Männer Spartas viel unterwegs, um sich auf dem Schlachtfeld zu bewähren und Sparta zu vergrößern. Dies führte dazu, dass in Sparta weniger Kinder geboren wurden als bei den messenischen Heloten.

Die Spartaner konnten sich daher nicht der Erkenntnis verschließen, dass die Wahrscheinlichkeit eines Aufstandes umso größer war, je mehr Heloten es gab.

Um dies zu verhindern, griffen die von den Spartanern gewählten Anführer, die sogenannten Ephoren, zu brutalen Mitteln, um die Heloten in Schach zu halten, wie z.B. routinemäßigen Massakern, um die Bevölkerung zu „dezimieren". Sie richteten sich vor allem gegen Heloten, die versuchten, die Autorität der Spartaner in Frage zu stellen.

In seinem historischen Bericht beschreibt der griechische Autor Myron von Priene die Notlage der unterdrückten messenischen Heloten:

„Sie wiesen den Heloten jede beschämende Aufgabe zu, die Schande bringt. Denn sie ordneten an, dass jeder von ihnen eine Hundehaube tragen und sich in Felle hüllen müsse, und dass er jedes Jahr eine bestimmte Anzahl von Schlägen erhalten solle, ohne Rücksicht auf irgendein Vergehen, damit er nie vergesse, dass er ein Sklave sei. Außerdem drohten sie jedem mit dem Tode, der die für einen Sklaven angemessene Kraft überschreite, und bestraften diejenigen, die sie kontrollierten, wenn sie versagten".

Vierzig Jahre lang litten die messenischen Heloten unter der spartanischen Herrschaft – bis Spartas größte Angst eines Tages ihr hässliches Haupt erhob.

Die Schlacht von Deres und ein messenischer Held

Die Heloten waren es leid, von den Spartanern schlecht behandelt zu werden. Sie waren ihren Herren zahlenmäßig weit überlegen und hassten sie so sehr, dass sie – laut Xenophon von Athen – deren Fleisch essen würden.

Hass und Böswilligkeit führten zu unorganisierten Aufständen und häufigen Fluchtversuchen aus der Gefangenschaft. Als die rebellische Sache der Messenier in einem Mann namens Aristomenes einen Fürsprecher fand, brach ein neuer Krieg aus.

Als die Spartaner erkannten, dass sich ihre Befürchtungen bewahrheitet hatten, schlugen sie den Aufstand der Heloten 684 v. u. Z. in der Schlacht von Deres nieder. Die Schlacht endete ohne Sieger, aber die Messenier hatten ihre Verachtung für die spartanische Herrschaft zum Ausdruck gebracht.

Ermutigt durch den Ausgang ihrer ersten Schlacht boten die Messenier ihrem Anführer Aristomenes die Krone an. Er war ein Nachkomme des Königshauses des Aipytos, des ehemaligen Königs von Messenien. Offenbar lehnte er die Krone ab, nahm aber den Titel des Oberbefehlshabers an.

Bald verbreitete sich die Nachricht vom Aufstand der Messenier in Arkadien und Argos, so dass sie sich mit den dort unterdrückten Völkern verbünden konnten – alle waren gegen Sparta vereint.

Die Schlacht am Ebergrab

Aristomenes übernahm das Kommando über die messenischen Truppen. Während der Herrschaft der Könige Anaxander und Anaxidamos von Sparta lockte Aristomenes die spartanischen Truppen in einen Hinterhalt an einem Ort namens Ebergrab in der Hauptstadt Messeniens.

Das spartanische Heer, das sich aus Truppen aus Korinth und Lepreum sowie Söldnern aus Kreta zusammensetzte, verfolgte die Messenier, erlitt aber erst am Ebergrab eine Niederlage.

Der Legende nach wurde der Sieg des Aristomenes und seiner Männer von einem messenischen Seher namens Theokles vorhergesagt. Um den Sieg zu sichern, wurde Aristomenes gewarnt, in der Ebene, in der sie gegen die Spartaner kämpften, nicht einen Birnbaum zu passieren.

Die Warnung des Orakels erwies sich als wahr, denn eine kleine Unachtsamkeit hätte die Messenier beinahe den Sieg gekostet. In der Euphorie des Sieges überfielen Aristomenes und seine Männer kleine Teile Lakoniens und versetzten die anrückenden Spartaner in Angst und Schrecken.

Aristomenes kämpfte erbarmungslos auf dem Schlachtfeld und dezimierte das feindliche Heer im Alleingang. Die Messenier nannten ihn die Geißel der Spartaner.

Die Schlacht am Großen Graben

Die Flammen des Krieges zwischen den aufständischen messenischen Heloten und ihren spartanischen Herren, die versuchten, sie zu unterwerfen, loderten viele Jahre. Die Messenier, angeführt von Aristomenes, waren in ihrem Streben nach Freiheit unnachgiebig, aber ihre Entschlossenheit fand in den Spartanern, die tapfere Krieger und Meister der Strategie waren, einen ebenbürtigen Gegner.

In der Schlacht am Großen Graben sammelten sich die Verbündeten Messeniens, darunter die Arkadier unter ihrem listigen König Aristokrates.

Ohne dass die armen Heloten davon wussten, war Aristokrates von den Spartanern bestochen worden, seine Truppen mitten in der Schlacht abzuziehen. Die Messenier waren über den plötzlichen Rückzug der Arkadier schockiert. Aristokrates sollte später für seinen Verrat mit dem Leben bezahlen, aber die Tat war vollbracht. Die Spartaner nutzten die Verwirrung aus. Sie stürzten sich wütend auf die verwirrten Messenier und jagten Aristomenes und seine Männer in die Berge.

Der Berg Eira war für die Messenier ein Zufluchtsort, aber keine Heimat. Aristomenes und der Rest seiner Truppen blieben in einer Stadt dort und überfielen gelegentlich kleinere Städte unter spartanischer Herrschaft. Eines Tages, in den letzten Kriegsjahren, wurde Aristomenes von den Spartanern gefangen genommen. Er sollte getötet werden, um ein

Exempel zu statuieren für alle, die es wagten, sich der spartanischen Herrschaft zu widersetzen.

Doch das Schicksal hatte andere Pläne. Mit Hilfe einer messenischen Dienerin in Sparta konnte Aristomenes aus der Gefangenschaft fliehen und nach Eira zurückkehren. Er wurde mit großem Jubel empfangen, und elf Jahre lang kämpften die Messenier, Männer, Frauen und Kinder, gegen Sparta.

Der Tag des endgültigen Angriffs rückte näher, und die Spartaner wollten sich weder zurückziehen noch Zugeständnisse machen. Sie stürmten den Berg Eira, wie sie es schon im ersten Messenischen Krieg mit dem Berg Ithome getan hatten, und besiegten die Messenier erneut.

Vor diesem letzten Feldzug hatten die Spartaner das Orakel von Delphi um Rat gefragt und die Weisung erhalten, einen General aus Athen zu ernennen. Ein kriegerischer Sänger und Dichter namens Tyrtaios wurde ernannt, um den spartanischen Truppen den Sieg zu bringen. Er erinnerte die Spartaner daran, dass sie für ihr Land und ihre Familien kämpften und dass es sich im Grunde um einen Kampf auf Leben und Tod handelte.

Gestärkt stürmten die Spartaner den Berg Eira und viele messenische Rebellen wurden gefangen genommen. Ihr Anführer Aristomenes wurde der Sage nach von den Göttern aus der Gefahr gerettet. Aristomenes fand schließlich Zuflucht in Ialysos, einer Stadt auf Rhodos, wo er den Rest seines Lebens verbrachte.

Ähnlich wie nach dem Ersten Messenischen Krieg wurden die Versuche eines erneuten messenischen Aufstandes niedergeschlagen. Die Messenier mussten sich vor der Übermacht der Spartaner beugen und wurden wieder zu Heloten.

Sparta wurde wieder zum politisch und militärisch mächtigsten griechischen Staat auf der Peloponnes. Doch schon bald wurde seine Macht von einem mächtigen Feind erneut auf die Probe gestellt.

Kapitel 4 – Der Peloponnesische Bund

Die Voraussetzungen

Nachdem ihre rebellischen Gegner in die Schranken verwiesen worden waren, wurde den Spartanern im 6. Jahrhundert mehr denn je bewusst, wie wichtig es war, ihre politische und militärische Macht zu festigen. Der Aufstand der Heloten war nur ein Vorgeschmack auf das Unheil, das über Sparta hereinbrechen würde, wenn es sich dieser Herausforderung nicht stellte.

Argos und Arkadien, die Nachbarn Spartas, wurden zu einer ernsthaften Bedrohung für Spartas Vormachtstellung. Dies war ein Problem, das dringendes Handeln erforderte. Außerdem brauchte Sparta mehr Land und Ressourcen für seinen wachsenden Stadtstaat.

Es war an der Zeit, erneut in Arkadien einzufallen.

Herodot berichtet, dass den Spartanern vor ihrem Feldzug gegen Arkadien vom Orakel von Delphi der Sieg über weite Teile der Region verheißen worden war. Leider hatten die Spartaner die Botschaft des Orakels falsch interpretiert. Tegea, eine arkadische Provinz, gehörte nicht zu den Gebieten Arkadiens, von denen das Orakel gesprochen hatte. In Unkenntnis dessen marschierte Sparta um 550 v. u. Z. in Tegea ein und nahm Fesseln mit, um die Arkadier nach ihrer Niederlage in Ketten zu legen. Die dem Untergang geweihten Arkadier schlossen sich den messenischen Heloten an, und die Nachricht von der Macht Spartas verbreitete sich unter den verbliebenen Feinden auf der Peloponnes.

In einer epischen Wendung erlitten die spartanischen Krieger eine vernichtende Niederlage gegen die Arkadier und wurden mit ihren eigenen Fesseln gefesselt. Jahrhundertelang waren die Fesseln der Spartaner im Athenatempel in Tegea ausgestellt.

Das war eine wichtige Lehre für Sparta. Nicht ganz Arkadien war leicht zu erobern. Vielleicht war es an der Zeit, die alten Methoden des spartanischen Einflusses auf der peloponnesischen Halbinsel aufzugeben und neue Wege zu beschreiten.

Die Schlacht zwischen Sparta und Tegea – die Schlacht der Fesseln – war der Beginn eines historischen Paktes zwischen dem Sieger und dem Besiegten. Tegea konnte es nicht riskieren, einen weiteren Feldzug gegen Sparta zu führen, da es die Schlacht der Fesseln nur knapp gewonnen hatte. Da Sparta zweifellos der aufstrebende Riese Griechenlands war, war es das Beste, an seiner Seite zu bleiben, um sich vor dem aggressiven Argos zu schützen. Diese Ansicht teilten auch die Einwohner von Korinth und Elis.

Griechenland sollte bald in eine Ära der politischen Teilung eintreten: Auf der einen Seite stand Sparta, auf der anderen Argos.

Der Kampf um die Vorherrschaft auf der Peloponnes ging weiter und entlud sich gelegentlich in Kleinkriegen. Als sich jedoch Tegea dem spartanischen Block anschloss, verschaffte dies Sparta einen Vorteil gegenüber Argos, so zumindest Herodot.

Sparta sah eine seltene Gelegenheit, seine Verbündeten in einem Bund zu vereinen. Es sollte ein Bund von Stadtstaaten werden, wie es ihn bis dahin noch nicht gegeben hatte.

Der Peloponnesische Bund

Freund oder Feind?

„Der Bund wurde gegründet, damit Sparta sich sowohl gegen einen möglichen Aufstand der spartanischen Heloten als auch gegen den regionalen Rivalen Argos schützen konnte".

Diese Worte von Thukydides in seinem Werk *Geschichte des Peloponnesischen Krieges* fassen die Gründe für die Gründung des Peloponnesischen Bundes zusammen.

Tatsächlich zementierte die Gründung des Bundes die missliche Lage der messenischen Heloten. Ihre potentiellen Verbündeten standen nun auf der Seite Spartas, und die Argiver waren nicht besser als die Spartaner, vielleicht sogar schlechter.

Da sich immer mehr Stadtstaaten Spartas anschlossen, wusste Argos, dass seine Tage als einer der Platzhirsche gezählt waren.

Um 519 v. u. Z. bestieg König Kleomenes I. den Thron von Sparta. Durch seine erfolgreiche Politik verdrängte er schließlich Argos und machte Sparta zum unangefochtenen Herrscher der Peloponnes. Die Verbündeten Spartas – Elis, Korinth, Tegea, Kythira, Mantineia, Pylos, Melos, Böotien, Lefkada, Ambrakia und Epidauros – wurden zu Pionieren des Peloponnesischen Bundes.

Obwohl Argos in der Schlacht von den Spartanern besiegt wurde, weigerte es sich, dem Peloponnesischen Bund beizutreten. Sparta drängte nicht, es zählte nur, dass die Argiver keine Bedrohung mehr darstellten.

Die Historiker sind sich einig, dass der Peloponnesische Bund unter spartanischer Führung einzigartig war. Er war weder ein „Bund" im eigentlichen Sinne noch rein „peloponnesisch". Die alten Griechen bezeichneten den Bund gemeinsam als die Lakedaimonier (Spartaner) und ihre Verbündeten, was darauf hindeutet, dass der Bund um Sparta zentriert war.

Das war nicht weit von der Wahrheit entfernt, wenn man bedenkt, dass Sparta nicht zur Loyalität gegenüber seinen Verbündeten verpflichtet war. Auf der anderen Seite schworen die Mitglieder des Bundes Sparta die Treue als Gegenleistung für ihren Schutz. Sie mussten keinen Tribut zahlen, waren aber verpflichtet, Sparta in Kriegszeiten militärische Kontingente zur Verfügung zu stellen. Dieses Heer konnte entweder von einem der beiden spartanischen Könige oder von einem spartanischen General befehligt werden.

Interessanterweise war diese militärische Verpflichtung für hochrangige Mitglieder des Bundes wie Korinth nicht unbedingt bindend. Tatsächlich genossen die Korinther mehr Freiheiten als jedes andere Mitglied des Peloponnesischen Bundes. Dies war auf ihre großen militärischen Reserven und ihren Ruf als wohlhabender Stadtstaat zurückzuführen.

Die Spartaner wussten, über welche Ressourcen Korinth verfügte und wie wichtig es war, die Korinther auf ihrer Seite zu haben. Dies ist wahrscheinlich der Grund dafür, dass Sparta es ignorierte, dass Korinth einen Krieg gegen ein anderes Mitglied des Bundes, Mantineia, führte, wie Thukydides berichtet.

Trotz ihrer politischen und sozialen Verpflichtungen gegenüber Sparta konnten die Mitglieder des Peloponnesischen Bundes ihre religiösen Angelegenheiten ohne Einmischung regeln.

Eine weitere Besonderheit des Peloponnesischen Bundes war sein untypisches gesetzgebendes Organ, obwohl es nur selten zu Treffen zwischen Sparta und den anderen Mitgliedern des Bundes kam. Nur Sparta hatte das Recht, diesen Kongress einzuberufen, und die Spartaner führten den Vorsitz. Die Mitglieder des Bundes konnten Vertreter zu diesem Kongress entsenden.

Dieser Kongress, bekannt als der Bundeskongress, traf seine Entscheidungen auf der Grundlage eines Abstimmungssystems. Jeder Staat hatte eine Stimme, aber die Stimmen waren nicht ausschlaggebend, sondern der Beschluss Spartas.

Die Geschichte zeigt auch, dass die Spartaner diese Autorität nicht offen ausübten, was die Stimmen nutzlos gemacht hätte, sondern dass sie einige Mitglieder des Bundes, in der Regel die kleineren Stadtstaaten, beeinflussten, in Angelegenheiten zu ihren Gunsten zu stimmen. Für den unwahrscheinlichen Fall, dass die Mehrheit anders abstimmte, als Sparta es wollte

Der Peloponnesische Bund gedieh, weil alle seine Mitglieder ihren Treue- und Loyalitätseid hielten, aber was war mit Sparta, das weder das eine noch das andere schwor?

Der Niedergang des Peloponnesischen Bundes (der auf das 4. Jh. v. u. Z. zurückgeht) sollte lange dauern. Sparta war ein bedrohlicher Feind, und ein Austritt aus dem Bund kam einer Kriegserklärung gleich – ein Weg, der, wenn überhaupt, nur mit Vorsicht beschritten werden konnte.

Die meisten Historiker sind sich einig, dass der Peloponnesische Bund den Peloponnesischen Krieg überlebt hat. Als Athen sich jedoch gezwungen sah, dem erweiterten Bund (dem sogenannten Hellenenbund) beizutreten und sich gegen die Vorherrschaft Spartas aufzulehnen, bekam die Mauer der Solidarität Risse.

Der Peloponnesische Bund kämpfte gegen den Attischen Seebund unter der Führung Athens in einer Reihe von Kriegen, die als Peloponnesische Kriege bekannt sind.

The Aegean world on the eve of the Peloponnesian War (431 BC.)

- City
- Panhellenic sanctuary
- Athenian victory
- Peloponnesian victory
- Athens and its allies
- Sparta and the Peloponnesian League
- neutral Greek states
- Persian Empire
- Kingdom of Macedonia

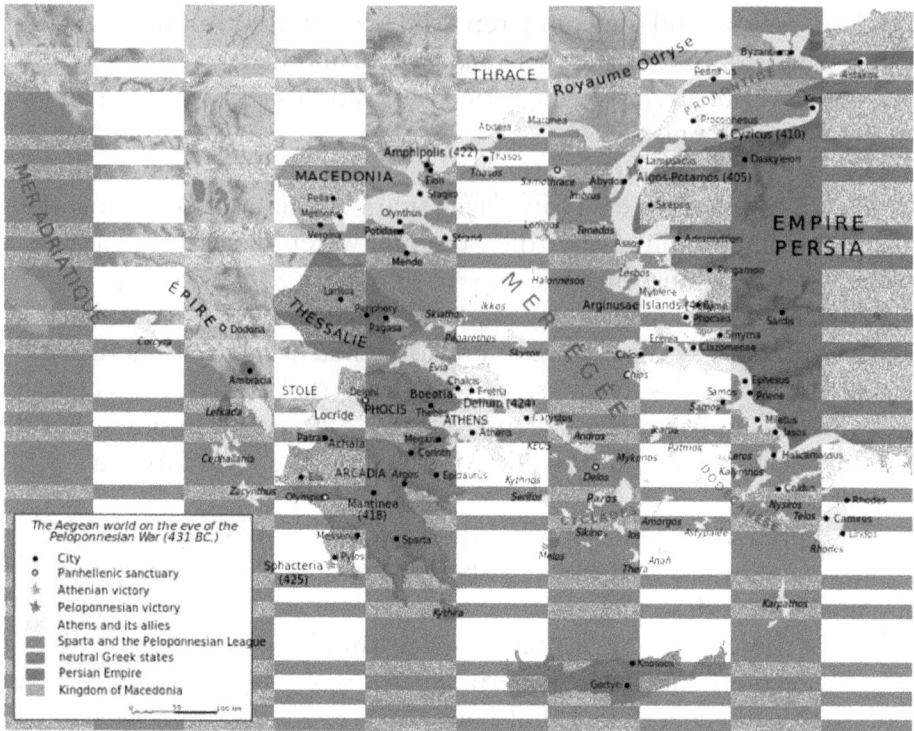

Eine Karte des Peloponnesischen Bundes während des Peloponnesischen Krieges.[7]

Doch bevor es so weit war, kämpfte ganz Griechenland gegen ein Heer von Fremden aus dem alten Iran.

ABSCHNITT ZWEI:
SPARTA UND DIE
PERSERKRIEGE (499– 449 V. U. Z.)

Kapitel 5 – Der Hellenenbund

Spartas Wahl

Der Begriff „Hellenenbund" bezeichnet die Koalition der griechischen Stadtstaaten gegen die persischen Invasoren während der Perserkriege, die Griechenland im 5. Jahrhundert erschütterten. Dieses Bündnis war zwar nur von kurzer Dauer, bewies aber, dass sich ganz Griechenland für eine gemeinsame Sache zusammenschließen konnte. Die Ereignisse, die zu diesen Konflikten führten, sind kompliziert, aber ungemein faszinierend. Im Mittelpunkt stand Sparta, dessen Handeln und Nichthandeln die Geschichte des neuen Jahrhunderts nachhaltig prägen sollte.

Um 500 v. u. Z. waren Ruhm und Macht Spartas unbestritten. Aus dem kleinen lakonischen Königreich, das der legendäre König Lelex gegründet hatte, war durch Kriege, Eroberungen und Diplomatie ein mächtiger griechischer Stadtstaat geworden. Die stolzen Spartaner erzählten ihren Kindern in den höchsten Tönen von ihrer Heimat und gaben ihre Kraft und ihr Engagement weiter, um das Glück Spartas zu bewahren.

In der Geschichte ist die Gründung eines Reiches (oder in diesem Fall eines Stadtstaates) zu Beginn nie glorreich, da es Jahre der Expansion braucht, um eine Macht mächtig erscheinen zu lassen. Die Expansion bringt jedoch auch zusätzliche Herausforderungen mit sich, wie z.B. die Menschen in weit entfernten Gebieten bei Laune zu halten. Die Spartaner waren jedoch ein Volk des Krieges und des Fingerspitzengefühls. Sie betrachteten den Peloponnesischen Bund als eine mächtige Waffe, die, geschickt eingesetzt, die Mitgliedsstädte in Griechenland und darüber hinaus unter spartanischer Kontrolle halten konnte. Interne Konflikte waren daher unvermeidlich, aber niemand konnte Sparta besiegen oder als Supermacht auf der Peloponnes verdrängen.

Ein weiterer wichtiger Faktor für den Machterhalt Spartas war die Tatsache, dass das Volk wusste, welche Schlachten es zu schlagen hatte. Obwohl die Spartaner von ihren Verbündeten die Treue forderten und verlangten, für Sparta zu kämpfen und alle seine Feinde zu „erben", waren sie im Gegenzug keinem ihrer Verbündeten zu einem solchen Eid verpflichtet. Das war ein Vorteil, denn sie waren der mächtigste Stadtstaat auf der Peloponnes. Sparta zog nur dann in den Krieg, wenn es seinen Interessen entsprach.

Der erste größere Konflikt, in den Sparta *nicht* verwickelt war, war der Ionische Aufstand, der zu Beginn des 5. Jahrhunderts v. u. Z. ausbrach.

Der Ionische Aufstand

Die Ionier waren wie die Dorer in Sparta eine wichtige ethnische Gruppe im klassischen Griechenland. Während die Dorer in Sparta die Macht übernahmen und diese auch auf andere Stadtstaaten der peloponnesischen Halbinsel ausdehnten, wurden die Ionier um 540 v. u. Z. von den Persern unterworfen.

Unter der Herrschaft von König Kyros dem Großen wurden die ionischen Regionen Griechenlands in das Persische Reich (auch Achämenidenreich genannt) eingegliedert. Die Perser, ein kulturell hoch entwickeltes Volk, schufen das größte Reich der Welt. Nachdem sie Ionien und andere Teile Kleinasiens erobert hatten, hörten die Perser von den berühmten Spartanern und wollten den wachsenden Stadtstaat für sich.

Vielleicht hätten die machthungrigen Perser nie den perfekten Vorwand gefunden, die Spartaner anzugreifen und in ihr Land einzufallen, wäre da nicht Spartas Schwesterstaat Athen gewesen.

Um die Geschichte richtig zu erzählen, müssen wir ein wenig zurückgehen. Das dunkle Zeitalter Griechenlands, das auf die Invasion der Dorer folgte, brachte eine Massenwanderung von Ioniern in einige Küstenstädte in Karien und Lydien mit sich. Diese Siedler gründeten zwölf ionische Städte und versuchten, ihr Leben unabhängig von fremder Kontrolle zu führen.

Diese Stadtstaaten schlossen einen Pakt miteinander, aber ihre Unabhängigkeit sollte nicht für immer bestehen bleiben. Im Jahre 560 v. u. Z. fiel König Krösus von Lydien in die ionischen Städte ein und eroberte sie, um seine Macht auszudehnen. Dieser Sieg wurde ihm jedoch von König Kyros dem Großen in der Schlacht von Thymbra um 547 v. u. Z. wieder entrissen.

Nach der Eroberung der lydischen Hauptstadt Sardes fielen die anderen ionischen Städte nach und nach unter persische Herrschaft. Die Perser waren erbarmungslos und unversöhnlich, aber das lag vor allem daran, dass es keine Führungsschicht gab, die sich mit den Persern verbündete, um ihnen zu helfen, die griechischen Stadtstaaten zu beherrschen. Die Ionier hatten sich in der Schlacht von Thymbra geweigert, sich auf die Seite von Kyros dem Großen gegen die Lyder zu stellen, und mussten zur Strafe erdulden, zu persischen Bedingungen regiert zu werden.

Um die persische Herrschaft durchzusetzen, setzten die Perser in jeder ionischen Stadt einen Tyrannen ein. Diese Tyrannen waren Ionier, aber sie waren nur dem Persischen Reich gegenüber loyal und wurden dafür von ihren Verwandten gehasst.

Einer dieser Tyrannen löste den Ionischen Aufstand aus. Etwa dreißig Jahre später, unter König Dareios dem Großen, wurde ein gewisser ionischer Tyrann namens Aristagoras mit der Verwaltung von Milet betraut. Er wollte seine Position sichern und seine Treue zu Persien beweisen, doch sein Plan ging nach hinten los. Um seine Haut zu retten, zettelte er einen Aufstand gegen die persischen Machthaber an. Herodot betont, dass er sich mit dieser Tat vor den Folgen seines gescheiterten Feldzuges schützen wollte, da er versprochen hatte, zur Vergrößerung des persischen Reiches beizutragen, dieses Versprechen aber nicht hielt. Zum Glück für Aristagoras waren die Ionier schon so lange über ihren persischen Oberherrn verbittert, dass er nicht viel tun musste, um einen Aufstand zu provozieren.

In einem kriegerischen Akt rief Aristagoras listig seine Verwandten zusammen, erklärte seinen Rücktritt als Tyrann und erklärte Milet zu einem unabhängigen demokratischen Staat. Aristagoras wusste genau, dass Milet weder die militärischen noch die finanziellen Mittel hatte, um gegen die Perser zu kämpfen, aber er schürte die Flammen trotzdem.

Man nimmt an, dass sich die Revolution auf alle ionischen Stadtstaaten ausbreitete. Da Aristagoras wusste, dass ein Krieg unmittelbar bevorstand, trotzte er dem strengen Winter und segelte über die Ägäis, um bei einem würdigen Gegner Hilfe zu suchen: Sparta.

Es war das Jahr 499 v. u. Z. und König Kleomenes I. war ein sehr gastfreundlicher Gastgeber. Er empfing Aristagoras und hörte sich seinen Appell an. Sparta und seine Verbündeten im Peloponnesischen Bund konnten dem Zorn der Perser standhalten, aber es war nicht das erste

Mal, dass König Kleomenes solche Hilferufe hörte. Knapp zwei Jahrzehnte zuvor hatte König Maendrius von Samos, einer anderen ionischen Stadt, Sparta um Hilfe gegen die Perser gebeten.

König Kleomenes I. wusste, dass das, was Ionien betraf, Sparta nichts anging, jedenfalls nicht direkt. Und wenn die Perser auf die Peloponnes kämen, würden sich die dortigen Stadtstaaten zusammenschließen, um sie abzuwehren. Seine Antwort war also dieselbe, die er dem König von Samos gegeben hatte: Nein, Sparta werde sich nicht am Ionischen Aufstand beteiligen.

Aristagoras wusste, dass sein Aufstand zum Scheitern verurteilt war, wenn er ohne einen mächtigen Verbündeten nach Hause segelte, aber König Kleomenes hatte sich bereits entschieden. Schlimmer noch, seine Entscheidung wurde von den spartanischen Ephoren unterstützt. Aristagoras hatte keine Chance, die Spartaner zu überzeugen, also wandte er sich an die Athener, die bereits ein gespanntes politisches Verhältnis zu den Persern hatten. Aristagoras wurde dort besser aufgenommen, und da sich sein Königreich Milet (wie Athen) als demokratischer Staat erwiesen hatte, waren die Athener geneigt, den Aufstand zu unterstützen.

Die Einwohner von Eretria schlossen sich aus zwei Gründen schnell an. Erstens betrachteten sie Persien seit langem als Hindernis für die Kontrolle Eretrias über die Handelswege in der Ägäis. Ein Bündnis mit den Ioniern könnte die Chancen auf einen erfolgreichen Aufstand erhöhen und die Eretrier ein für alle Mal von den problematischen Persern befreien. Ein weiterer von Herodot hervorgehobener Grund war, dass Eretria Athen und Milet Gefälligkeiten schuldete, da beide Staaten Eretria bei früheren kriegerischen Unternehmungen geholfen hatten.

Nachdem Aristagoras sein Vorhaben erfolgreich abgeschlossen hatte, konnte er zuversichtlich nach Hause segeln und sich auf den Krieg vorbereiten. Wie vereinbart, stellten sich Athen und Eretria der Herausforderung und boten den Ioniern militärische Unterstützung auf dem Seeweg an. In einer großen Geste stellte Athen eine Flotte von zwanzig Schiffen zur Verfügung, während Eretria fünf Schiffe beisteuerte.

Der Krieg gegen Persien endete jedoch mit einer Niederlage und hatte weitreichende Folgen nicht nur für Athen, sondern für ganz Griechenland. Es ist nicht sicher, ob der Krieg anders ausgegangen wäre, wenn Aristagoras an jenem Wintertag die Unterstützung Spartas erhalten hätte.

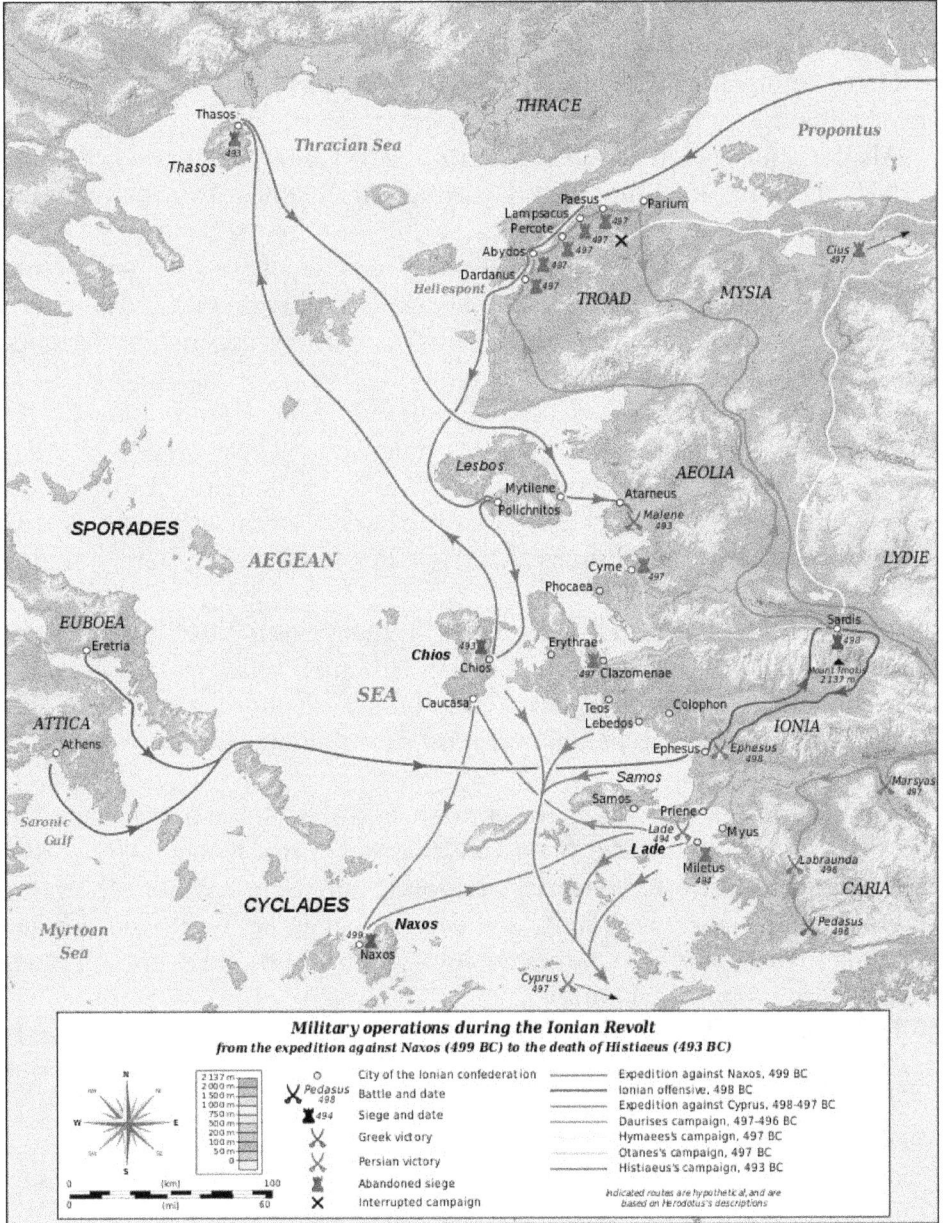

Military operations during the Ionian Revolt
from the expedition against Naxos (499 BC) to the death of Histiaeus (493 BC)

o	City of the Ionian confederation	———— Expedition against Naxos, 499 BC
Pedasus 498	Battle and date	———— Ionian offensive, 498 BC
Pedasus 494	Siege and date	———— Expedition against Cyprus, 498-497 BC
	Greek victory	———— Daurises campaign, 497-496 BC
	Persian victory	———— Hymaees's campaign, 497 BC
	Abandoned siege	———— Otanes's campaign, 497 BC
X	Interrupted campaign	———— Histiaeus's campaign, 493 BC

Indicated routes are hypothetical, and are based on Herodotus's descriptions

Eine Karte der Ionischen Revolte.[8]

Die Schlacht von Marathon

Sicher haben Sie schon einmal das Wort „Marathon" gehört, das einen Langstreckenlauf beschreibt, der in der Regel über 42 Kilometer geht. Aber kennen Sie auch seinen Ursprung?

Ganz einfach: Marathon war der historische Schauplatz der entscheidenden Schlacht im ersten Perserkrieg.

Als der Ionische Aufstand scheiterte, hatte König Dareios von Persien endlich die lang ersehnte Rechtfertigung, Griechenland anzugreifen. Er tarnte die persische Invasion als Rache für die Unterstützung, die Athen Milet während des Ionischen Aufstands gewährt hatte. Er soll seinen Dienern befohlen haben, ihn jeden Abend beim Essen an die Athener zu erinnern. Dies sollte seinen Ehrgeiz bis zum Krieg gegen Griechenland anstacheln.

Für ein erfolgreiches Unternehmen in Athen und im übrigen Griechenland brauchte man einen verräterischen Torwächter, der den Persern die Stadtschlüssel aushändigte. Die Perser fanden ihn in Hippias, einem ehemaligen athenischen Tyrannen, der entthront und ins Exil geschickt worden war. Hippias war nach Persien geflohen und war dort willkommen geheißen worden.

Offensichtlich hegte Hippias noch immer einen Groll gegen seine Landsleute und die Spartaner, die 510 in Athen eingefallen waren und ihn vertrieben hatten. Wie konnte er sich besser an ihnen rächen, als den persischen Invasoren zu helfen, während sie zusahen, wie Griechenland in Flammen aufging?

Der „Schlüssel" zur Stadt Athen, den Hippias übergab, war sein Rat, wie man am besten in die Stadt eindringen könne. König Dareios von Persien nutzte die Klagen des Hippias, um sein großes Reich zu vergrößern. Im Jahr 492 v. u. Z. unterwarfen persische Truppen unter der Führung von Dareios' Schwiegersohn Mardonios erneut Thrakien (Südosteuropa) und Makedonien.

Im folgenden Jahr versuchte es Dareios mit einem diplomatischeren Ansatz. Während die meisten Stadtstaaten den persischen Forderungen nachgaben, weigerte sich Athen und ging sogar so weit, die Diplomaten zu töten. In Sparta kam es unterdessen zu inneren Krisen, die zur Ermordung des Kleomenes führten. Sein Nachfolger wurde sein Halbbruder Leonidas.

Dareios erkannte, dass dies der ideale Zeitpunkt war, um sich an Athen und Eretria zu rächen. Auf ihrem Weg griffen die Perser Stadtstaaten an, die sich noch nicht ergeben hatten. 490 fiel Eretria.

Dies führte zur ersten großen Schlacht der Perserkriege, die diese erste Invasion beenden sollte. Die Perser segelten entlang der Küste Attikas und landeten bei Marathon, etwa 40 km von Athen entfernt.

Miltiades, ein athenischer Feldherr, stellte sich der Herausforderung, die vorrückenden Perser von der Stadt fernzuhalten. Er hatte schon früher Feldzüge gegen die Perser geführt und sich dabei einige Tricks angeeignet. Die Athener wussten jedoch, dass ihre Chancen weitaus größer waren, wenn sie Männer finden konnten, die Erfahrung auf dem Schlachtfeld hatten. Sie brauchten die Spartaner.

Miltiades und seine Männer mussten so schnell wie möglich eine Nachricht nach Sparta schicken, um Verstärkung anzufordern. Sie konnten die persischen Truppen nur für kurze Zeit aufhalten, denn die Perser waren ihnen zahlenmäßig fast zwei zu eins überlegen. Ein Langstreckenläufer namens Pheidippides wurde auf die 240 Kilometer lange Strecke von Athen nach Sparta geschickt. Er brauchte dafür zwei Tage.

Diese Tat wirft in der heutigen Diskussion einige Fragen auf. Warum schickten sie nur einen Mann? Warum schickten die Athener keine Reitertruppe? Es erscheint doch ziemlich töricht, nur einen Mann zu Fuß nach Sparta zu schicken, oder?

Erstens konnte in Athen kein Pferd die zweitägige Reise nach Sparta überstehen. Griechenland war (und ist) eines der gebirgigsten Länder Europas. Die Böden boten den Pferden nichts zu fressen, und für eine so eilige Mission brauchten die Pferde zusätzliche Ausdauer.

Das zweite Problem war das Vertrauen. Mehrere Boten mit einer so heiklen Nachricht zu schicken, wäre für die Athener nicht gut gewesen, denn Bestechung und Verrat waren damals an der Tagesordnung. Da Miltiades bereits gegen die Perser gekämpft hatte, wusste er, dass diese in der Lage waren, die Loyalität unzuverlässiger Männer zu erkaufen.

Die Athleten im antiken Griechenland waren für ihre einzigartige Ernährung bekannt: Oliven, Trockenfleisch, Feigen und eine kleine Pflanze namens Sanddorn. Man glaubte, dass diese die Ausdauer und das Durchhaltevermögen steigerten. Pheidippides muss für seine besondere Reise mehr als eine Handvoll davon zu sich genommen haben.

Zwei Tage lang lief er nach Sparta.

Statue des Pheidippides an der Straße nach Marathon.[9]

Als Pheidippides im Frühherbst in Sparta eintraf, fand er die Spartaner bei einem Festmahl zu Ehren des Gottes Apollon Karneios vor. Es war Karneia, ein traditionelles Fest auf der Peloponnes. Die Spartaner und Spartanerinnen waren kaum in Kriegsstimmung. Außerdem war es in Sparta gesetzlich verboten, während der Karneia bis zum nächsten Vollmond Krieg zu führen.

Die Spartaner mussten Pheidippides mit der gleichen Antwort zurückschicken, die sie Aristagoras gegeben hatten: Nein, Sparta werde sich wieder neutral verhalten und nicht an der Schlacht bei Marathon teilnehmen.

Pheidippides kehrte nach Athen zurück. Dann lief er zum Schlachtfeld von Marathon, wo er Zeuge des Ausgangs der Schlacht wurde. Danach lief er zurück nach Athen, wo er vor Erschöpfung gestorben sein soll. Natürlich wird diese Geschichte heute als zu romantisch angezweifelt. Aber unabhängig davon hat unser heutiger Marathon seinen Ursprung in seinem Lauf von Athen nach Marathon.

Die Athener waren bestürzt, als sie die Nachricht von Spartas Weigerung erhielten, sich ihnen im Kampf anzuschließen. Andere historische Berichte deuten darauf hin, dass es sich nicht um eine völlige Weigerung handelte. Stattdessen versprachen die Spartaner, dass sie später nach ihren Festlichkeiten kommen würden, was bedeutete, dass sie erst in zehn Tagen eintreffen würden. Jedenfalls schien es, als ob die Chancen mehr denn je zugunsten der Perser standen.

Eines Tages sahen die athenischen Wachen eine riesige Staubwolke aus nördlicher Richtung auf sich zukommen. Die Perser kamen, um sie zu vernichten. Alarmiert versammelten sich die athenischen Truppen, bewaffnet und bereit, ihre Heimat bis zum Tod zu verteidigen.

Überraschenderweise waren die ankommenden Männer aber keine Perser. Es waren Truppen aus Platää, einem anderen griechischen Stadtstaat, die gekommen waren, um für den Schutz Griechenlands zu kämpfen. Platää hatte tausend Mann geschickt, die von den Athenern dankbar empfangen wurden.

Die Platäer waren gekommen, als man sie am meisten brauchte, und Athen war ihnen ewig zu Dank verpflichtet. Dennoch waren die Perser den Griechen immer noch mindestens zwei zu eins überlegen. König Dareios verfügte über so viele Infanterie- und Reitertruppen, dass ein Sieg der Griechen fast unmöglich schien.

Die ersten fünf Tage des Krieges endeten in einer Pattsituation. Weder die Griechen noch die Perser waren bereit, ihre Männer zu opfern.

Dann übernahm Miltiades rechtzeitig die Führung und die Griechen begannen eine erbarmungslose Offensive gegen die ahnungslosen Perser, während deren Kavallerie nicht auf dem Schlachtfeld war. Die Perser waren wie betäubt und in der Zeit, die sie brauchten, um sich neu zu formieren, hatten die Griechen sie an beiden Flanken umzingelt.

Die nur leicht gepanzerten Perser erlitten einen schweren Angriff und mussten sich zurückziehen. Tausende Perser starben an diesem Tag, während die Griechen nur etwa zweihundert Tote zu beklagen hatten. Dieser Sieg, an dem Sparta nicht beteiligt war, war ein Zeichen dafür, dass es möglich war, die Perser zu besiegen.

Die siegreichen Griechen waren bestärkt und kehrten nach Hause zurück, um eine Strategie zu entwickeln. Sie wussten, dass die Perser zurückkehren und noch wütender sein würden als beim letzten Mal. Es war unerlässlich, dass die Griechen ihre Differenzen beilegten und sich zusammenschlossen.

Das Treffen am Isthmus von Korinth

Ein Isthmus ist ein schmaler Landstreifen, der auf beiden Seiten von Wasser umgeben ist. Es ist ein häufiges geographisches Merkmal in Griechenland. Ein solcher Isthmus befand sich in der Nähe der wohlhabenden Stadt Korinth. Der Isthmus von Korinth war Schauplatz eines berühmten Moments in der griechischen Geschichte, denn König Leonidas von Sparta hielt ihn für den idealen Ort für ein Treffen.

In diesem Jahr, 481 v. u. Z., zeichnete sich eine zweite persische Invasion ab, und die Griechen wollten sich ihres Sieges sicher sein.

Vor den Toren Spartas wurden alle griechischen Stadtstaaten eingeladen. Im Frühjahr sollte ein Treffen am Isthmus von Korinth stattfinden, um dringende Angelegenheiten zu besprechen.

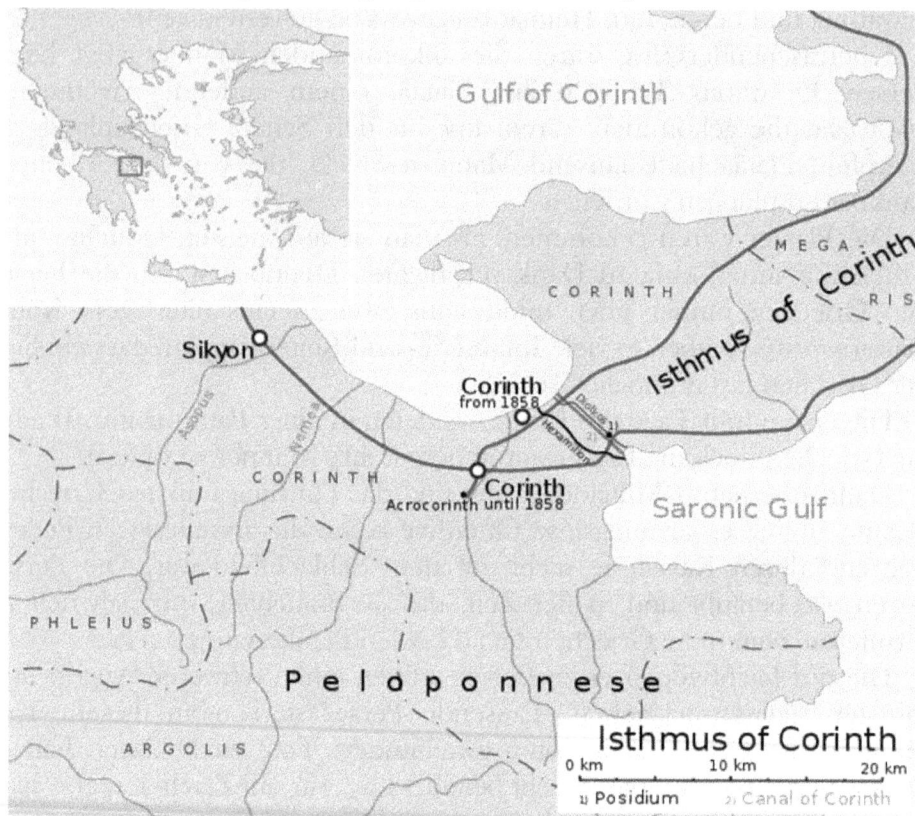

Lage des Isthmus von Korinth.[10]

Von den rund siebenhundert griechischen Stadtstaaten nahmen nur siebzig an dem von Sparta geleiteten Kongress teil. Das eigentliche Anliegen lag auf der Hand: Wie kann Griechenland endgültig von den Persern befreit werden?

Man einigte sich darauf, dass Sparta den Oberbefehl über die griechischen Truppen und Flotten übernehmen sollte. Doch bei einer Versammlung so bedeutender Stadtstaaten war ein Machtkampf vorprogrammiert. Athen versuchte es als erstes. Die Athener konnten sich nicht damit abfinden, den Spartanern die Kontrolle über alle Heere Griechenlands zu überlassen. Sie wollten gleichberechtigt an der Führung beteiligt werden, schließlich war Athen ebenso berühmt wie Sparta.

Dies führte zu einigen Kontroversen während des Kongresses, aber schließlich erklärte sich Athen, vertreten durch den brillanten Politiker und Kriegsstrategen Themistokles, bereit, sich der Führung Spartas zu unterwerfen. Die Entscheidung des Themistokles wurde von den Athener Ratsherren zunächst kritisiert, schließlich aber akzeptiert. Sie war zu diesem Zeitpunkt notwendig. Athen erklärte sich auch bereit, den Dauerkonflikt mit dem Nachbarn Ägina um die Seeherrschaft auszusetzen.

König Gelon von Syrakus und Gela bot seine Unterstützung an, indem er seine riesige Flotte und Tausende von Männern als Gegenleistung für den Oberbefehl über die griechischen Truppen anbot. Das Angebot war so lächerlich, dass einige griechische Geschichtsschreiber vermuteten, es sei absichtlich so überzogen gemacht worden. Es scheint, dass König Gelon wusste, dass es abgelehnt werden würde, aber er wollte es nutzen, um seinen Rückzug aus der griechischen Allianz zu rechtfertigen, und sich auf die Karthager zu konzentrieren, die sein Land verwüsteten.

Auf dem Kongress wurden noch weitere Beschlüsse gefasst, aber die anwesenden Griechen konnten nicht umhin, die Abwesenheit der anderen Staaten, insbesondere Thebens, zu bemerken. Um das Ziel einer wirklich geschlossenen Front gegen Persien zu erreichen, mussten alle an Bord sein. Außerdem bestand immer die Möglichkeit, dass sich die abwesenden Stadtstaaten den Persern anschlossen. So schloss sich Argos schließlich Persien an. Und einige Stadtstaaten weigerten sich, am Krieg teilzunehmen, wie zum Beispiel Kreta.

Dennoch schloss sich eine große Gruppe von Stadtstaaten zusammen. Diese Gruppe wurde als der Hellenenbund bekannt. Dieser Bund sollte Griechenland in einer legendären Schlacht gegen die Perser vertreten.

Kapitel 6 – Die Schlacht an den Thermopylen

Die Vorgeschichte

Die Thermopylen haben als Schauplatz einer epischen Schlacht gegen die Perser einen wichtigen Platz in der griechischen Geschichte. Die Thermopylen, ein schmaler Gebirgspass an der Ostküste Zentralgriechenlands, haben viele Spitznamen, der gebräuchlichste ist „die heißen Tore" oder „die Tore des Feuers". Diese Namen sind auf die heißen Schwefelquellen der Thermopylen zurückzuführen.

Es gibt viele Erklärungen für die „Wärme" des Wassers an den Thermopylen. Einer griechischen Überlieferung zufolge ist dies darauf zurückzuführen, dass der Pass in der griechischen Mythologie eines der vielen Tore zum Hades, der Unterwelt, war. Eine andere Überlieferung besagt, dass Herakles während seiner Heldentaten in den Gewässern der Thermopylen badete, um sich vom Gift des Schlangenungeheuers Hydra zu reinigen. Durch das Bad erhitzte sich das Küstenwasser der Thermopylen.

Die heißen Quellen der Thermopylen.[11]

Keine der beiden Darstellungen ist logisch korrekt, aber was macht das schon? Es ändert nichts an der Bedeutung der Thermopylen als strategisch wichtiger Ort und als bester Platz, um gegen die Perser zu kämpfen.

Um die Ereignisse zu rekapitulieren: 491 v. u. Z. schickte König Dareios I. von Persien Gesandte nach Griechenland, um die Unterwerfung unter die persische Herrschaft zu fordern. Sparta statuierte an den Gesandten des Königs ein Exempel und warf sie in einen Brunnen, wo sie den Tod fanden. Athen reagierte ähnlich und ließ die persischen Gesandten hinrichten. Jeder Stadtstaat, der sich gegen Persien stellte, wusste, dass er damit im Grunde den Krieg erklärte.

490 v. u. Z. fielen die Perser in Teile Griechenlands ein und zerstörten Eretria. Es kam zur Schlacht von Marathon, in der Athen die Griechen zum Sieg führte. Nach der Niederlage bei Marathon kehrten die Perser in ihre Heimat zurück, und König Dareios verbrachte den Rest seines Lebens (vier Jahre) damit, eine neue Invasion vorzubereiten.

Er sollte Griechenland nie wieder angreifen. Stattdessen bestieg sein Sohn Xerxes den persischen Thron und setzte das Erbe seines Vaters fort, indem er ganz Griechenland unter persische Herrschaft brachte.

Doch König Xerxes musste bald feststellen, dass er es mit einem mächtigen Feind zu tun hatte.

Zu Land und zu Wasser

Der Krieg stand kurz bevor, und die Griechen hatten noch nie von einer so großen Armee gehört.

Die Größe des Heeres von Xerxes wird auf hunderttausend bis drei Millionen Mann geschätzt, was die Größe des Persischen Reiches widerspiegelt. Wahrscheinlich brachten die Perser zwischen 200.000 und 500.000 Mann mit, was immer noch eine beachtliche Streitmacht war. Man nimmt an, dass die Griechen bei dieser zweiten persischen Invasion nur über etwa 150.000 Mann verfügten.

Nachdem Xerxes miterlebt hatte, wie sein Vater bei Marathon von den stolzen Griechen gedemütigt worden war, muss er entschlossen gewesen sein, bei der Eroberung ihres Landes weder Menschen noch Schiffe zu schonen. Die Perser würden Griechenland gleichzeitig zu Land und zu Wasser angreifen und nicht eher ruhen, bis jeder einzelne griechische Stadtstaat persischer Vasall geworden war. Xerxes erwartete, dass die Griechen angesichts der Macht seines Heeres vor dem drohenden Untergang zittern und kapitulieren würden. Tatsächlich schickte er 481 Gesandte in die griechischen Stadtstaaten, um herauszufinden, ob sie Tribut zahlen würden. Athen und Sparta waren davon ausgenommen.

Inzwischen war in Griechenland der Hellenenbund gegründet worden, und der Athener Feldherr Themistokles hatte einen brillanten Kriegsplan vorgelegt. Die Verbündeten des vereinten Griechenlands sollten sich in zwei Hälften teilen: Die eine Hälfte sollte den Persern zur See entgegentreten, die andere zu Land.

Themistokles sollte den Seekrieg führen und eine verbündete griechische Flotte von 271 Kriegsschiffen gegen die 1.200 Schiffe umfassende Armada des Xerxes am Kap Artemisium befehligen. Die Perser sollten daran gehindert werden, die Thermopylen auf dem Seeweg zu passieren.

Gleichzeitig blockierten die Griechen den Pass an den Thermopylen, der für die Perser der einzige Zugang nach Südgriechenland (Peloponnes) war. König Leonidas von Sparta übernahm die Führung.

Die Griechen wussten, dass die Perser zahlenmäßig überlegen waren. Aber Persien brachte den Krieg auf griechisches Territorium, was bedeutete, dass die Griechen einen geographischen Vorteil hatten. Das griechische Territorium konnte gegen die Perser und ihre große Zahl genutzt werden, und es gab keinen besseren Ort dafür als den Pass der Thermopylen.

Die persischen Zahlen würden nichts bedeuten, wenn sie in den engen Pass gelockt werden könnten. Nur eine Handvoll Soldaten würde auf einmal hineingehen, was den Griechen einen gewissen Vorteil verschaffen würde.

Die Perser näherten sich langsam von Norden. Doch es gab ein Problem. Die Spartaner feierten wieder einmal Karneia, was bedeutete, dass sie nicht kämpfen konnten. Außerdem fanden die Olympischen Spiele statt, und während dieser Zeit waren militärische Aktivitäten verboten. Dieser olympische Friede sollte die reisenden Athleten und Zuschauer vor Übergriffen schützen.

Doch diesmal waren sich auch die Ephoren einig, dass Sparta nicht tatenlos zusehen konnte, wie Xerxes Griechenland in Schutt und Asche legte.

Mit Rücksicht auf den Olympischen Frieden und die Karneia beschloss König Leonidas, nur dreihundert Mann, die besten Soldaten Spartas, mitzunehmen. Unterwegs sollten sie versuchen, weitere Griechen anzuwerben.

Dreihundert Mann gegen Hunderttausende von Xerxes' Soldaten – das schien eine unmögliche Mission zu sein. Es war ein Himmelfahrtskommando, aber für die Spartaner gab es keinen größeren Ruhm, als bei der Verteidigung Griechenlands zu sterben.

Außerdem waren die dreihundert Spartaner überzeugt, die Perser so lange aufhalten zu können, bis die Feierlichkeiten zu Hause vorüber waren und Verstärkung eintraf. Sie glaubten auch, dass Xerxes die Verpflegung für seine Männer ausgehen könnte.

Auf dem Weg zu den Thermopylen schlossen sich den tapferen Spartanern 6.700 patriotische Griechen an. Die Spartaner schöpften neuen Mut, als ihre Siegeschancen stiegen. Gemeinsam machten sich die vereinten Griechen auf den Weg zu den Thermopylen. Die in die Falle gelockten Perser sollten bekommen, was sie verdienten.

Eine ruhmreiche Niederlage

Irgendwann um die Mitte des Jahres 480 v. u. Z. erreichten die Truppen des vereinigten Griechenlands den Pass der Thermopylen und erwarteten die Perser. König Leonidas und seine siebentausend Mann starken Truppen verschanzten sich und lagerten am „mittleren Tor", der engsten Stelle des Passes. Als Leonidas erfuhr, dass es einen anderen Weg um die Thermopylen herum gab, schickte er einige Truppen dorthin, behielt aber den Großteil seiner Männer bei den Thermopylen.

Schließlich, an einem schönen Augustmorgen, sahen die Griechen die Perser. Einige Griechen plädierten für einen Rückzug und eine Flucht zum Isthmus von Korinth. Leonidas lehnte diese Ideen ab.

Xerxes schickte einen Perser zu den Griechen, aber es war kein Soldat. Es war ein Gesandter mit einer schriftlichen Nachricht von Xerxes selbst. Der Inhalt ähnelte der Botschaft, die König Dareios ein Jahrzehnt zuvor an die Griechen gerichtet hatte: „Gebt eure Waffen ab".

Leonidas und seine kampfbereiten Männer müssen darüber gelacht haben. Die legendäre Antwort des spartanischen Königs war ebenso kurz: „Kommt und holt sie euch".

Herodot berichtet, dass Xerxes vier Tage später seinem Zorn freien Lauf ließ und damit den Beginn einer Schlacht von historischem Ausmaß einläutete.

Bogenschützen und Unsterbliche

Xerxes' Armee bestand aus Soldaten aus allen Teilen seines Reiches, darunter Indien, Ägypten, Medien, Elam, Libyen, Kappadokien, Makedonien, Thrakien, Äthiopien und der arabischen Halbinsel. Dies ermöglichte es ihm, Heereskontingente einzeln in den Kampf gegen die kleineren griechischen Truppen zu schicken.

Bei seinem ersten Angriff befahl Xerxes einer Armee von 5.000 persischen Bogenschützen, die Griechen mit Pfeilen zu beschießen. Dank ihrer Bronzehelme und Aspiden (große Holzschilde, die mit Bronze überzogen waren) wurden die Griechen jedoch kaum verletzt.

Es würde keinen weiteren Versuch geben, Pfeile zu schießen. Stattdessen befahl Xerxes einen Großangriff und schickte Wellen von zehntausend Mann aus, um die Griechen zu vernichten.

Leonidas reagierte schnell und befahl seinen Männern, ihre charakteristische Formation einzunehmen, die legendäre griechische Phalanx. Mit erhobenen Schilden, die sich überlappten, und scharfen Speeren, die neben jedem Schild hervorragten, kämpften die Griechen gegen die persischen Truppen, deren Speere und Schilde ihnen nichts entgegenzusetzen hatten. Die Enge des Weges kam den Griechen zugute, da sie nicht alle ihre Männer auf einmal einsetzen mussten.

Eine Darstellung der Schlacht bei den Thermopylen aus dem 19.Jahrhundert von John Steeple Davis.[12]

Die Griechen metzelten die Perser nieder. Xerxes, der von seinem hohen Thron aus zusah, zitterte vor Wut. Es heißt, er sei vor Wut dreimal aufgesprungen.

Noch am selben Tag schickte der beleidigte Perserkönig seine Eliteinfanterie aus, die gleichzeitig als kaiserliche Leibgarde des Königs diente: die Unsterblichen. Die Unsterblichen waren in der ganzen bekannten Welt als wilde Kämpfer gefürchtet und zählten stets zehntausend Mann. Jeder gefallene, kranke oder verwundete Soldat der Unsterblichen musste sofort ersetzt werden, um die Stärke der Infanterie zu erhalten, was den Namen die „Unsterblichen" erklärt.

Die Unsterblichen wurden im Nahkampf, im Bogenschießen und im Umgang mit ihren Speeren ausgebildet. Jeder Unsterbliche wurde im Alter von fünf Jahren von seinen Eltern getrennt und zu einem einzigen Zweck ausgebildet: die Feinde Persiens in der Schlacht zu vernichten.

Die Griechen müssen Angst gehabt haben, als sie die Unsterblichen vorrücken sahen. Nach einem erbitterten Kampf zogen sich die Griechen zurück. Die Unsterblichen verfolgten sie den Pass hinunter, denn sie wussten, dass kein Grieche verschont bleiben würde.

Endlich war der Sieg für Xerxes in greifbare Nähe gerückt, und er sonnte sich in der Euphorie über den Untergang des Leonidas – bis die Euphorie verblasste. Der Rückzug der Griechen war von Anfang an nur vorgetäuscht, ein Versuch, die Unsterblichen in ihr Verderben zu locken, und sie waren darauf hereingefallen.

Zum Leidwesen von Xerxes konnten die Unsterblichen die Griechen nicht in die Knie zwingen. Am Ende des Tages hielten die griechischen Linien stand.

Kämpfen oder Sterben

Am nächsten Tag wurden die persischen Soldaten im Morgengrauen mit einer Verkündung von König Xerxes dem Großen geweckt. Jeder persische Soldat, der sich zurückzog, sollte die Strafe eines schmerzhaften, schändlichen Todes erleiden.

Xerxes schickte schnell eine neue Angriffswelle los. Er ging davon aus, dass die Griechen, die am Vortag seine endlosen Truppen abgewehrt hatten, verwundet und/oder zu müde sein würden, um eine weitere Schlacht zu überstehen.

Aber er lag falsch. Sehr falsch.

Als die nächste Gruppe persischer Infanterie auf sie zustürmte, waren die Griechen bereit. Je härter sie kämpften, desto stärker und unbesiegbarer schienen sie zu werden. Das lag auch daran, dass die Griechen an der Front regelmäßig ausgewechselt wurden, damit die erschöpften Männer sich ausruhen konnten, bevor sie wieder in den Kampf zogen.

Xerxes sollte noch einmal Zeuge des Heldenmuts der griechischen Männer werden. Die Wirklichkeit muss ihn getroffen haben. Der Thermopylenpass war die Festung der Griechen. Solange sie dort standen, zählte die Größe seines Heeres nicht.

Aber es gab kein Zurück mehr. Wer hätte gedacht, dass der große König von Persien vor den zahlenmäßig unterlegenen Griechen kuscht?

Der zweite Tag endete nicht viel anders als der Erste. Die Perser bliesen zum Rückzug, und Xerxes zog sich von verzweifelter Wut zerfressen in sein Lager zurück. Die Griechen betrauerten ihre wenigen Toten und feierten einen weiteren Sieg.

In dieser Nacht roch die Luft nach dem Blut Tausender gefallener Perser. Aber sie roch auch nach etwas anderem.

Der Geruch des Verrats

König Xerxes konnte nicht schlafen. Wie sollte er auch, wenn die Griechen seine Truppen langsam, aber sicher dezimierten? Was waren das für Menschen, diese Griechen? Jeder Atemzug, den Leonidas von Sparta und seine Männer noch taten, war eine Demütigung für Xerxes' Größe, und das wollte er nicht hinnehmen.

Am zweiten Tag kam der Balsam für Xerxes' verletzten Stolz in sein Lager. Es war ein Grieche aus Trachis.

Er hieß Ephialtes und war ein Hirte aus der Gegend. Er bat darum, vor den persischen König geführt zu werden, da er wichtige Informationen habe, die den Persern den Sieg bringen könnten.

Xerxes gewährte ihm sofort eine Audienz und Ephialtes äußerte den Wunsch nach einer hohen Belohnung für diese wichtigen Informationen. Xerxes war einer der reichsten Könige der Welt und versprach dem Griechen alle Reichtümer, von denen er nur träumen konnte.

Ephialtes verriet, dass es einen kleinen Bergpfad gab, der um den Thermopylenpass herumführte und Anopaiapfad genannt wurde. Wenn die Perser diesen Weg nahmen, konnten sie hinter die Verteidigungslinie von Leonidas und seinen Männern gelangen und von hinten angreifen.

Xerxes war über diese Nachricht erfreut und entsandte am Abend ein Kontingent, das von einem seiner besten Befehlshaber, Hydarnes dem Jüngeren, angeführt wurde.

König Leonidas hatte einen solchen Schritt vorausgesehen. Dies war der Weg, den er schon vor Beginn der Schlacht von seinen Männern bewachen ließ. Die Phoker bewachten ihn, aber es waren nur etwa tausend. Am Morgen des dritten Tages stießen die Perser auf die Phoker, die auf einen nahegelegenen Hügel flohen, um sich dort zu verschanzen. Die Perser hatten jedoch nur ein Ziel vor Augen und ließen sich von den Phokern nicht ablenken. Sie schossen eine Salve Pfeile ab und setzten ihren Weg fort.

Als Leonidas erfuhr, dass Griechenland verraten worden war und die Perser schnell vorrückten, berief er einen Rat ein. So wie es aussah, war seine Verteidigungslinie nutzlos geworden und eine Niederlage unvermeidlich.

Für seinen Verrat sollte der Name Ephialtes zum Synonym für Verrat werden. Er wurde zum Synonym für „Albtraum".

Die letzte Schlacht

Leonidas von Sparta ist wegen seines Mutes und seiner Selbstaufopferung für sein Vaterland eine monumentale Gestalt in der griechischen Geschichte. Er hatte sein Königreich, seine Königin Gorgo und ihren Sohn zurückgelassen, wohl wissend, dass ihn in der Schlacht ein glorreicher Sieg erwartete – oder ein glorreicher Tod.

Nach kleinen Siegen gegen den Feind hatten die Taten eines Mannes plötzlich das Blatt gegen die Griechen gewendet. Dabei hatte Leonidas geschworen, Griechenland vor dem Untergang zu bewahren. Hätte er allen seinen Männern den Rückzug befohlen, wäre Griechenland mit Sicherheit in Flammen aufgegangen. Hätte er dagegen allen griechischen Soldaten befohlen, zu kämpfen und Widerstand zu leisten, hätten die Perser sie umzingelt und alle getötet.

Leonidas hatte keine Zeit, seine Entscheidung zu überdenken. Er musste entscheiden, was das Beste für Griechenland und seine Männer war. Deshalb berief er den Rat ein.

Über die folgenden Ereignisse gibt es zwei historische Versionen. Die erste Version erzählt, dass viele der griechischen Verbündeten in Panik flohen und Leonidas und den thespischen General Demophilus mit ihren Männern zurückließen, um sich den Persern zu stellen. Ein anderer Bericht besagt, dass es Leonidas war, der dem Großteil der griechischen Truppen befahl, nach Hause zurückzukehren. Über die Rückkehrer sollte kein Urteil gefällt werden, aber die Zurückbleibenden sollten bis zum Tod kämpfen, um die Perser aufzuhalten.

Was auch geschah, König Leonidas und seine dreihundert Männer hielten stand. Hinzu kamen neunhundert Heloten, siebenhundert Thespier und vierhundert Thebaner (es wird davon ausgegangen, dass sich die Thebaner irgendwann im Laufe der Schlacht den Persern ergaben). Herodot beschreibt die Griechen als „die beste Streitmacht, die sie gegen die Barbaren hatten, und sie kämpften rücksichtslos und verzweifelt".

Leonidas nahm diese Männer mit in die Schlacht gegen die Perser, diesmal auf einem breiteren Teil des Passes. In der Hitze des Gefechts stürzte König Leonidas in den Tod.

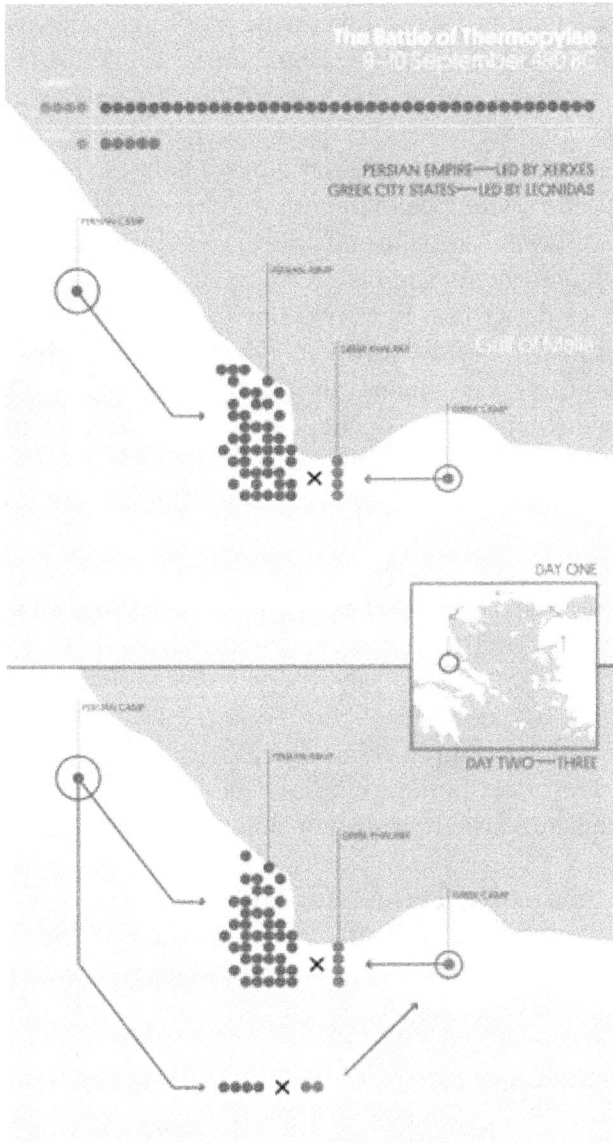

Wie sich die Schlacht entwickelte.[13]

Ein schöner Tod

Die Perser waren in der Überzahl und näherten sich den erschöpften Spartanern von allen Seiten, um an den Leichnam des Leonidas zu gelangen. Den Griechen gelang es, den Leichnam zu schützen. Die übrigen Griechen flohen auf einen nahegelegenen Hügel, aber auch dort waren sie nicht sicher. Die Perser umzingelten den Hügel und beschossen die Griechen mit Pfeilen, bis alle tot waren.

Die Perser nahmen den Leichnam des Leonidas mit, und der rachsüchtige Xerxes ließ ihn enthaupten und den Kopf auf einen Pfahl spießen. Sein Leichnam sollte erst vierzig Jahre später nach Griechenland zurückkehren.

Nach Herodot kostete der Sieg des Xerxes bei den Thermopylen mehr als zwanzigtausend seiner Soldaten das Leben. Die Griechen verloren wahrscheinlich etwa zweitausend ihrer ursprünglich siebentausend Männer, von denen die meisten am letzten Tag der Schlacht starben.

Für sie war es die größte Ehre, bei der Verteidigung Griechenlands zu sterben. Aus diesem Grund wird die Niederlage der Griechen bei den Thermopylen in der Geschichte als ein Sieg betrachtet. Das Opfer des Leonidas und der tapferen Griechen, insbesondere der Spartaner, sollte noch Generationen später erzählt werden.

Die Nachricht erreichte Artemision und die Griechen trauerten um ihre Brüder. Da der Durchbruch bei den Thermopylen gelungen war, machte es keinen Sinn mehr, die Perser bei Artemision aufzuhalten. Hinzu kam, dass die Griechen sich zwar bei Artemision halten konnten, aber zahlenmäßig unterlegen waren. Themistokles befahl den Rückzug der griechischen Flotte nach Salamis, wo das Glück auf die Griechen wartete.

Im Siegestaumel befahl Xerxes die Zerstörung von Thespiai, Platää und Athen. Herodot berichtet, dass die Perser den Athenatempel plünderten, heilige Statuen zerstörten und die Akropolis dem Erdboden gleichmachten.

Vor dem Sturm der Perser auf Athen wurden viele Athener von Themistokles und seinen Männern aus der Stadt nach Salamis evakuiert. Andere entkamen der Gefangennahme knapp, aber nicht lange. Schließlich wurden sie gefangen genommen und getötet oder, schlimmer noch, in Ketten gelegt.

Glücklicherweise gelang es den Griechen, den Isthmus von Korinth, die Wiege des Hellenenbundes und das Tor zum Rest der Peloponnes, zu besetzen. So konnten die Perser nicht weiter vordringen.

Xerxes wusste nicht, dass die Schlacht bei den Thermopylen nicht das entscheidende Ereignis in den Perserkriegen war. Erst im Laufe der Zeit sollte sich herausstellen, dass ein Sieg ebenso flüchtig sein konnte wie eine Niederlage.

Kapitel 7 – Die Schlacht von Platää

Mardonios von Persien

Nach der Schlacht an den Thermopylen brach der Hellenenbund auseinander. Die griechischen Verbündeten aus Attika, Böotien, Phokis und Euböa wurden erobert und zum Überlaufen auf die persische Seite gezwungen. Sie kämpften gegen ihre griechischen Verbündeten unter Themistokles in einer epischen Seeschlacht, der Schlacht von Salamis.

Trotz der Bitten von Artemisia, der Königin von Halikarnassos, die persischen Truppen zurückzuziehen, folgte Xerxes dem Rat seines vertrauten Generals Mardonios, die Griechen bis nach Salamis zu verfolgen. Zum Teil, weil der Rat des Mardonios Xerxes' Ambitionen mehr entsprach, zum Teil, weil der persische General Mardonios kein gewöhnlicher Mann war. Sein Vater, Gobryas, war ein angesehener Adliger am Hofe des Königs Dareios gewesen. So wie sein Vater König Dareios gedient hatte, diente Mardonios König Xerxes.

Mardonios hatte den Feldzug gegen Griechenland als Feldherr befehligt, und Xerxes schätzte ihn als Berater, General und Schwager. Gemeinsam hatten sie das verlassene Athen in Schutt und Asche gelegt.

Mardonios wusste auch, dass es dem Perserkönig um nichts mehr ging, als den Athener Themistokles das gleiche Schicksal wie Leonidas erleiden zu lassen.

Bei Salamis erlitten König Xerxes und seine Verbündeten jedoch eine vernichtende Niederlage, obwohl sie über dreimal so viele Kriegsschiffe verfügten wie die Griechen. Es zeigte sich, dass die geniale Kriegsstrategie des Themistokles der bedrohlichen persischen Armada überlegen war.

Xerxes hatte genug gesehen und kehrte mit den meisten seiner Männer nach Asien zurück. Offenbar befürchtete er, dass die Griechen nach Norden in Richtung Hellespont vorrücken würden, wo er Pontonbrücken errichtet hatte, die seiner großen Armee die Übersetzung von Asien nach Europa ermöglichten. Wenn die Griechen diese Brücken zerstörten, wären seine Truppen in Europa gefangen und würden durch Krieg oder Hunger dezimiert.

Da Mardonios auf die Schlacht von Salamis gedrängt hatte, übertrug ihm Xerxes die Verantwortung für den Abschluss des Feldzuges gegen Griechenland. Außerdem wurde er als Satrap (Statthalter) mit der Verwaltung der von den Persern eroberten griechischen Staaten betraut.

Mardonios, den Herodot als „bösartig" beschreibt, hielt Macht, Reichtum und vor allem den Stolz Persiens in seinen Händen. Was daraus wurde, sollte sich in der Schlacht bei Platää entscheiden.

Pausanias von Sparta

Der Tod von König Leonidas hinterließ eine Machtlücke auf einem der Throne Spartas, die Leonidas' Sohn Pleistarchos aufgrund seines jungen Alters nicht füllen konnte. Königin Gorgo war sich bewusst, dass sie den Thron durch eine Regentschaft bewahren musste, bis ihr Sohn volljährig war. Gorgo, die den Ruf hatte, in den Machtzentren Spartas Einfluss zu haben, suchte nach einem Mann, dem sie die Regentschaft anvertrauen konnte.

Der Neffe des Königs Leonidas, Pausanias, wurde für diese Aufgabe ausgewählt (nein, nicht derselbe Pausanias, der den Ersten Messenischen Krieg dokumentierte). Pausanias trat sein Amt in einer der chaotischsten Zeiten der spartanischen Geschichte an. Im Jahr 479 v. u. Z. befanden sich die hartnäckigen Perser immer noch auf griechischem Boden und versuchten, ihn für Xerxes zu erobern.

Als Spartaner und Nachfahre der Agiaden war Pausanias zweifellos ein großer Mann auf dem Schlachtfeld. Er würde sich gegen Mardonios bewähren und Griechenland zu einem weiteren Sieg führen.

Doch zunächst musste er den Hellenenbund wiederherstellen.

Ein großer Teil Griechenlands war zu einem Vasallen Persiens geworden, aber da König Xerxes und die meisten seiner Truppen abwesend waren, konnte Mardonios nur eine begrenzte Anzahl von Staaten kontrollieren. Als Mardonios sich über den Winter nach Thessalien zurückzog, eroberten die Athener ihre Stadt zurück.

Pausanias nutzte die Gunst der Stunde und versuchte, so viele griechische Stadtstaaten wie möglich zu versammeln, um die Fremden zu vertreiben, die sich zu lange dort aufgehalten hatten.

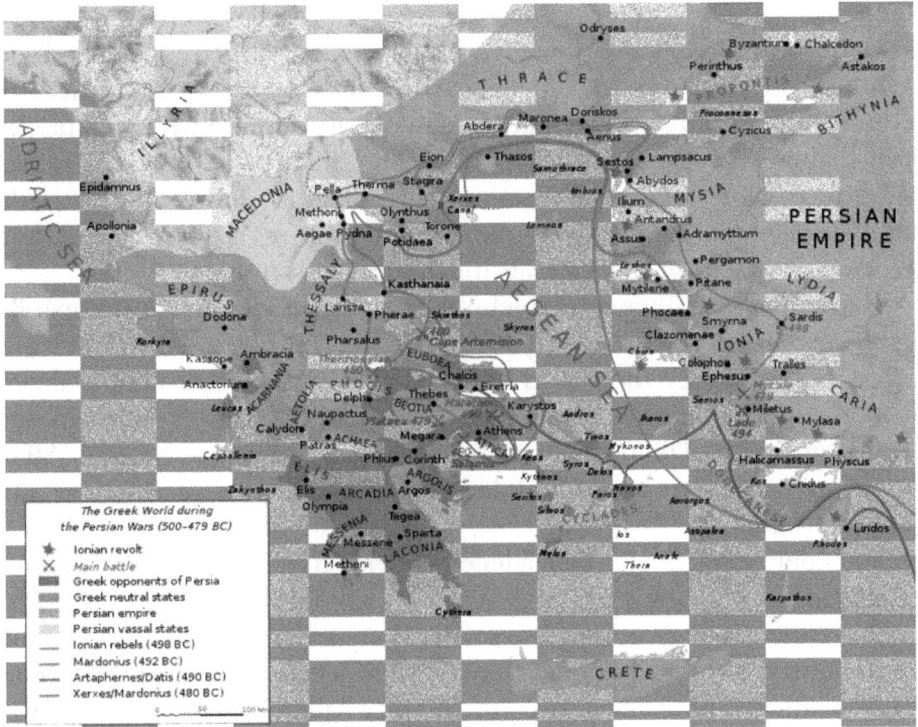

Die griechische Welt zur Zeit der Perserkriege.[14]

Der Krieg bei Platää

Innere Spannungen

Die Athener begannen, ihre Stadt wiederaufzubauen, aber sie waren immer wachsam. Mardonios und seine Truppen könnten eines Tages zurückkehren und sie zwingen, den Schrecken, den Brand ihrer geliebten Stadt erneut zu erleben.

Athen hatte die anderen hellenischen Verbündeten um Hilfe gebeten, um die Perser ein für allemal zu besiegen, aber keiner von ihnen reagierte, obwohl sie wussten, dass Athen am verwundbarsten für einen erneuten persischen Angriff war.

Wie die Perser befand sich auch das „vereinigte" Griechenland für den Rest des Winters in einer Sackgasse. Mit dem Frühling kam Bewegung in die Sache. Athen empfing einen besonderen Gast, König Alexander I. von Makedonien, der ein persischer Vasall war. Alexander war von

Mardonios mit einem für die Athener interessanten Angebot geschickt worden. Der persische Feldherr wusste, dass die Athener von ihren griechischen Mitbürgern vernachlässigt wurden, und wollte sich das zunutze machen.

Mardonios bot den Athenern durch seinen Boten die Hand der Freundschaft an, wenn sie im Gegenzug Vasallen Persiens würden. So verlockend das Angebot auch klang, ein erfahrener athenischer Staatsmann wie Aristides der Gerechte ließ sich nicht täuschen. Unterstützt von einer Delegation aus Sparta antwortete Aristides unmissverständlich: „Solange die Sonne ihren gegenwärtigen Lauf beibehält, werden wir uns niemals mit Xerxes verständigen".

Mardonios war über die Ablehnung seines diplomatischen Vorstoßes durch die Athener sehr verärgert und wusste sich nur noch mit Krieg zu helfen. So belagerten die Perser Athen erneut, das zuvor erneut evakuiert worden war. Herodot berichtet, dass Mardonios noch größere Verwüstungen anrichtete als beim ersten Mal: „Mardonios brannte Athen nieder und zerstörte und demolierte alles, was noch an Mauern und Häusern stand".

Nach der Schlacht von Plataä leitete Themistokles den Wiederaufbau.

Aufruf zum Handeln

Die Athener hatten genug von der persischen Aggression und der Gleichgültigkeit ihrer vermeintlichen Verbündeten. Trotz des am Isthmus von Korinth geschlossenen Abkommens war Athen in seiner Not ignoriert und den skrupellosen Persern ausgeliefert worden.

Während der zweiten Zerstörung Athens flohen viele Bürger nach Salamis. Mardonios wusste, wo er sie finden konnte, aber anstatt sie anzugreifen, sandte er den überlebenden Athenern eine Botschaft, in der er ihnen die Hand der Freundschaft bot.

Die Athener waren verzweifelt. Was nützten ihnen ihre griechischen Verbündeten, wenn diese ihnen nicht zu Hilfe kamen? Es schien, als hätten sich all ihre Bemühungen, ihre Verbündeten auf die drohende Gefahr aufmerksam zu machen, als erfolglos erwiesen.

Vielleicht würde eine Drohung den Zweck erfüllen.

Die Athener schickten eine Delegation, der sich Männer aus Plataä und Megara anschlossen, nach Sparta. Sollten die griechischen Verbündeten weiterhin untätig bleiben, würde Athen sich mit Persien verbünden.

Wer auch immer diese Idee hatte, um die anderen Griechen aus ihrer Lethargie zu reißen, hatte recht. Innerhalb weniger Wochen war Pausanias von Sparta der Aufgabe gewachsen und führte eine Elitetruppe von 5.000 Spartanern gegen die Perser. Insgesamt wird jedoch angenommen, dass die gesamte spartanische Streitmacht etwa 45.000 Mann umfasste, darunter auch Heloten und Hopliten aus anderen Teilen der Halbinsel.

Zurück im zerstörten Athen erfuhr Mardonios, dass die Spartaner zum Angriff übergingen. Schnell zerstörte er, was von Athen noch übrig war, und begab sich nach Theben, einem der pro-persischen griechischen Staaten unter seiner Herrschaft. Von dort zog er weiter nach Plataä, wo er eine riesige Militärbasis errichtete. Als Pausanias mit seinen Truppen auf ihn zumarschierte, dachte Mardonios, er könne die Griechen in die Nähe des persischen Stützpunktes locken, wo sie im Vorteil wären.

Pausanias näherte sich und jeden Tag schlossen sich mehr Männer den griechischen Verbündeten an. Aristides schloss sich mit seinen achttausend Mann an, und das wachsende griechische Heer marschierte auf die Ebene von Plataä zu. Andere griechische Verbündete wie Korinth und Megara schlossen sich den Spartanern und Athenern für die Schlacht von Plataä an.

Die Gesamtzahl der Griechen wird auf etwa achtzigtausend geschätzt. Es war das größte Heer, das die Griechen seit Beginn der Perserkriege aufgestellt hatten. Dennoch war das große persische Heer zahlenmäßig überlegen. Man schätzt seine Stärke auf etwa 100.000 Mann.

Das Wartespiel

In einer Zeit, die von häufigen Kriegen und Scharmützeln geprägt war, war es paradox, dass beide Seiten möglichst wenig Blut vergießen wollten. Der Plan des Mardonios, die Griechen in sein Gebiet zu locken, führte nicht zum gewünschten Erfolg. Die Griechen errichteten ihr Lager einige Meilen von dem Ort entfernt, an dem er sie haben wollte, und in einem Gelände, das für die griechische Kampftechnik geeignet war.

Dies war zu erwarten, da die Griechen immer wieder ihre überlegenen strategischen Fähigkeiten unter Beweis gestellt hatten. Allerdings war das griechische Heer zahlenmäßig unterlegen, und im Gegensatz zu den Persern verfügten die Griechen über keine Kavallerie. Ein Angriff würde mehr Männer das Leben kosten, als sie sich leisten konnten.

Mardonios und seine Männer waren der gleichen Meinung. In den vergangenen vom Krieg erschütterten Jahrzehnten hatten sie aus erster Hand erlebt, wie gut sich die Griechen verteidigten. Die Schlacht bei den Thermopylen hatte sie gelehrt, die Griechen niemals anzugreifen, wenn das Gelände ihnen einen Vorteil verschaffte.

Es folgte ein Wartespiel.

Die Perser würden ihr Gebiet nicht verlassen, um die Griechen anzugreifen und umgekehrt. Einige Historiker sind der Meinung, dass ein weiterer Grund für Mardonios' Zurückhaltung darin lag, dass er im Grunde nur den Zusammenbruch des griechischen Bündnisses wollte. Die Risse waren bereits vorhanden, und es war nur eine Frage der Zeit, bis ein weiterer interner Konflikt ausbrechen würde. Dann könnte er einen mächtigen griechischen Stadtstaat wie Athen auf die Seite Persiens ziehen, und der Rest Griechenlands würde ein für alle Mal fallen.

Die Griechen hingegen erwarteten, dass die Perser sie zuerst angreifen würden. In früheren militärischen Auseinandersetzungen waren die Perser meist in der Offensive. Doch diesmal schienen Mardonios und seine Männer auf etwas zu warten.

In einigen historischen Quellen heißt es, dass Mardonios tatsächlich seine Kavallerie aussandte, um die Griechen bei ihrer Ankunft anzugreifen, die aber von den athenischen Bogenschützen niedergestreckt wurde. Nachdem er den griechischen Streitkräften einige Verluste zugefügt hatte, verlor Mardonios Berichten zufolge den Anführer der Kavallerie, Masistios. Die Griechen rückten aufgrund ihres Sieges vor.

Doch beide Seiten weigerten sich weiterhin, aufeinander zuzugehen. Eine ganze Woche verging, ohne dass ein Mucks aus dem persischen Lager zu hören war – bis eines Tages Mardonios' Männer in die rechte Flanke des griechischen Lagers eindrangen und die Vorräte erbeuteten. Es scheint, dass die große Strategie des Mardonios darin bestand, die griechischen Nachschublinien abzuschneiden und sie aus ihrer Pattsituation zu zwingen.

Dieser Würgegriff zeigte innerhalb weniger Tage Wirkung, und die Griechen zogen sich schließlich in eine bessere Position bei Platää zurück.

Die wilde Jagd

Mardonios erwachte und erfuhr vom Rückzug der Griechen. Nun konnte er die Griechen verfolgen und den Krieg beenden.

Die Griechen hatten geplant, sich vor Tagesanbruch zurückzuziehen, aber am Morgen waren die Athener, Spartaner und Tegäer noch nicht einmal aufgebrochen, um den Rückzug zu sichern. Als man sie zu den anderen zurückweichenden Truppen schickte, befolgten sie die Anweisungen nicht genau genug und trennten sich. Die Athener wurden von Truppen aus Theben, einem der pro-persischen griechischen Stadtstaaten, angegriffen. Die Spartaner und Tegäer, die sich weiter in die Hügel von Platää zurückgezogen hatten, erkannten, dass sie der Reiterei Mardonios' nicht entkommen konnten.

Die Perser holten die Spartaner und Tegäer in der Nähe des Demeter-Tempels ein und die Schlacht begann.

Pausanias hatte den Göttern Opfer und Gebete für einen Sieg der Griechen dargebracht, doch schon wenige Minuten nach Beginn der Schlacht wurden diese Opfer von den Persern zunichtegemacht. In typischer Manier ließen die Perser ihre Pfeile zu Tausenden auf ihre Feinde niederprasseln.

Da die Zahlen nicht zu ihren Gunsten standen, wussten die Griechen, dass sie sich auf ihre überlegenen Waffen und ihre legendäre Phalanxformation verlassen konnten. Nachdem sie sich mit einem Schildwall vor den rasenden persischen Pfeilen geschützt hatten, überquerten die Griechen schnell einen kleinen Fluss, dicht gefolgt von den Persern.

Langsam wendete sich das Blatt. Die Griechen zogen sich zurück und kamen langsam, aber sicher voran. Die Spartaner rückten näher.

Mardonios ritt auf seinem Schimmel, umgeben von tausend Leibwächtern, und tat sein Bestes, um Befehle zu rufen. Er forderte die müden Perser zum Weiterkämpfen auf und stärkte ihre schwindende Moral.

Plutarch berichtet, dass ein spartanischer Soldat namens Arimnestos einen schweren Stein ergriff. Er warf den Stein auf Mardonios, der vom Pferd stürzte und starb.

Die persische Armee erkannte, dass ihr Anführer gefallen war, und floh vom Schlachtfeld. Nun waren die Griechen an der Reihe, die Verfolgung aufzunehmen, und sie hörten nicht auf, bis jeder gefangene Perser getötet worden war, einschließlich der Sicherheitskräfte von Mardonios.

In der Schlacht zwischen den Athenern und den Thebanern hatten die Athener zwar gewonnen, konnten ihre Feinde aber nicht verfolgen. Das lag daran, dass sie die Spartaner und Tegäer einholen mussten.

Nachdem Mardonios und sein Heer aus dem Weg geräumt waren, schlossen sich die übrigen verbündeten Truppen den Griechen an und stürmten das persische Lager. Die im Lager verbliebenen Perser leisteten der griechischen Armee nur geringen Widerstand. Man vermutet, dass die Griechen fast alle persischen Soldaten im Lager töteten. Nur wenige tausend Perser sollen am Leben geblieben sein. Dies geschah wahrscheinlich, damit die Männer im Kampf die Geschichten vom Zorn der Griechen erzählen konnten und um Xerxes zu zeigen, dass seine Pläne, Griechenland zu erobern, niemals in die Tat umgesetzt werden würden.

Vergeltung

Wenn große Kriege wie der Zweite Perserkrieg zu Ende gehen, ergreift die siegreiche Seite oft Maßnahmen, um sicherzustellen, dass die Besiegten keinen neuen Krieg gegen sie führen können. Dies erklärt, warum die Griechen nach der Eroberung der persischen Militärbasis nicht in Feierstimmung gerieten. Es gab noch viel zu tun, um ihr Land von den „Barbaren" zu befreien.

Am Tag der Schlacht bei Platää (so jedenfalls Herodot) war der spartanische König Leotychides nach Samos gesegelt. Dort waren persische Schiffe aufgrund ihres schlechten Zustands gestrandet.

Die Griechen trafen auf eine Streitmacht von etwa sechzigtausend persischen Soldaten, die das Gebiet bewachen sollten, doch ihre zahlenmäßige Überlegenheit zählte nicht, als die Griechen zuschlugen. Noch am selben Nachmittag wurden die Perser vernichtend geschlagen und ihre Schiffe in Schutt und Asche gelegt.

Der Feldzug des Königs Xerxes war beendet. Die Perser hatten die Schlacht zu Land und zu Wasser verloren.

Artabazos, der nun verantwortliche persische General, floh schnell auf dem Landweg nach Kleinasien, da die persischen Schiffe verbrannt waren. Er verlor viele Männer, konnte sich aber in Byzanz in Sicherheit bringen.

Nachdem die Perser nun weitgehend abgezogen waren, wandte sich das griechische Heer Theben zu, dem griechischen Stadtstaat, der sich auf die Seite Persiens geschlagen hatte. Es sollte noch drei Jahrzehnte dauern, bis die Perserkriege endlich beendet waren. Doch diesmal waren die Griechen in der Offensive.

ABSCHNITT DREI: SPARTA IN INNERGRIECHISCHEN AUSEINANDERSETZUNGEN (460 V. U. Z. – 222 V. U. Z.)

Kapitel 8 – Der Peloponnesische Krieg: Die erste Phase

Nachdem die Perser in den Schlachten von Platää und Mykale besiegt worden waren, segelten die verbündeten Griechen nach Sestos und Byzanz, um die ionischen Städte von der persischen Herrschaft zu befreien.

Im Jahr 478 wurden Vorwürfe gegen Pausanias laut, er habe einige Kriegsgefangene freigelassen, um sich bei Xerxes einzuschmeicheln. Pausanias wies die Vorwürfe zurück und behauptete, er habe keinen Einfluss auf die Flucht der Gefangenen gehabt, aber die Athener und andere Verbündete Griechenlands glaubten ihm nicht. Gerüchte über das neue Bündnis des Pausanias mit den Persern verbreiteten sich wie ein Lauffeuer und konnten erst unterdrückt werden, als Pausanias vom griechischen Kommando abberufen wurde.

Bald nach seiner Abberufung wurde klar, dass die Spartaner kein Interesse an einer Fortsetzung des Kampfes hatten. Vielmehr sorgten sie sich um die wachsende Macht Athens.

Würden die Griechen nun, da sie die Perser los waren, geeint bleiben oder ihre Streitigkeiten wiederaufleben lassen?

Der Attische Seebund

Neben Themistokles gab es noch einen anderen athenischen Feldherrn, der in den Perserkriegen und insbesondere in der Schlacht bei Mykale eine wichtige Rolle gespielt hatte. Er hieß Xanthippos und hörte eines Tages eine wichtige Nachricht.

König Leotychidas von Sparta hatte die Idee, die verbliebenen ionischen Stadtstaaten ein für allemal aus den Klauen des Perserreiches zu befreien. Sie sollten nach Europa auswandern.

Laut Leotychidas wären die ionischen Griechen in Kleinasien sicherer und besser geschützt, wenn sie nach Europa auswandern würden. Dann könnten die verbündeten griechischen Stadtstaaten ihre inneren Angelegenheiten wieder souverän regeln, so wie früher.

Xanthippos hielt diese Idee jedoch für absurd. Die ionischen Stadtstaaten standen unter athenischer Herrschaft, und eine Zustimmung zu einem solchen Schritt könnte bedeuten, dass sie unter die Kontrolle Spartas fielen. Es war ihre Aufgabe, die Ionier zu schützen. Deshalb lehnte Xanthippos im Namen Athens und einiger griechischer Verbündeter den Vorschlag des spartanischen Königs ab.

Nach der Eroberung von Byzanz schien es, als würde Sparta den Feldzug gegen Persien nicht fortsetzen. Athen übernahm schnell die Führung.

Die Spartaner wussten nicht, dass ihr Rückzug sie die Loyalität einiger Mitglieder des Hellenenbundes kosten würde. Ein Krisentreffen wurde auf der heiligen Insel Delos einberufen, die als Geburtsort des Gottes Apollon und seiner Zwillingsschwester Artemis galt.

Sparta war natürlich nicht eingeladen, aber fast alle ionischen Stadtstaaten. Den Vorsitz führte Athen. Bei diesem Treffen auf Delos wurde ein ganz neuer Bund gegründet: der Attische Seebund.

Der Attische Seebund wollte sich angeblich für die Terrorisierung und Verwüstung Griechenlands durch das Persische Reich während der Perserkriege rächen.

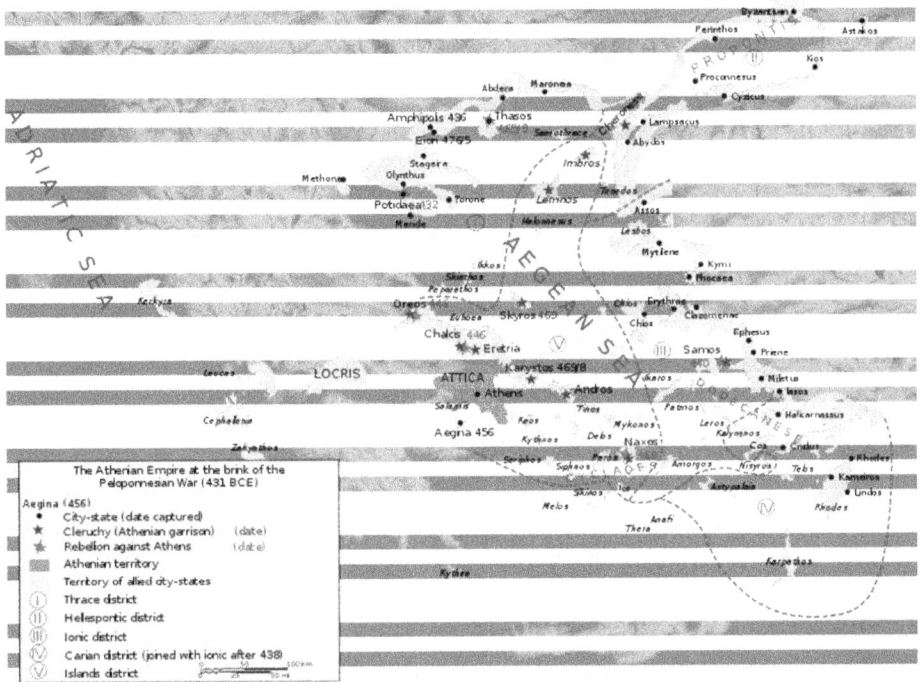

The Athenian Empire at the brink of the Peloponnesian War (431 BCE)

Aegina (456)
- City-state (date captured)
- ★ Cleruchy (Athenian garrison) (date)
- ⚔ Rebellion against Athens (date)
- Athenian territory
- Territory of allied city-states
- (I) Thrace district
- (II) Hellespontic district
- (III) Ionic district
- (IV) Carian district (joined with Ionic after 438)
- (V) Islands district

Obwohl es einige Zeit dauerte, bis der Attische Seebund so groß wurde, gibt die Karte einen guten Überblick darüber, wie viele Verbündete Athen zu Hilfe rufen konnte.[15]

Die Mitglieder schworen einen Eid, dass die Feinde einzelner Mitglieder gemeinsame Feinde seien sollten und sie dieselben Verbündeten hatten, genau wie im Peloponnesischen Bund. Die Versammlungen sollten regelmäßig in Delos stattfinden und jedes Mitglied sollte bei der Beschlussfassung eine Stimme haben.

Athen verfügte über die meiste Macht. Als Teil der Mitgliedschaftsverpflichtungen zahlte jedes Mitglied Abgaben und Tribute an Athen. Mit diesen Geldern wurde die unter athenischer Kontrolle stehende Flotte des Bundes vergrößert und bei Bedarf militärische Expeditionen finanziert. Während die Athener ihre Stadtmauern wieder aufbauten, vergrößerten sie ihre Seemacht, indem sie die Tributzahlungen der Verbündeten von Delos nutzten.

Auch wenn es den Anschein hatte, dass der Attische Seebund gegründet worden war, um Persien für die Invasion Griechenlands bezahlen zu lassen, sollten sich in den kommenden Jahren die imperialistischen Ambitionen Athens durchsetzen.

Der Dritte Messenische Krieg

Die Spartaner erkannten, dass Athen eine strategische Position einnahm, um das peloponnesische Griechenland zu beherrschen. Der Attische Seebund stand in Opposition zum Peloponnesischen Bund Spartas, der sich nach dem Ende des Zweiten Perserkrieges wieder zusammenfand. Schließlich traten einige Stadtstaaten wie Megara aus dem Peloponnesischen Bund aus, um sich dem neuen Bund unter der Führung Athens anzuschließen.

Sollten sich starke Verbündete des Peloponnesischen Bundes wie Korinth mit Athen verbünden, wäre Sparta am Ende. Sparta musste die wachsende Macht Athens in Schach halten, hatte aber ein größeres Problem: den Dritten Messenischen Krieg.

Beben und Erschütterungen

An einem schönen Tag im Jahr 464 v. u. Z. gingen die Menschen in Sparta ihren alltäglichen Beschäftigungen nach. Die Jungen in der Agoge kämpften im Staub, die Mädchen waren in der Schule. Plötzlich begann die Erde zu beben. Die Spartaner müssen beunruhigt gewesen sein, aber sie konnten nur abwarten.

Das Beben wurde stärker und erschütterte Sparta und die anderen benachbarten Stadtstaaten in ihren Grundfesten. Es war ein Erdbeben, und zwar eines der zerstörerischsten der Antike und nichts, was die Spartaner mit Speeren bekämpfen konnten.

Naturkatastrophen waren nicht immer vorhersehbar, und es ist unwahrscheinlich, dass die Spartaner darauf vorbereitet waren. Sie kämpften um ihr Leben, als der Boden aufbrach und sich spaltete und die Mauern zu Staub zerfielen. Tempel, Statuen, Denkmäler, Rathäuser und Privathäuser verwandelten sich in Ruinen, in denen Tausende von Menschen eingeschlossen waren. Es war ein schwerer Schlag für die Bevölkerung Spartas. Man schätzt, dass etwa zwanzigtausend Menschen bei dem Erdbeben ums Leben kamen.

Inmitten des Chaos erkannte eine bestimmte Gruppe von Menschen ihre Chance: die unterdrückte untere Kaste der spartanischen Gesellschaft, die Heloten.

Die Heloten hatten ihre stolzen spartanischen Herren noch nie derart in Panik erlebt. Für ein Volk, das im Ersten und Zweiten Messenischen Krieg zutiefst gedemütigt und besiegt worden war, schien Mutter Natur selbst eine einmalige Chance zu bieten: einen schmalen Pfad in die dauerhafte Freiheit.

Schnell sammelten sich die Heloten und zogen ihre Schwerter, was einen blutigen Aufstand signalisierte. Um nichts in der Welt würden sie sich diese Gelegenheit entgehen lassen. Sie stürmten auf ihre verblüfften Herren zu, wateten und krochen über herabstürzende Mauerteile und kopflose Statuen.

Die Spartaner sahen, dass ein neuer Aufstand bevorstand und dass ihre Verwirrung den aufständischen Heloten in die Hände spielte. Sofort schickten sie eine Nachricht an die benachbarten griechischen Stadtstaaten und baten um militärische Verstärkung und Hilfe, um den Aufstand niederzuschlagen.

Doch die messenischen Rebellen ließen sich nicht aufhalten. Sie kämpften sich aus Sparta heraus und zogen zur Festung auf dem Berg Ithome, wo ihre Vorfahren einst die spartanischen Truppen zurückgeschlagen hatten. Die Heloten glaubten, dass die historische Festung ihnen Schutz vor dem Zorn der Spartaner und schließlich den Sieg bringen würde.

In Sparta waren in der Zwischenzeit die Verbündeten dem Hilferuf schnell nachgekommen. Truppen erreichten die Tore der verwüsteten Stadt, um sich an der Unterwerfung der abtrünnigen Heloten zu beteiligen. Unter ihnen befand sich ein Kontingent von viertausend Männern aus Athen, die ihre Hilfe anboten, aber die Spartaner spuckten darauf.

Zwar waren die Spannungen zwischen Sparta und Athen während der Perserkriege auf Eis gelegt worden, doch das neue Machtspiel Athens mit dem Attischen Seebund verärgerte die Spartaner. Sie wurden den Verdacht nicht los, Athen wolle sich gegen sie auf die Seite der messenischen Rebellen stellen. Deshalb wiesen sie die athenischen Truppen zurück, was für Athen eine schwere Beleidigung darstellte.

Dieses Ereignis sollte die Fassade des Friedens zwischen Sparta und Athen zerstören und den Weg für das Unvermeidliche ebnen: einen Krieg, der ein für alle Mal klären sollte, wer die wahre Macht in Griechenland war.

Eröffnungsrunde

Das athenische Experiment
Kimon, der athenische Feldherr, der die viertausend Soldaten nach Sparta geführt hatte, aber zurückgeschickt worden war, bezahlte diese Demütigung mit seiner Karriere. Er wurde aus der athenischen Politik ausgeschlossen und durch seinen Rivalen Ephialtes ersetzt, aber das war

nicht genug. Die Athener wussten, dass die Spartaner für ihre Frechheit bezahlen mussten.

Angesichts der militärischen Fähigkeiten Spartas war den Athenern klar, dass sie Sparta nicht leichtfertig den Krieg erklären durften. Sie brauchten starke Verbündete, die einen ähnlichen Groll gegen Sparta hegten, um eine Chance auf einen Sieg zu haben.

Glücklicherweise war der Attische Seebund dieser Aufgabe gewachsen. Athen musste nur weitere Staaten auf seine Seite ziehen.

Während die Spartaner zehn Jahre lang in den Dritten Messenischen Krieg verwickelt waren, begannen die Athener in ganz Griechenland nach Verbündeten zu suchen. Zuerst wandten sie sich an Argos, den Erzfeind Spartas, der sie bereitwillig unterstützte. Dann schlossen sie Bündnisse mit Thessalien und Megara.

Megara gehörte dem Peloponnesischen Bund an, war aber 459 v. u. Z. in Konflikte mit einem anderen Mitglied, Korinth, verwickelt. Athen bot Megara seine Hilfe an, und gemeinsam vertrieben sie die mächtigen Korinther von der Landenge, die sie bis dahin kontrolliert hatten.

Dadurch wurde Athen zum direkten Feind der Korinther, die daraufhin ihr Bündnis mit Sparta und den anderen Mitgliedern des Peloponnesischen Bundes verstärkten. Der Erste Peloponnesische Krieg hatte begonnen.

Die Schlacht von Tanagra

Nachdem die Perser, berauscht von ihrem Sieg über Leonidas und seine tapferen Männer an den Thermopylen, Athen zerstört hatten, wurde die Stadt wiederaufgebaut. Diesmal bauten die Athener die Langen Mauern. Diese Mauern umgaben die Stadt und waren direkt mit den Seehäfen Athens verbunden.

Themistokles war der Ansicht, dass die Mauern Athen besser vor zukünftigen Angriffen schützen und im Falle einer Belagerung als Fluchtweg zum Meer dienen würden. Die Langen Mauern würden im Kriegsfall auch einen schnelleren Zugang zur athenischen Flotte ermöglichen.

Als die Spartaner vom Bau der Langen Mauern in Athen erfuhren, versuchten sie auf subtile Weise, die Athener von ihrem Vorhaben abzubringen, wurden jedoch abgewiesen. Historiker vermuten, dass dies die Spartaner in ihrem Glauben an die Machtambitionen Athens bestärkte, was zu Misstrauen führte und die Spartaner veranlasste, Athen im Dritten Messenischen Krieg die Hilfe zu verweigern.

Unbeeindruckt von Spartas Abneigung setzten die Athener den Bau der Langen Mauern fort, der aus der gemeinsamen Kasse des Attischen

Seebundes finanziert wurde. Darüber hinaus sicherte das Bündnis mit Megara den Athenern die Kontrolle über das Meer und den Golf von Korinth. Nach der Bestätigung dieses Bündnisses wurden auch in Korinth und Megara die Langen Mauern gebaut.

Im Jahr 457 v. u. Z. erklärten die Phoker Doris, der Heimatstadt der dorischen Griechen, den Krieg. Sparta marschierte mit 1.500 Soldaten zur Unterstützung der Stadt ein, weitere 10.000 Mann schlossen sich an. Sie kämpften gegen Phokis und siegten.

Athen erfuhr von Spartas Vormarsch und lauerte ihnen in Böotien auf. Sie wurden von eintausend Mann aus Argos unterstützt, so dass man von einer Gesamtstärke von etwa vierzehntausend Mann ausgeht.

In der Ebene von Tanagra trafen die Truppen Athens und Spartas aufeinander und es kam zu einer epischen Schlacht. Die Spartaner waren nur leicht in der Unterzahl und es entwickelte sich ein erbitterter Kampf, der auf beiden Seiten viele Opfer forderte.

Dennoch gelang es den großen Kriegern Spartas, die verbündeten Truppen Athens zurückzudrängen und über den Isthmus von Korinth nach Hause zurückzukehren. Die geschlagenen Athener und ihre Verbündeten zogen sich zurück, um ihre Verluste auszugleichen. Doch der Krieg war noch lange nicht zu Ende. Nach zwei Monaten kehrten die Athener gestärkt zurück und eroberten Böotien in der Schlacht bei Oinophyta.

Der Waffenstillstand

Zu hohe Ziele

Trotz ihres Sieges über Athen in der Schlacht bei Tanagra wussten die Spartaner, dass sie nicht weiter vorrücken durften. Die Athener sollten es bereuen, nach ihrem Sieg bei Oinophyta nicht dem Beispiel der Spartaner gefolgt zu sein.

Nachdem Athen Böotien in die Knie gezwungen hatte, führte es Krieg gegen seinen langjährigen Feind Ägina, eine Insel in der Nähe von Athen, wo die Athener einen weiteren Sieg errangen. Diese Siege ermutigten die Athener, an der peloponnesischen Küste einzufallen. Tolmides, ein athenischer General, führte diesen Feldzug im Jahre 455 v. u. Z. mit viertausend Mann und einer athenischen Eliteflotte von über fünfzig Schiffen an.

Zunächst belagerten sie ein kleines messenisches Dorf namens Methone, das unter spartanischer Kontrolle stand. Spartanische Infanterie wurde eilig nach Methone geschickt und die Athener mussten sich zurückziehen.

Dann fielen die Athener in Gythion ein und zerstörten den spartanischen Hafen. Sie drangen weiter in den Golf von Korinth vor und eroberten die korinthische Kolonie Chalkis. Die Athener wollten eine Reaktion Korinths und damit auch Spartas provozieren.

Doch die Spartaner blieben untätig. Sie waren noch mit dem Krieg gegen die aufständischen Heloten beschäftigt, der nach dem verheerenden Erdbeben zehn Jahre gedauert hatte. Im Jahr 454 v. u. Z. hatten die Spartaner die letzten Heloten besiegt. Viele Rebellen waren im Krieg umgekommen, und einige Überlebende, denen die Flucht gelungen war, flohen nach Naupaktos am Golf von Korinth. Dort wurden sie von Tolmides freundlich aufgenommen.

Um das Hauptziel des Attischen Seebundes, Rache an Persien zu nehmen, zu erreichen, führten die Athener ihre Verbündeten in den Krieg gegen Ägypten, einen Vasallenstaat Persiens. Sie versuchten, die Aufstände in Ägypten auszunutzen, wurden aber von den Persern vernichtend geschlagen.

Es dauerte Jahre, bis sich die Athener von dieser demütigenden Niederlage erholt hatten. Das Ansehen Athens in der Ägäis nahm Schaden, und die unterworfenen Völker Böotiens forderten ihre Unabhängigkeit von der athenischen Herrschaft.

Als Reaktion darauf zog Tolmides mit seinen Männern nach Böotien, um die abtrünnigen Vasallen in der Schlacht von Koroneia 447 v. u. Z. in die Schranken zu weisen. Dort wurde Athen erneut besiegt und der Teufelskreis der Aufstände der athenischen Vasallen verschärfte sich. In Megara, Euböa und Ägina kam es zu Aufständen gegen die Herrschaft Athens.

Da Sparta nun politisch stabil war, zog es gegen Athen in den Krieg und fiel in Attika und anderen athenischen Kolonien ein. Athen wurde durch den Krieg zerrissen und sein Ruf als aufstrebende Macht des antiken Griechenlands hing an einem seidenen Faden.

Die Athener erlitten viele Niederlagen und waren die chaotischen Kriege gegen Sparta und seine Verbündeten leid. Ein geeintes Griechenland unter athenischer Kontrolle verlangte mehr, als sie sich leisten konnten.

An einem Wintertag im Jahr 446 oder 445 v. u. Z. erhielt Sparta aus Athen eine Einladung zu einem Friedensvertrag: ein Vorschlag für einen dreißigjährigen Frieden zwischen den beiden Stadtstaaten.

Eine der Bedingungen des Vertrags war, dass Athen seine ursprünglichen Gebiete behalten und die Kontrolle über die in seinem Besitz befindlichen spartanischen Gebiete abgeben würde. Neutrale

Staaten sollten sich entweder Sparta oder Athen anschließen können, wodurch der Peloponnesische und der Attische Seebund gleichermaßen anerkannt würden.

Die Spartaner sahen keinen Grund, dem nicht zuzustimmen, da die Bedingungen für beide Seiten vorteilhaft waren. Sparta würde seinen Teil der Vereinbarung einhalten. Aber würde Athen dasselbe tun?

Kapitel 9 – Der Peloponnesische Krieg: Die zweite Phase

Sparta und Athen waren immer politisch und kulturell verschieden. Den Athenern wäre es schwergefallen, mit einer Nation gemeinsame Sache zu machen, die sich so offen gegen die Demokratie und alle ihre Prinzipien stellte.

Wie durch ein Wunder einigten sich die beiden mächtigen griechischen Stadtstaaten auf einen Frieden, der dreißig Jahre dauern sollte. Damit endeten die scheinbar endlosen Scharmützel zwischen Athenern und Spartanern und ihren Verbündeten.

Doch der Frieden sollte nur fünfzehn Jahre dauern. Und auch in diesen 15 Jahren konnte Griechenland nicht in Frieden leben.

Der Diktator

Der Peloponnesische Bund war eine militaristische Institution, und erlaubte seinen Mitgliedsstaaten, ihre inneren Angelegenheiten ungestört zu regeln. Diese Freiheit blieb im Attischen Seebund nicht erhalten. Im Laufe der Jahre mischte sich Athen immer mehr in die Politik seiner Mitglieder ein, zwang ihnen das athenische Regierungsmodell - die Demokratie - auf und machte sie zu Vasallen.

Schlimmer noch: Perikles, ein athenischer Feldherr und Gefährte des Tolmides, hatte schon vor längerer Zeit angeordnet, den gemeinsamen Schatz des Attischen Seebundes von Delos nach Athen zu verlegen. Dies erregte den Unmut der Seebundmitglieder, die Perikles' Entscheidung für fragwürdig hielten.

Innerhalb des Attischen Seebundes kam bald der Verdacht auf, dass die von den Mitgliedern zur Verfügung gestellten Mittel für die imperialistischen Interessen Athens verwendet wurden. Wenig später führte Athen als Oberhaupt des Attischen Seebundes eine neue Methode der Tributzahlung ein. Die Mitglieder konnten nur noch Geldbeiträge leisten, nicht mehr Truppen, Schiffe oder Waffen.

Diese Ankündigung verstärkte das Misstrauen der Mitglieder. Thukydides fasst die Art der Beziehung Athens zu seinen Verbündeten zusammen:

> „Von allen Gründen für einen Austritt war derjenige, der mit ausstehenden Tributzahlungen und Schiffen sowie mit mangelndem Einsatz zusammenhing, der Hauptgrund, denn die Athener waren sehr streng und anspruchsvoll und machten sich unbeliebt, indem sie die Schraube der Notwendigkeit bei Männern anlegten, die nicht an kontinuierliche Arbeit gewöhnt und tatsächlich nicht dazu bereit waren. In mancher Hinsicht waren die Athener nicht mehr die beliebten Herrscher, die sie anfangs gewesen waren, und wenn sie mehr als ihren gerechten Anteil an Dienstleistungen hatten, war es für sie entsprechend einfach, diejenigen zu beschneiden, die versuchten, die Konföderation zu verlassen. Die Athener sorgten auch dafür, dass die anderen Mitglieder des Bundes ihren Anteil an den Kosten in Geld statt in Schiffen und Männern bezahlten, und dafür waren die unterworfenen Stadtstaaten selbst verantwortlich, da ihr Wunsch, sich aus dem Dienst zu verabschieden, die meisten dazu veranlasste, ihre Heimat zu verlassen. Während Athen also seine Flotte mit den von ihnen bereitgestellten Geldern ausbaute, verfügte ein Aufstand immer über zu wenig Ressourcen oder erfahrene Anführer für den Krieg.“

Athen wurde bald in innere Kriege verwickelt, vor allem in den Samischen Krieg von 440 gegen Samos, einen treuen Verbündeten Athens.

Die Spartaner beobachteten, wie das Bündnis zwischen Athen und seinen Verbündeten immer angespannter wurde. So verlockend es auch sein mochte, gegen das kriegsgebeutelte und verwundbare Athen vorzugehen, Korinth und andere Mitglieder des Peloponnesischen Bundes stimmten gegen einen Krieg.

Schließlich gelang es Athen, alle Aufstände niederzuschlagen und sein kleines Reich wieder in Ordnung zu bringen.

Alte Fehden: Die Schlachten von Sybota und Potidea

Wir schreiben das Jahr 433 v. u. Z. und zwischen Korinth, dem wohlhabendsten Verbündeten Spartas, und einer kleinen Insel im Ionischen Meer namens Korkyra (Korfu) herrschte Uneinigkeit. Korkyra war eine ehemalige Kolonie von Korinth, und die Feindschaft zwischen den beiden Städten bestand schon lange.

Korkyra schickte Gesandte nach Athen und bat um ein Bündnis. Die Athener eilten den Korkyrern zu Hilfe und schickten eine Flotte von zehn Kriegsschiffen zu den 110 Schiffen der Korkyrer.

Das war für Sparta zu knapp. Es warnte Athen, dass seine Flotte nicht eingreifen solle, es sei denn, Korinth würde tatsächlich Korkyra überfallen. Sparta war nicht direkt an der Schlacht beteiligt, wurde aber über die Ereignisse auf dem Laufenden gehalten.

Korinth und Korkyra lieferten sich in einer der größten Seeschlachten der damaligen Zeit ein Kopf-an-Kopf-Rennen. Auch die Athener nahmen an den Kämpfen teil, obwohl die Schlacht selbst nicht auf Korkyra stattfand. Sie fand in der Nähe von Sybota statt, das zwar in der Nähe von Korkyra lag, aber nicht nahe genug, um den Vertrag zu verletzen.

Die Schlacht war für beide Seiten verheerend, und beide Seiten beanspruchten den Sieg für sich. Ein Jahr nach dieser Seeschlacht wurden die Korinther erneut von den Athenern provoziert.

Potidaia war eine kleine, aber strategisch wichtige Stadt auf der Halbinsel Chalkidiki. Obwohl sie eine Kolonie von Korinth war, gehörte Potidaia zum Attischen Seebund, was bedeutete, dass sie Tribut an Athen zahlte, aber nicht unter seiner politischen Kontrolle stand.

Da die Athener wussten, dass Korinth für seine Rolle in der Schlacht von Sybota Vergeltung üben würde, ergriffen sie die Initiative und griffen Potidaia an. Als Oberhaupt des Attischen Seebundes verlangte Athen, dass Potidaia sein politisches Bündnis mit Korinth aufkündigte und die korinthischen Verwalter aus der Stadt verbannte. Außerdem sollte ein Teil der Stadtmauer von Potidaia niedergerissen werden und die Potidaier sollten Geiseln nach Athen schicken, um ihre Loyalität zu beweisen.

Potidaia sah darin zu Recht den Versuch Athens, den Staat auf den Status eines Vasallen zu reduzieren und ihn zu einem verlängerten Arm des athenischen Reiches zu machen. Man könnte aber auch argumentieren, dass Athen befürchtete, Korinth könnte Potidaia zu einem Aufstand anstacheln, so wie es Makedonien mit den athenischen Vasallen in Thrakien getan hatte.

Die athenische Regierung übertrug einem Mann namens Archestratos das Kommando über tausend Soldaten und dreißig Schiffe für eine

Expedition. Er sollte zuerst nach Makedonien und dann nach Potidaia fahren, um die Potidaier für Athen zu gewinnen.

Als die Potidaier erkannten, dass sie mit ihrer Neutralität gescheitert waren, beschlossen sie, ein für alle Mal Partei zu ergreifen. Die Forderungen Athens waren lächerlich, aber die Gefahr einer Ablehnung war zu groß. Die Potidaier schickten eine diplomatische Delegation nach Athen, um über annehmbarere Bedingungen zu verhandeln, aber die Athener blieben unnachgiebig.

Die Potidaier waren in die Enge getrieben, aber es gab noch einen anderen Staat, an den sie sich wenden konnten: Sparta.

Sparta bestätigte Korinths Schutz von Potidaia vor athenischer Aggression, indem es einen korinthischen General namens Aristeus zum Befehlshaber der etwa zweitausend Mann starken Truppen von Korinth ernannte.

Schließlich befand sich Athen im Krieg mit Korinth, und um den Sieg zu sichern, schickten die Athener Verstärkungstruppen unter Kallias, einem der reichsten Männer Athens.

Die athenischen Truppen und Schiffe waren den korinthischen zahlenmäßig überlegen, und als sie 432 v. u. Z. bei Potidaia aufeinandertrafen, dezimierten die Athener die korinthischen Truppen und zwangen Aristeus zum Rückzug.

Die Herausforderung

Die Spartaner erfuhren während einer Kriegsratssitzung des Peloponnesischen Bundes von Korinths großem Fiasko. Viele Mitgliedstaaten hegten einen bitteren Groll gegen die Athener. So hatte beispielsweise Megara, das sich nun dem Peloponnesischen Bund angeschlossen hatte, mit Handelssanktionen zu kämpfen, die von Athen verhängt worden waren. Die Mitglieder des Bundes drückten ihre Unzufriedenheit über Spartas lasche Haltung gegenüber den jüngsten Aktivitäten Athens aus. Insbesondere Korinth erinnerte Sparta an seine Pflicht, die Mitglieder des Bundes zu schützen, und forderte die Spartaner auf, Maßnahmen zu ergreifen.

Wenn sich eine wichtige Stadt wie Korinth von den Athenern so bedroht fühlte, dann wussten die Spartaner, dass etwas getan werden musste. Sie fürchteten, die Seemacht Korinth zu verlieren oder, schlimmer noch, die Loyalität Korinths.

Mitten in der Versammlung traf eine Delegation von Besuchern ein. Es waren Boten aus Athen.

Sie waren zu diesem Treffen nicht eingeladen worden und kamen daher völlig unerwartet. Aber sie waren mit einer Botschaft an Sparta,

Korinth und die anderen Mitglieder des Peloponnesischen Bundes gekommen: einer Warnung, nicht daran zu denken, gegen Athen in den Krieg zu ziehen.

Athen hatte den Kampf gegen die Perser fortgesetzt, während Sparta tatenlos zugesehen hatte. Die Athener ermahnten Sparta und seine Verbündeten herablassend, sich an ihren Platz zu erinnern.

Die Spartaner wussten, dass dies nicht nur eine Warnung war. Es war eine Herausforderung. Sobald die frechen Athener verschwunden waren, müssen die Spartaner und andere verbündete Staaten untereinander gesagt haben: „Wir haben uns lange genug zurückgehalten. Jetzt treten wir in den Krieg ein und verpassen diesen ungestümen Athenern eine Dosis spartanischer Brutalität".

Dies läutete das vorzeitige Ende des Dreißigjährigen Friedens und eine zweite Runde des Peloponnesischen Krieges ein.

Warum so viele Auseinandersetzungen?

Zum besseren Verständnis: Sparta und Athen verfolgten unterschiedliche Kriegsstrategien. Die Athener verfügten über eine riesige Flotte und die besten Flottenkommandanten Griechenlands wie Themistokles, der die große persische Armada am Kap Artemisium besiegt hatte.

Die Spartaner hingegen waren im Krieg zu Land überlegen. Während Themistokles die griechische Flotte im Zweiten Perserkrieg befehligte, führte König Leonidas von Sparta seine dreihundert Männer und andere Griechen zu Lande gegen einen viel größeren persischen Feind.

Nach fünfzig Jahren gemeinsamen Kampfes gegen einen gemeinsamen Feind wandten sich Athen und Sparta gegeneinander.

Sparta erklärte, es sei gerechtfertigt, in Athen einzumarschieren, um die griechischen Stadtstaaten zu befreien, die lange Zeit von den Athenern unterdrückt worden waren, während diese ihr Reich ausdehnten. Dies brachte Sparta die Unterstützung der Bevölkerung ein, aber noch wichtiger war, dass der Krieg gegen Athen ein Mittel war, um Sparta wieder als einzig wahren Herrscher über das peloponnesische Griechenland zu etablieren.

Die zweite Phase der Peloponnesischen Kriege bestand aus einer Reihe von See- und Landschlachten zwischen ehemaligen Verbündeten, die zu Kriegsgegnern geworden waren. Die Spartaner gewannen mehr Schlachten zu Land, aber nur wenige Seeschlachten, da die Athener weiterhin die See beherrschten.

Der Archidamische Krieg

Dieser nach König Archidamos II. von Sparta benannte Krieg dauerte von 431 bis 421 v. u. Z. und bildete die erste Phase des Zweiten Peloponnesischen Krieges (der Zweite Peloponnesische Krieg wird gewöhnlich als *der* Peloponnesische Krieg bezeichnet, wahrscheinlich weil er der entscheidendere der beiden Kriege war).

Die Strategie Spartas, das Umland von Athen einzukreisen und das Ackerland und die Versorgungswege zu blockieren, zwang die Athener, hinter die Langen Mauern zu fliehen.

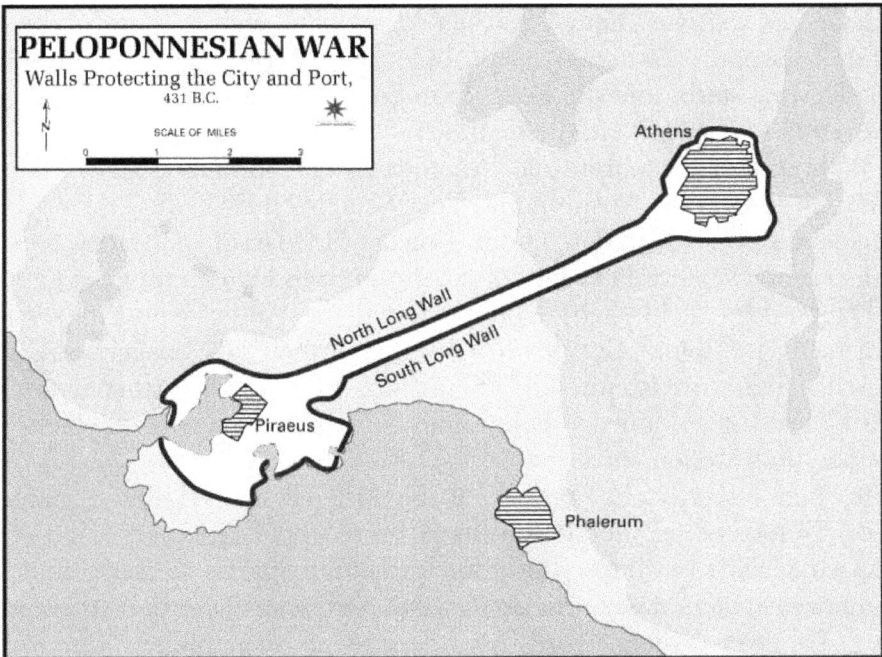

So sahen die Langen Mauern wahrscheinlich aus.[16]

Auf Geheiß des Staatsmannes und Feldherrn Perikles weigerten sich die Athener, ihre Stadtmauern zu verlassen und sich den Spartanern in offener Feldschlacht zu stellen. Perikles hatte die Teilnahme Athens an der Schlacht von Sybota und die Verhängung von Handelssanktionen gegen Megara veranlasst, die den dreißigjährigen Frieden beendeten und den Zweiten Peloponnesischen Krieg auslösten.

Um das Überleben Athens zu sichern, überzeugte Perikles die Athener, eine Landschlacht gegen die Spartaner zu vermeiden, wenn sie nicht unbedingt notwendig war. Stattdessen sollten sie sich auf eine Seeoffensive im Golf von Korinth vorbereiten.

Schließlich erkannten die Spartaner, dass ihre Belagerung des Umlandes wirkungslos war, da die Athener durch die Langen Mauern immer noch Zugang zum Meer und zu den Seewegen hatten. Wenn Sparta einen wirklichen Krieg wollte, brauchte es eine neue Strategie oder ein Wunder.

Ein Wunder sollte es sein: Ein schreckliches, tödliches Wunder, das die Stadt Athen von innen heraus erschüttern sollte.

Im Jahr 430 v. u. Z. wurde Athen, das seine Lebensmittel und andere Vorräte hauptsächlich über den Hafen von Piräus bezog, von einer tödlichen Seuche heimgesucht. Diese schreckliche Seuche machte keinen Unterschied zwischen dem Stand der Menschen, auch Perikles und seine Söhne starben. Zwischen ein und zwei Drittel der athenischen Bevölkerung starb, und die Seuche breitete sich über das Mittelmeer aus und verwüstete jede Stadt, die sie traf.

Währenddessen waren die Athener hinter ihren eigenen Mauern gefangen, was die Ausbreitung der Seuche durch die Enge noch beschleunigte. Die Spartaner waren nicht wild darauf, sich anzustecken, und so gaben sie ihre Pläne auf und kehrten nach Hause zurück.

Da Perikles nicht mehr lebte, konnten die Athener nun aggressiver vorgehen. Im Jahr 429 v. u. Z. ging Athen als Sieger aus den Seeschlachten von Rhium und Naupaktos hervor. Die Athener setzten ihre Verwüstungen auf der Peloponnes fort und drangen in Gebiete wie Böotien und Ätolien vor.

Im Jahr 425 v. u. Z. entdeckten die Athener eine Halbinsel namens Pylos. Demosthenes, der Befehlshaber der Athener, erkannte, dass dies eine strategisch wichtige Position war, um Sparta anzugreifen. Die Spartaner wussten, dass etwas getan werden musste, bevor die Athener auf dem Landweg weiter vordringen konnten, um mehr von ihrem Territorium zu erobern.

Die Spartaner schickten sechzig Schiffe nach Pylos, womit sie den Athenern zahlenmäßig knapp überlegen waren. Doch das reichte nicht. Die Athener zerstörten achtzehn ihrer Schiffe, während die Spartaner nur acht athenische Schiffe zerstören konnten.

Den Athenern gelang es auch, eine große Zahl spartanischer Hopliten, wahrscheinlich etwa vierhundert, auf der Insel Sphakteria in eine Falle zu locken. Etwa hundert dieser Hopliten waren vollwertige Bürger Spartas, was die spartanische Regierung zum Handeln veranlasste.

Die Spartaner versuchten, eine diplomatische Lösung mit den Athenern zu finden, was jedoch scheiterte. Es kam zur Schlacht bei Sphakteria. In dieser Landschlacht wurde Demosthenes von Kleon unterstützt, einem äußerst brutalen athenischen Feldherrn, der im Wesentlichen die Rolle des Perikles übernommen hatte. Gemeinsam führten sie über dreitausend athenische Soldaten gegen ein paar hundert Spartaner.

Die Spartaner mussten sich ergeben. Es wird angenommen, dass dies das erste Mal in der Geschichte war, dass Sparta kapitulierte, anstatt bis zum Tod zu kämpfen. Diese monumentale Niederlage und Demütigung versetzte dem Ansehen Spartas einen schweren Schlag. Es brauchte mehr als den Sieg bei Amphipolis, um sich davon zu erholen.

Brasidas von Sparta

Brasidas war ein begnadeter Krieger. Er überlebte nur knapp die Schlacht von Pylos und wurde kurz darauf als Vergeltung für die athenische Besetzung von Pylos zur Eroberung von Amphipolis, einer athenischen Kolonie in Thrakien, ausgesandt.

Statt die Stadt zu plündern und alle Einwohner zu töten, schlug Brasidas einen Waffenstillstand vor. Die Einwohner von Amphipolis konnten in Frieden bleiben oder gehen, solange sie sich ergaben. Die Zeit war nicht auf der Seite des Brasidas, denn Thukydides (ja, der Historiker, obwohl er damals General war) machte sich auf den Weg in die Stadt. Amphipolis beschloss, das Angebot des Brasidas anzunehmen. Er machte das gleiche Angebot auch anderen Städten in Thrakien, um Thukydides immer einen Schritt voraus zu sein. Apropos Thukydides: Er kam bei all dem nicht gut weg. Viele gaben ihm die Schuld am Fall von Amphipolis und er wurde nach Athen zurückgerufen, wo er zum Exil verurteilt wurde.

Aus Furcht vor den Folgen, wenn sich alle Städte gegen sie wandten, schloss Athen 423 v. u. Z. einen Waffenstillstand mit Sparta. Athen wollte Zeit gewinnen, während die Spartaner auf die Rückkehr ihrer Gefangenen aus der Schlacht bei Sphakteria hofften.

Doch der Frieden sollte nicht halten. Brasidas eroberte Skioni und weigerte sich, es zurückzugeben, selbst nachdem er von dem Waffenstillstand erfahren hatte. Kleon machte sich auf den Weg, um es zurückzuerobern, und löste damit die zweite Schlacht von Amphipolis im Jahr 422 v. u. Z. aus.

Sparta gewann diese Schlacht und konnte einen weiteren entscheidenden Schlag landen, da Kleon getötet wurde. Aber auch Brasidas starb an seinen Verletzungen. Er lebte aber noch lange genug, um die gute Nachricht vom Sieg zu hören. Nach seinem Tod wurde er in der Stadt Amphipolis begraben, wo er als Held und Stadtgründer verehrt wurde.

Die Schlacht bei Amphipolis war ein entscheidendes Ereignis im Peloponnesischen Krieg. Sparta soll sieben, die Athener etwa sechshundert Gefallene gehabt haben. Dennoch sehnten sich beide Seiten nach einer Atempause.

König Pleistoanax von Sparta und Nikias, der Oberbefehlshaber von Athen, nahmen Friedensverhandlungen auf, und im März 421 v. u. Z. wurde der Nikiasfrieden unterzeichnet.

Damit war der zehnjährige Archidamische Krieg beendet.

Die Schlacht von Aigospotamoi

Es überrascht nicht, dass der Nikiasfrieden nicht lange hielt. Kaum zwei Jahre nach dem Friedensschluss kam es zur bedeutendsten Landschlacht der griechischen Antike zwischen Sparta und Athen.

Dies geschah 418 v. u. Z. bei Mantineia, einer kleinen Stadt in Arkadien. Teile Arkadiens und ganz Argos schlossen sich Athen an, das über eine beeindruckende Armee von achttausend Mann verfügte. Sie kämpften gegen Sparta und seine Verbündeten, die etwa neuntausend Mann zählten. Die Spartaner besiegten die athenischen Truppen und zwangen Argos, Athen die Unterstützung zu entziehen.

Dieser Sieg wurde in Sparta als Zeichen gefeiert. Trotz der demoralisierenden Niederlagen der folgenden Jahre hatten die Spartaner ihren Kampfgeist nicht verloren. In den Seeschlachten von Syme und Notium schlugen die Spartaner die Athener gnadenlos und zerstörten deren Kriegsschiffe.

Ein kleines Comeback gelang den Athenern 406 v. u. Z. in der Seeschlacht bei den Arginusen, in der die Spartaner siebzig Schiffe und ihren Befehlshaber Kallikratidas verloren. Athen verlor jedoch fast dreißig Schiffe und die Stadt explodierte aufgrund der Verluste in internen Streitigkeiten. Sechs athenische Marinekommandanten wurden wegen Unfähigkeit zum Tode verurteilt, da viele Männer in der Schlacht starben, obwohl ein Teil der Schuld dem Sturm zugeschrieben werden konnte. Wahrscheinlich stand Athen unter Druck und musste die Schuld auf jemanden abwälzen.

Der letzte Angriff

Nach seiner Rückkehr nach Sparta wurde Lysander, der 406 v. u. Z. zum Sieg in der Schlacht von Notion beigetragen hatte, erneut zum stellvertretenden Befehlshaber der spartanischen Armee ernannt.

Nach dem Gesetz war Arakos Lysanders Vorgesetzter, aber Lysander hatte praktisch das Kommando. Da Lysander bereits einmal

Oberbefehlshaber der Flotte (auch Navarch genannt) gewesen war, konnte er diesen Posten nicht noch einmal bekleiden. Sparta brauchte aber Lysanders Talente, um die demoralisierten Athener endgültig zu besiegen.

Irgendwann im Jahr 407 v. u. Z., vor der Schlacht von Notion, gewann Lysander im Alleingang das Bündnis eines höchst unwahrscheinlichen Bekannten: Persien. Es schien verrückt, dass diese beiden Länder auf derselben Seite kämpfen sollten. Doch die Zeit macht aus ungleichen Feinden Verbündete. So freundete sich Lysander von Sparta Ende des 4. Jahrhunderts v. u. Z. mit Kyros dem Jüngeren, dem Prinzen von Persien, an. Und Persien unter Dareios II. stellte Lysander Schiffe für die Schlacht von Notion zur Verfügung.

Auch für die letzte Runde des Peloponnesischen Krieges, die Schlacht von Aigospotamoi, unterstützte Persien die Spartaner.

Zum Zeitpunkt der Schlacht von Aigospotamoi war Athen am Boden zerstört. In der Elite schwanden die Hoffnungen. Armut und Hunger hatten das einfache Volk in Angst und Schrecken versetzt, und die Ressourcen des Attischen Seebundes waren fast erschöpft. Das Schlimmste aber war, dass die Truppen zu Wasser und zu Lande den Mut verloren hatten, die Eroberung Spartas fortzusetzen.

Um Athen wirklich zu vernichten, wusste Lysander, dass er Athen dort treffen musste, wo es am empfindlichsten war. Athen war abhängig von Getreideimporten und militärischem Nachschub aus Asien über die Meerenge des Bosporus. Lysanders erstes Ziel war die Eroberung der wichtigen Stadt Lampsakos.

Lampsakos war ein tributpflichtiges Mitglied des Attischen Seebundes und eine strategisch wichtige Stadt auf der Versorgungsroute nach Athen. Lysander und seine Seestreitkräfte besetzten die Stadt ebenso wie Sestos, eine weitere für Athen wichtige Stadt. Die Spartaner griffen auch Salamis, Ägina und Teile Attikas an.

Die Athener waren bestürzt, als sie erfuhren, dass ihre Flottenstützpunkte von spartanischen Truppen eingenommen und ihre Nachschubwege abgeschnitten worden waren. Ein athenischer Feldherr namens Konon führte etwa 180 Schiffe und mehr als 35.000 Mann zur Meerenge von Aigospotamoi am Bosporus, wo sie auf Lysander und seine Flotte trafen, um eine letzte Schlacht zu schlagen.

Nach einem langen und erbitterten Kampf überlebten nur neun Schiffe und eine Handvoll Männer aus Athen den Zorn der Spartaner. Der athenische Geschichtsschreiber Xenophon beschreibt die Stimmung in Athen, als die Nachricht von der vernichtenden Niederlage eintraf. „Ein Wehklagen drang von Piräus durch die Langen Mauern bis in die Stadt, ein Mann gab die Nachricht an den nächsten weiter, und in dieser Nacht schlief niemand, alle trauerten, nicht nur um die Toten, sondern noch mehr um sich selbst".

Die Athener hatten allen Grund, sich zu fürchten.

Die Spartaner rissen die Stadtmauern Athens nieder, vertrieben die demokratische Regierung und ersetzten sie durch die von den Athenern so verhasste Oligarchie. Das goldene Zeitalter Athens war vorbei und die einstige Wiege der Demokratie und der Künste erlebte einen tiefgreifenden Wandel in Politik, Wirtschaft und Kultur.

Lysander und seine Männer kehrten siegreich nach Hause zurück, und Sparta brach in Jubel aus, als es 404 v. u. Z. von der Kapitulation Athens erfuhr.

Der Attische Seebund war vorbei, und in allen Winkeln des ehemaligen athenischen Reiches brach eine neue Ära an, in der Sparta – und nur Sparta – die größte Macht im antiken Griechenland war.

Kapitel 10 – Der Korinthische Krieg

Hintergrund

Sie werden feststellen, dass es, im Lichte der größten Ereignisse der Geschichte, insbesondere der Kriege, keine dauerhaften Freunde oder Feinde gab. In einem Moment haben Sie es mit einem Feind zu tun, im nächsten ist er Ihr wichtigster Verbündeter.

Sparta, der Sieger des Peloponnesischen Krieges, war während der Perserkriege mit Athen verbündet gewesen, aber Persien, der gemeinsame Feind dieser Zeit, wurde später ein Verbündeter Spartas. Diese Ironie sollte sich auch nach dem Peloponnesischen Krieg fortsetzen, als die Spartaner im Siegesrausch fatale Fehler begingen, die die Beziehungen zu einem jahrhundertealten Verbündeten wie Korinth trübten.

Wir schreiben das Jahr 400 v. u. Z. Spartas Verbündete auf dem griechischen Festland waren verärgert über die offensichtliche Undankbarkeit der Spartaner für ihre Beiträge zum Peloponnesischen Krieg. Anstatt die Kriegsbeute mit seinen Verbündeten zu teilen, hatte Sparta alles für sich behalten, obwohl die Verbündeten Schiffe und Männer zur Unterstützung seiner Sache zur Verfügung gestellt hatten. Auch die Tributzahlungen der Vasallen des ehemaligen athenischen Imperiums und andere Zuwendungen hortete Sparta zum Ärger seiner Verbündeten.

Sparta schlug diesen irrigen Weg kaum sieben Jahre nach dem Peloponnesischen Krieg ein. Als persönlichen Gefallen verhalf der

Kriegsheld Lysander seinem Freund, dem Prinzen Kyros, im Jahr 401 v. u. Z. mit Hilfe der militärischen und maritimen Ressourcen Spartas auf den Thron von Persien. Diese Bemühungen scheiterten jedoch, und Kyros wurde in dem Konflikt getötet. Die Beteiligung Spartas an der Inthronisierung von Kyros wurde von dessen Bruder Artaxerxes II. nie vergessen.

Die Bundesgenossen Spartas mussten mit ansehen, wie der Reichtum, den sie gemeinsam Sparta zur Verfügung gestellt hatten, für Nichtigkeiten ausgegeben wurde, während sie selbst außen vor blieben.

Im Jahr 402 v. u. Z. wandte sich Sparta gegen einen seiner Verbündeten und Mitglied des Peloponnesischen Bundes, Elis. Elis wurde gezwungen, ein Vasallenstaat Spartas zu werden, was einen Bruch des Versprechens Spartas darstellte, sich niemals in die inneren Angelegenheiten seiner Verbündeten einzumischen.

Die anderen Verbündeten Spartas, vor allem Korinth und Theben, fürchteten seither, dass sich Sparta als imperialistischer Albtraum entpuppen könnte, der ganz Griechenland in die Knie zwingen und unterjochen wollte – eine schreckliche Ähnlichkeit mit Athen und dem Attischen Seebund.

Eine Bestätigung dieser Vermutung war der Einfall Spartas in Ionien im Jahre 398 v. u. Z. Es war offensichtlich, dass Sparta in seinem Streben nach territorialer Expansion seine schwächeren Verbündeten ins Visier nahm. Es war nur eine Frage der Zeit, bis größere Verbündete wie Theben und Korinth den Zorn der Spartaner zu spüren bekamen.

Sparta musste aufgehalten werden.

Der erste Schlag

Um 396 v. u. Z. schickte Persien einen Statthalter namens Timokrates in die wichtigsten Städte Griechenlands, darunter Athen, Korinth und Theben. König Agesilaos II. von Sparta hatte bereits Erfolge in Persien erzielt. Seine Invasion und die Hilfe Spartas, um Kyros den Jüngeren auf den persischen Thron zu bringen, muss den Perserkönig verärgert haben. Timokrates wurde mit Gold ausgestattet, um diese Städte dazu zu bewegen, sich Persien anzuschließen und Sparta zu vernichten.

Es scheint, dass Theben nicht über die Mittel verfügte, sich Sparta offen entgegenzustellen, und so überredeten sie ihren Nachbarn Locris auf listige Weise, Phokis, einen treuen Verbündeten Spartas, anzugreifen. Da Theben mit Locris verbündet war, musste es eingreifen. Sparta erklärte Theben 395 v. u. Z. den Krieg, was zur Schlacht von Haliartos führte.

Dieser Konflikt war nur der Auftakt zu einem weiteren Krieg, der die Macht Spartas auf die Probe stellen sollte: dem Korinthischen Krieg.

Lysander und ein anderer Befehlshaber namens Pausanias wurden beauftragt, sich um die Thebaner zu kümmern. Jedem Befehlshaber wurden Truppen zugeteilt, aber Lysander und seine Männer trafen einige Tage früher ein.

Die Mauern von Haliartos stellten keine Herausforderung dar. Lysander sah keinen Grund, auf Pausanias zu warten, der ihn in der Vergangenheit hintergangen hatte. Lysander befahl einen Frontalangriff, und seine Männer stürmten auf die Stadtmauern zu, bereit, sie zu zerstören.

Ohne dass die Spartaner es wussten, lauerte das thebanische Heer außerhalb der Stadtmauern. Als die spartanische Offensive begann, stürmten die Thebaner aus ihren Verstecken und brachten Verderben über die spartanischen Truppen.

Lysander fiel in der Schlacht, die übrigen Truppen erlitten schwere Verluste. Pausanias wurde mit der Verbannung bestraft, weil er zu spät auf dem Schlachtfeld eintraf und Böotien während der Verhandlungen mit den Thebanern verschenkte.

Sparta hatte in dieser Runde zwei große Männer verloren. War König Agesilaos stark genug, um Sparta durch den drohenden Sturm zu führen?

König Agesilaos II. von Sparta

Nach der umstrittenen Thronbesteigung des Agesilaos in Sparta um 400 v. u. Z., bei der er einen rechtmäßigen Thronfolger als unrechtmäßig bezeichnete, wandte er sich Kleinasien zu. Plutarch und Xenophon glauben, dass der spartanische König große Pläne hatte, das gesamte Perserreich unter spartanische Kontrolle zu bringen.

Ephesos, eine griechische Stadt in der Region Ionien, wurde zu Agesilaos' militärischem Stützpunkt. Dort rekrutierte er Söldner, die für den verstorbenen Prinzen Kyros gekämpft hatten, damit sie sich seinen Truppen im Krieg gegen Persien anschlossen. Diese Söldner waren Lysander treu ergeben, und der spartanische König befürchtete, dass

König Agesilaos von Sparta.[17]

er selbst ins Abseits gedrängt werden könnte.

So demütigte er Lysander häufig vor den Männern, um ihn an seinen Platz zu erinnern und ihn möglicherweise zum Verlassen der Armee zu zwingen. Diese Unsicherheit, die der spartanische König an den Tag legte, war für Lysander abstoßend. Lysander gab dem König, wonach er sich verzweifelt sehnte, und verließ die Armee des Königs.

König Agesilaos war sich nun sicher, dass er das Sagen hatte, und segelte nach Anatolien (der heutigen Türkei), wo einige der wertvollsten Vasallen des Persischen Reiches lebten. König Agesilaos wollte die Vasallen gegen Persien aufbringen und das Reich von innen heraus zerstören.

Nach zahlreichen Siegen zog Agesilaos weiter nach Sardes, wo er auf den neuen Statthalter Tithraustes traf. Der listige spartanische König fand in Tithraustes einen ebenbürtigen Gegner, der sich aus den Kämpfen mit Sparta herauskaufte und Agesilaos nach Norden ablenkte.

König Agesilaos galt als brillanter Kriegstaktiker, aber als schlechter Diplomat. Seine Invasion in Asien wurde unterbrochen, als er 395 v. u. Z. die dringende Nachricht aus der Heimat erhielt, dass sein entfremdeter Freund Lysander tot und Spartas Verbündete zu Feinden geworden seien.

Ein Jahr später machte sich König Agesilaos auf den Weg nach Sparta und besiegte in der Schlacht von Koroneia alle Gegner, die sich ihm in den Weg stellten, darunter die wichtigsten Städte Korinth, Theben und Argos.

Die Schlacht von Koroneia

König Agesilaos kam 394 v. u. Z. auf die Peloponnes. Zuvor hatten die Spartaner in diesem Jahr die Schlacht bei Nemea gewonnen. Die Koalitionstruppen aus Theben, Korinth, Argos und Athen, die über eine Streitmacht von 24.000 Hopliten verfügten, wurden von den 18.000 Mann Spartas vernichtend geschlagen.

Xenophon erinnert sich, dass die Thebaner die Formation durch mangelnde Zusammenarbeit zerstörten und die anderen Griechen in Gefahr brachten. Der Koalition gelang es, die Spartaner daran zu hindern, in Korinth einzufallen und ins griechische Kernland vorzudringen, obwohl die Spartaner die Schlacht gewannen.

Ein solcher Rückschlag war für Athen angesichts der Erfahrungen während des Peloponnesischen Krieges nichts Neues. Argos und Korinth hingegen waren demoralisiert. Die verbündeten Griechen sammelten sich neu und drängten die Thebaner nach vorne, um den nächsten Angriff gegen Sparta anzuführen.

Man weiß nicht genau, wie viel Zeit bis zur Schlacht von Koroneia verging, aber es ist wahrscheinlich, dass sie nicht allzu lange danach stattfand, denn die Niederlage bei Nemea wirkte noch nach. In der Schlacht bei Koroneia schlossen sich die Phoker und die Orchomenier den Spartanern an, so dass sie insgesamt etwa fünfzehntausend Mann zählten. Die Orchomenier waren während der Perserkriege Verbündete Thebens gewesen, hatten sich aber bald mit den Thebanern überworfen. Die Thebaner nahmen an der Schlacht teil, ebenso die Argiver und einige andere Verbündete. Zusammen zählten sie etwa zwanzigtausend Mann.

Die beiden Heere stürmten aufeinander zu, und in einem Anfall von Panik verließen die Argiver das Schlachtfeld und verurteilten damit die griechischen Koalitionstruppen zu einer weiteren Niederlage. Die Orchomenier hielten die Thebaner mit ihrer Phalanx zurück, doch schließlich durchbrachen die Thebaner ihre Linien und überfielen das Lager des Königs Agesilaos, um seine Kriegsbeute aus Asien zu plündern.

Die Thebaner hatten kaum etwas gestohlen, als Agesilaos mit seinen Elitetruppen eintraf und die die Thebaner brutal niedermetzelte. An diesem Tag wurde ein Blutbad ohnegleichen angerichtet, und die Handvoll Thebaner, die dem Zorn des Agesilaos entkommen konnten, flohen zum Berg Helikon, wohin sich auch die argolischen Deserteure geflüchtet hatten.

Die Schlacht von Koroneia, die zweite große Schlacht des Korinthischen Krieges, endete mit einem entscheidenden Sieg für Sparta.

Die Schlacht bei Lechaion

Im Jahre 392 v. u. Z. war eine Gruppe spartanischer Oligarchen nach einem Bürgerkrieg gegen die antispartanischen Demokraten aus Korinth verbannt worden. Verbittert über ihre schlechte Behandlung verbündeten sich die spartanischen Oligarchen mit König Agesilaos von Sparta, um in Teile des Golfes von Korinth einzufallen. Sie eroberten Lechaion, einen Hafen, in dem viele Kriegsschiffe aus Korinth lagen.

Nachdem der Hafen gesichert war, zog König Agesilaos mit einem Teil seiner Truppen weiter, um andere Teile Korinths anzugreifen, während ein stationäres Heer in Lechaion zurückblieb, um den Hafen zu bewachen. Unter diesen Truppen befanden sich auch Männer aus Amyklai, einem Stadtstaat auf dem Peloponnes, der mit Sparta verbündet war.

Jedes Jahr mussten diese Männer für das dreitägige Fest der Hyazinthia zu Ehren des Apollon in ihre Heimat zurückkehren. Das Fest rückte näher, und bald waren die Männer aus Amyklai bereit, aufzubrechen.

391 v. u. Z. befahl der spartanische Befehlshaber in Lechaion, dass sechshundert Hopliten und eine Kavallerieeinheit die Reisenden eskortieren sollten. Die sechshundert Hopliten sollten sie nur bis zur Grenze Korinths eskortieren und dann zum Stützpunkt Lechaion zurückkehren, während die Kavallerie die Männer den ganzen Weg nach Hause begleiten sollte.

Iphikrates, ein athenischer Befehlshaber in Korinth, hörte von der Truppenbewegung und sah eine Gelegenheit, die sechshundert Hopliten auf ihrem Rückweg zum Stützpunkt anzugreifen. Dieser Schritt war von den Spartanern nicht vorhergesehen worden, da sie glaubten, die Korinther und Athener würden ihre zahlenmäßige Überlegenheit fürchten.

Auf dem Rückweg von der Eskorte der Männer aus Amyklai wurden die 600 spartanischen Hopliten von einer Horde athenischer Speerwerfer (auch Peltasten genannt) angegriffen. Iphikrates und seine Männer nutzten den Schock und die seltene Desorganisation der Spartaner aus, stürmten auf sie zu und verfolgten sie in Richtung Lechaion.

Die Athener warfen ihre Speere, verwundeten die Spartaner und flohen. Diese Taktik des Angriffs und der Flucht zielte darauf ab, die Spartaner zu zermürben und eine organisierte Front zu vermeiden, in der die Spartaner stärker gewesen wären.

Am Ende des Tages waren 250 Spartaner tot, aber da sie die Kontrolle über den Hafen von Lechaion behielten, hatte die Schlacht von Lechaion nur geringe Auswirkungen auf die Korinthischen Kriege.

Der Sieg der Athener war zwar beeindruckend, aber nicht ausreichend, um die Niederlage bei Koroneia wettzumachen.

Der Königsfrieden

Der Wandel
Ende der 390er Jahre v. u. Z. stand die Koalition von Athen, Korinth, Argos, Theben und Persien vor dem Aus.

Korinth war durch interne Streitigkeiten zwischen einer mächtigen spartanischen Minderheit und der Mehrheit, die das zum Scheitern verurteilte Bündnis mit Sparta aufkündigen wollte, zerrüttet. Argos hatte in den Feldzügen gegen Sparta nur eine untergeordnete Rolle gespielt, vor allem nach der demütigenden Leistung in der Schlacht von Koroneia. Theben war wie Korinth und Argos auf die Unterstützung Athens angewiesen.

Inzwischen war Athen wieder zu einer Bedrohung für das Perserreich geworden, obwohl es von inneren Konflikten zwischen Oligarchen und Demokraten zerrissen war. Die Perser hatten den Wiederaufbau Athens und seine rasche Erholung von den Katastrophen des Peloponnesischen Krieges unterstützt, doch Artaxerxes II. bereute dies bald. Er befürchtete nun, dass Athen seine Krallen auf Kosten Persiens geschärft hatte. Für die Spartaner war dies der ideale Zeitpunkt, eine Delegation nach Persien zu entsenden.

Um 392 v. u. Z. wurde Antalkidas, ein spartanischer Staatsmann und Diplomat, von Sparta auf eine Friedensmission zu einem Statthalter namens Tiribazos geschickt. Dieser war Statthalter (Satrap) von Lydien, einer persischen Provinz in Kleinasien. Als König Artaxerxes II. von Persien erfuhr, dass Tiribazos einen spartanischen Gesandten beherbergte und mit den Spartanern verhandelte, ließ er den Statthalter ablösen.

Artaxerxes II. setzte seine Feldzüge gegen Sparta fort, bis er erkannte, dass die Macht Athens zunahm. Athen hatte begonnen, in Teile Kleinasiens einzufallen und ehemalige Stadtstaaten wieder unter athenische Kontrolle zu bringen. Außerdem unterstützten die Athener Aufstände anderer persischer Vasallen.

388 v. u. Z. wurde Tiribazos abgelöst, und er und Antalkidas arbeiteten zusammen, um persische Unterstützung im Krieg zu gewinnen. Obwohl es einige Zeit dauerte, bis Artaxerxes an Bord kam, sollten Persien und Sparta wieder einmal ungleiche Verbündete werden. Nun mussten nur noch die Griechen der Koalition überzeugt werden, ihre Waffen niederzulegen.

Frieden durch Gewalt

Während die Perser davon überzeugt waren, dass ein Frieden mit Sparta der richtige Weg sei, waren die Athener anderer Meinung. Sie hatten hart gekämpft, um gegen die Spartaner so weit zu kommen, und waren nicht bereit, wieder gegen sie zu verlieren.

Antalkidas, der die Kriegsgeschichte Spartas gegen Athen kannte, wusste, wie er die Athener am schnellsten zur Zusammenarbeit bewegen konnte. Er beorderte eine Flotte von neunzig Schiffen von Sparta zum Hellespont, um die Versorgungs- und Handelswege nach Athen zu blockieren.

Es funktionierte. Die Athener erklärten sich bereit, ihre Waffen niederzulegen, und die Koalition aus Korinth, Argos und Theben war ohne ihren Anführer praktisch machtlos. Sie saßen mit Sparta und Persien am Verhandlungstisch, die Vertragsbedingungen wurden von König Artaxerxes diktiert.

Die Bedingungen waren für Persien günstiger als für jeden anderen anwesenden Staat. Spartas Territorium war kaum betroffen, so dass es den Spartanern gleichgültig sein konnte, aber die griechischen Stadtstaaten in Ionien, die nach den Perserkriegen von Athen befreit worden waren, sollten wieder in das Reich des Artaxerxes eingegliedert werden. Die autonomen Staaten konnten ihre Angelegenheiten selbst regeln. Gegen Sparta gerichtete Bündnisse, wie das zwischen Korinth und Argos, wurden aufgelöst.

Es war das Jahr 387 v. u. Z. Acht Jahre waren seit dem Ausbruch des Korinthischen Krieges vergangen. Und wieder schien Sparta siegreich gewesen zu sein. (Es sei angemerkt, dass es keinen wirklichen Sieger des Krieges gab, aber Sparta hatte unter den Großmächten am wenigsten gelitten und war für die Aufrechterhaltung des Friedens verantwortlich).

Gab es wirklich niemanden, der den mächtigen Spartanern gewachsen war?

Kapitel 11 – Spartas Niedergang

Der Anfang vom Ende

Nach dem Korinthischen Krieg konnten die zerstörten Brücken zwischen Sparta und seinen Verbündeten nie wieder repariert werden. Der Peloponnesische Bund verlor massiv an Mitgliedern und Sparta kämpfte um die Kontrolle über die Reste seines Reiches nach dem Krieg.

Im Jahr 385 v. u. Z., zwei Jahre nach der Unterzeichnung des Königsfriedens, belagerte Sparta Mantineia, seinen ehemaligen Verbündeten, der sich im Peloponnesischen Krieg auf die Seite Athens geschlagen hatte. Sparta wurde von Theben unterstützt, und gemeinsam zerstörten sie Mantineia, um andere abtrünnige Verbündete abzuschrecken.

Sparta rächte sich gnadenlos an anderen schwachen ehemaligen Verbündeten. Währenddessen geriet das Land durch den Bevölkerungsrückgang in eine Krise. Durch die Perserkriege, den Peloponnesischen Krieg und den Korinthischen Krieg waren viele Spartaner gefallen. Ausländer konnten keine vollwertigen spartanischen Bürger werden, was bedeutete, dass die Zahl der echten Spartaner von der Fortpflanzungsfähigkeit der verbliebenen Spartaner abhing. Währenddessen wuchs die Bevölkerung der Heloten weiter an.

Mit der Zeit wirkte sich die schwindende Bevölkerung Spartas auf die Größe der durchschnittlichen spartanischen Armee aus. Dies markierte den Anfang vom Ende des mächtigsten Stadtstaates im klassischen Griechenland.

Das Zeitalter Thebens

„Brüder im Unglück"

Durch den Antalkidasfrieden, der den Korinthischen Krieg beendete, wurde ganz Böotien der Kontrolle Thebens entzogen. Zu den Bedingungen des Vertrages gehörte die Befreiung aller autonomen griechischen Staaten, die im Verlauf des Korinthischen Krieges zu Vasallen gemacht worden waren. Theben erlitt also eine doppelte Niederlage. Seine Truppen waren in der Schlacht von Koroneia von den spartanischen Streitkräften gedemütigt worden, und am Verhandlungstisch musste es die Kontrolle über Teile Böotiens abgeben.

Fünf Jahre nach dem Antalkidasfrieden provozierte Sparta Theben, weil es im Korinthischen Krieg gewagt hatte, mit Athen gemeinsame Sache zu machen. Theben versank im Bürgerkrieg: pro-spartanische Oligarchen gegen pro-athenische Demokraten. Ein blutiger Staatsstreich vertrieb viele prominente Thebaner aus ihrer Heimat und eine Oligarchie etablierte sich. Die Kadmeia, die historische Festung Thebens und eine wichtige Zitadelle, wurde 382 v. u. Z. von spartanischen Truppen besetzt.

Diese plötzliche Besetzung Thebens kam überraschend, da sich die beiden Staaten nach dem Korinthischen Krieg gut zu verstehen schienen. Erst zwei Jahre zuvor hatten sie Seite an Seite gegen Mantineia gekämpft. Epaminondas, ein hervorragender thebanischer Soldat und Feldherr, hatte seine Truppen während der Belagerung von Mantineia an der Seite Spartas geführt. Die Thebaner waren wahrscheinlich verwirrt über den plötzlichen Sinneswandel Spartas, aber sie hatten sich schließlich im Korinthischen Krieg gegen Sparta gestellt.

Als Flüchtlinge aus ihrem eigenen Land ritten die vertriebenen Thebaner nach Athen. Angeführt wurden sie von einem adeligen Kriegsherrn und Demokraten namens Pelopidas. Er hatte in der Schlacht bei Mantineia gegen die Spartaner gekämpft. Plutarch berichtet, dass er sein Leben verloren hätte, wenn sein Freund Epaminondas nicht rechtzeitig eingegriffen hätte:

> „Pelopidas, der sieben Wunden im Gesicht erlitten hatte, fiel auf einen großen Haufen von Freunden und Feinden, die tot am Boden lagen. Epaminondas, der ihn für tot hielt, erhob sich, um seinen Körper und seine Waffen zu verteidigen, und kämpfte verzweifelt mit einer Hand gegen viele, entschlossen, lieber zu sterben, als Pelopidas dort liegen zu lassen. Und nun war auch er in einer traurigen Lage, von einem Speer in die Brust und von einem Schwert in den Arm verwundet, als ihm

Agesipolis, der König der Spartaner, von der anderen Seite zu Hilfe eilte und, als alle Hoffnung verloren schien, beide rettete."

Die Oligarchie in Theben hielt nur drei Jahre, bis sie von den verbannten Demokraten gestürzt wurde. Da sie wussten, dass die Spartaner bald zurückkehren würden, spornten sie die Krieger Thebens an, für die Souveränität ihres Landes zu kämpfen und die Kadmeia zurückzuerobern. Die Thebaner marschierten zur Kadmeia und belagerten sie.

Die Kämpfe waren heftig, aber die Spartaner in der Kadmeia erklärten sich bereit, sich zu ergeben, wenn sie unversehrt blieben. Da die Thebaner eine Verstärkung der Spartaner vermeiden wollten, willigten sie ein. Es wird spekuliert, dass die Thebaner wahrscheinlich besiegt worden wären, wenn sie nicht eingewilligt hätten. Die sich zurückziehenden Spartaner trafen auf ihrem Rückweg auf die Verstärkungstruppen.

Die spartanischen Könige Agesilaos II. und Kleombrotos I. drangen weiter nach Böotien vor und provozierten Theben. Athen verbündete sich schließlich mit Theben und 378 v. u. Z. begann der Böotische Krieg (der auch unter dem Namen Thebanischer Krieg bekannt ist).

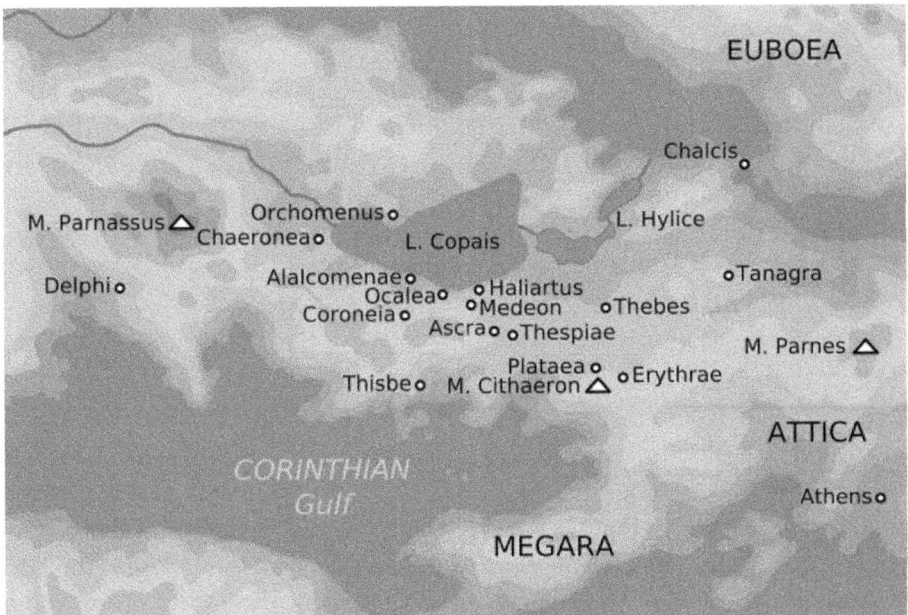

So sah Böotien zu dieser Zeit aus.[18]

Die Spartaner waren wie immer vorbereitet, denn es war nicht das erste Mal, dass sich Allianzen gegen sie bildeten. Theben und Athen hatten in der Vergangenheit Spartas Stärke auf die Probe gestellt und dafür geblutet. Der Böotische Krieg hätte nach Ansicht der Spartaner noch weitere fünfzig Jahre dauern können.

Sie wussten, dass sie siegen würden. Aber hatte die Geschichte etwas anderes mit ihnen vor?

Die Schlacht von Leuktra

Wir schreiben das Jahr 371 v. u. Z. - der Böotische Krieg dauert bereits sieben Jahre. Sieben Jahre scheinbar endlosen Blutvergießens. Der Boden Griechenlands war mit Blut getränkt, aber es gab weder Sieger noch Besiegte.

Thebaner und Athener konnten nicht mehr miteinander. Die Thebaner hatten 373 v. u. Z. Platää eingenommen, was Athen sehr verärgerte. Athen wusste auch, dass Theben einen böotischen Bund gründen und schließlich die politische Vormachtstellung Spartas in Frage stellen wollte, was Athen wohl um jeden Preis verhindern wollte.

Obwohl eine Friedenskonferenz einberufen wurde, kam es zu keinem Ergebnis. Epaminondas bestand darauf, den Vertrag für ganz Böotien und nicht nur für Theben zu unterzeichnen. Das verärgerte König Agesilaos so sehr, dass er den Namen Thebens aus dem Vertrag strich. Selbstverständlich wurde der Vertrag nicht unterzeichnet. Thebaner und Spartaner verließen die Friedenskonferenz mit neuer Entschlossenheit, den Krieg zu beenden.

König Kleombrotos von Sparta stellte etwa elftausend spartanische Hopliten und eintausend Reiter auf. Er führte den Zug bis zu einer kleinen Stadt in Böotien am Golf von Korinth. Die Thebaner rechneten nicht damit und eilten herbei, um die spartanischen Truppen bei Leuktra aufzuhalten.

Hier sollte Geschichte geschrieben werden, ohne dass die Thebaner oder gar die Spartaner davon wussten.

Der thebanische Feldherr, der diese Schlacht leitete, war kein Geringerer als Epaminondas, und er hatte eine interessante Schwadron ausgewählt, um den linken Flügel zu sichern. Es war die Heilige Schar von Theben. Sie bestand aus dreihundert thebanischen Männern. Genauer gesagt bestand die Heilige Schar aus 150 Paaren, jeweils ein älterer und ein jüngerer Mann. In Platons philosophischem Text *Symposion* deutet er an, dass die Männer der Heiligen Schar die besten Krieger waren, weil sie hart kämpften, um ihre Geliebten zu beschützen.

Epaminondas war nicht wie die Kriegsgeneräle, denen die Spartaner in der Vergangenheit begegnet waren. Seine Strategie bestand darin, den spartanischen König und die stärksten Männer seiner Armee anzugreifen.

Leuktra war dafür der ideale Ort, da es hier keine natürlichen Hindernisse gab.

Ganz Griechenland wusste, dass Spartas Stärke in der Phalanx lag, und die traditionelle spartanische Phalanx bestand aus einer langen Mauer, die zehn bis zwölf Glieder tief war. Epaminondas wich von der Norm ab und ordnete eine schmalere Phalanx an, die fünfzig Glieder tief war. Außerdem stellte er die Heilige Schar und leichte Infanterie vor die Phalanx, um die spartanischen Linien zu durchbrechen. Von Epaminondas' Taktik verwirrt, befahl Kleombrotos der spartanischen Kavallerie, vorzurücken und setzte damit den linken Flügel einem Angriff aus.

Diese Chance ließen sich die Thebaner nicht entgehen.

Die Männer der Heiligen Schar bewiesen ihr Können gegen die spartanische Kavallerie und zwangen sie, sich auf ihre ursprüngliche Position zurückzuziehen. Dadurch entstand eine Lücke in der Verteidigungslinie der Spartaner, die von den Thebanern durchbrochen wurde und eine Schockwelle unter den Truppen des Königs Kleombrotos auslöste.

Die zwölf Reihen der spartanischen Phalanx konnten den fünfzig Reihen des Epaminondas nicht standhalten. 400 der besten Soldaten Spartas fielen in der Schlacht, darunter auch König Kleombrotos.

Insgesamt verloren die Spartaner zwischen tausend und viertausend Mann. Die Thebaner hingegen verloren zwischen hundert und dreihundert ihrer ursprünglich sechstausend Mann starken Einheiten. Es war ein monumentaler Sieg für Theben und die schlimmste Niederlage, die Sparta je erlitten hatte.

Die Nachricht verbreitete sich vom Schlachtfeld bis zu den Stadttoren und in jede Straße. Das unbesiegbare Sparta, das soeben vom Außenseiter Theben besiegt worden war, war vielleicht doch nicht so unbesiegbar.

Die Nachwirkungen des Krieges

Epaminondas und sein thebanisches Heer hatten Böotien gerettet, aber der Krieg war noch nicht zu Ende. Der Winter kam dieses Jahr früh, aber das konnte die eifrigen Thebaner nicht davon abhalten, nach Süden zu marschieren. Dort starteten sie koordinierte Angriffe auf die Peloponnes und stießen einen Speer ins Herz Spartas.

Innerhalb der Stadtmauern Spartas hatten die Heloten von der Niederlage ihrer Herren erfahren und einen neuen Aufstand begonnen. Zum ersten Mal war das Schicksal auf ihrer Seite. In Epaminondas fanden sie einen Retter, und Hunderttausende Heloten wurden von der spartanischen Unterdrückung befreit. Ihre angestammte Heimat

Messenien wurde wiederaufgebaut und Festungen errichtet, um künftige Angriffe der Spartaner abzuwehren. Jahrhunderte nach dem Ersten Messenischen Krieg waren die messenischen Heloten keine Sklaven mehr. Sie konnten als freie Männer und Frauen in ihrem eigenen Land leben. Sie mussten nicht mehr nachts über ihre Schultern schauen oder den ganzen Tag für die Spartaner arbeiten.

Epaminondas zog weiter in die Teile Arkadiens, die seit langem unter spartanischer Kontrolle standen, und erklärte sie für unabhängig. Vierzig dieser Städte schlossen sich zu einem neuen Arkadischen Bund zusammen, dessen Ziel es war, die Spartaner in Schach zu halten. Diese Arkadier gründeten zusammen mit den Thebanern eine Hauptstadt namens Megalopolis.

Sparta war als Supermacht in Griechenland so gut wie am Ende. Aber im Vergleich zu seiner jahrhundertelangen unangefochtenen Macht in Griechenland war Thebens neue Vormachtstellung lächerlich kurzlebig.

Epaminondas und die thebanische Hegemonie

Trotz seiner erstaunlichen Leistungen für Theben hatte auch ein Mann wie Epaminondas zu Hause Gegner. Nachdem er die südliche Peloponnes zugunsten Thebens stabilisiert hatte, kehrte er nach Hause zurück, wo ein Prozess gegen ihn anhängig war und einem Antrag auf Entlassung aus seinem Amt als Böotarch, einem hohen Beamten des Böotischen Bundes, stattgegeben wurde.

Man warf ihm vor, seine Pflichten vernachlässigt zu haben und aus eigennützigen Motiven von fremden Angelegenheiten besessen zu sein. Das war absurd, wenn man bedenkt, dass er zum Wohle seines Landes abwesend war, aber Epaminondas konnte zwischen den Zeilen lesen.

Da er aus einer armen Adelsfamilie stammte und sich in der thebanischen Politik durch Blut und Schweiß einen Namen gemacht hatte, war er mit Entbehrungen vertraut. Er würde nicht kampflos untergehen.

Er musste sich einem zermürbenden Prozess vor dem thebanischen Rat unterziehen, wurde schließlich freigelassen und erneut zum Böotarchen gewählt. 369 v. u. Z. setzte Epaminondas seine militärischen Operationen auf der Peloponnes fort. Im folgenden Jahr erlebte er die Befreiung seines Freundes Pelopidas aus der Gefangenschaft im nördlichen Thessalien.

In den folgenden Jahren konzentrierte er sich darauf, Sparta zu unterwerfen und weitere Verbündete zu gewinnen. Schließlich musste er sich jedoch der anderen Großmacht zuwenden: Athen. Es mag überraschen, dass Athen Sparta unterstützte, aber Theben entwickelte sich schnell zu einer Supermacht. Das konnte Athen nicht ignorieren.

Epaminondas' Hauptziel war Byzanz. Im Jahr 364 v. u. Z. entfachte er überall im Reich Aufstände gegen Athen.

Die griechischen Stadtstaaten der Peloponnes, die sich Theben angeschlossen hatten, befanden sich in der gleichen Situation wie zuvor. Wie Athen und Sparta war Theben bestrebt, ihre Unabhängigkeit zu untergraben und eine Vormachtstellung in Griechenland zu erlangen. Die Machtgier eines Staates in seinem goldenen Zeitalter schien kein Ende zu nehmen, doch die griechischen Stadtstaaten ließen Theben nicht gewähren.

In einer seiner letzten Handlungen als König wandte sich Agesilaos von Sparta an einige seiner ehemaligen Verbündeten, darunter auch Athen, um sie für seinen Plan zu gewinnen, Theben in Schach zu halten. Theben hatte viele griechische Stadtstaaten verärgert, und wo konnte man seinen Unmut besser zum Ausdruck bringen als auf dem Schlachtfeld?

Diese Schlacht ging als die Schlacht von Mantineia in die Geschichte ein.

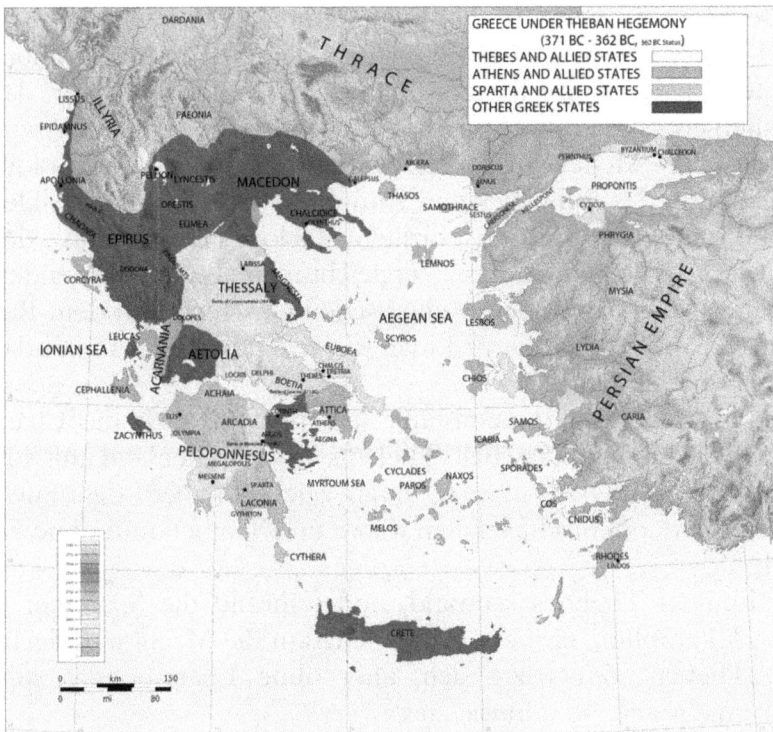

Theben auf der Höhe seiner Macht.[19]

Im Sommer 362 v. u. Z. marschierten Sparta, Athen, Elis und Mantineia mit insgesamt zwanzigtausend Mann gegen die von Theben angeführten Truppen des Böotischen Bundes. Diese zählten insgesamt etwa dreißigtausend Mann.

König Agesilaos II. hatte aus der Niederlage und dem Tod seines Mitkönigs Kleombrotos in der Schlacht von Leuktra gelernt – genug, um Epaminondas mit einem Speer tödlich zu verletzen. Doch die Spartaner verloren die Schlacht, als die Truppen von Mantineia die Flucht ergriffen und sie geschwächt und in der Unterzahl zurückließen.

Epaminondas wurde schnell vom Schlachtfeld gebracht, aber die Ärzte konnten ihn nicht retten. Während Epaminondas verblutete, gab er seinem Volk eine letzte Mahnung: Sie sollten Frieden mit ihren Feinden schließen und sich auf die Entwicklung Thebens konzentrieren.

Epaminondas starb und sein Tod wurde von den Kriegern Thebens betrauert. Der antike griechische Geschichtsschreiber Diodor nannte Epaminondas einen der größten Männer seiner Zeit:

„Denn es scheint mir, dass er seine Zeitgenossen ... an Geschicklichkeit und Erfahrung in der Kriegskunst übertraf. Denn zur Generation des Epaminondas gehörten berühmte Männer: Pelopidas der Thebaner, Timotheus und Konon, auch Chabrias und Iphikrates ... Agesilaos der Spartaner, der einer etwas älteren Generation angehörte. Noch früher, zur Zeit der Meder und Perser, gab es in Athen Solon, Themistokles, Miltiades und Kimon, Myronides und Perikles und andere, und in Sizilien Gelon, den Sohn des Deinomenes, und andere. Vergleicht man aber die Tugenden dieser Männer mit dem militärischen Geschick und dem Ruf des Epaminondas, so wird man feststellen, dass Epaminondas weit überlegen ist."

Leider scheint Epaminondas mit seinem Tod auch die Chance auf eine erfolgreiche Vorherrschaft Thebens in Griechenland mit ins Grab genommen zu haben. Dies mag daran gelegen haben, dass auch seine Nachfolger in der Schlacht gefallen waren und Theben nun ohne Führung dastand.

Der Einfluss Thebens schwand, und während die Spartaner um ihr Comeback kämpften, eroberte Athen langsam die Macht in Griechenland zurück. Theben widersetzte sich, aber ohne Epaminondas sollte der Stadtstaat nie wieder so sein wie zuvor.

Das Chaos sollte Griechenland verschlingen, und bis zum Tod des Königs Agesilaos sollte Sparta im Schatten der Finsternis gefangen bleiben.

Der Zuschauer

Die ganze Zeit über hatte ein gewisser König eines kleinen nordgriechischen Königreiches beobachtet, wie sich die Dinge entwickelten. Dieser Mann war Philipp, der später als König Philipp II. von Makedonien bekannt wurde.

Makedonien war weder Athen noch Sparta fremd, und Philipp strebte nach Einfluss von der Ägäis bis zum Persischen Reich.

Während der Rest der Welt durch die Aktivitäten Thebens und Athens abgelenkt war, stärkte er sein Reich, dessen Herrschaft er 359 v. u. Z. übernommen hatte. Nach seinen Eroberungen in Teilen Griechenlands, wie Amphipolis, Potidaia und Methone, schlug einer seiner Berater vor, Griechenland wie in der Antike gegen Persien zu vereinen.

Athen, Korinth und Theben wehrten sich vehement dagegen, Schachfiguren im Machtspiel König Philipps zu sein. Die Phrase vom „geeinten Griechenland" war zu diesem Zeitpunkt überstrapaziert, und es scheint, dass es nie zu einem glücklichen Ende gekommen war. Auch die Stadtstaaten Böotiens und der Peloponnes weigerten sich, sich Makedonien anzuschließen, aber König Philipp bat nicht freundlich darum.

Nach seinem überwältigenden Sieg in der Schlacht von Chaironeia im August 338 v. u. Z. mussten die griechischen Stadtstaaten, die König Philipp II. die Gefolgschaft verweigert hatten, nachgeben. In diesem Jahr gründete er einen völlig neuen Bund griechischer Stadtstaaten unter seiner Führung: den Korinthischen Bund.

König Philipp hatte den perfekten Zeitpunkt gewählt, um sich als einflussreiche Persönlichkeit in der griechischen Politik zu etablieren, aber es gab immer noch einen Staat, der sich weigerte, seinem Bund beizutreten. Es war kein anderer als Sparta, der verwundete Löwe Griechenlands.

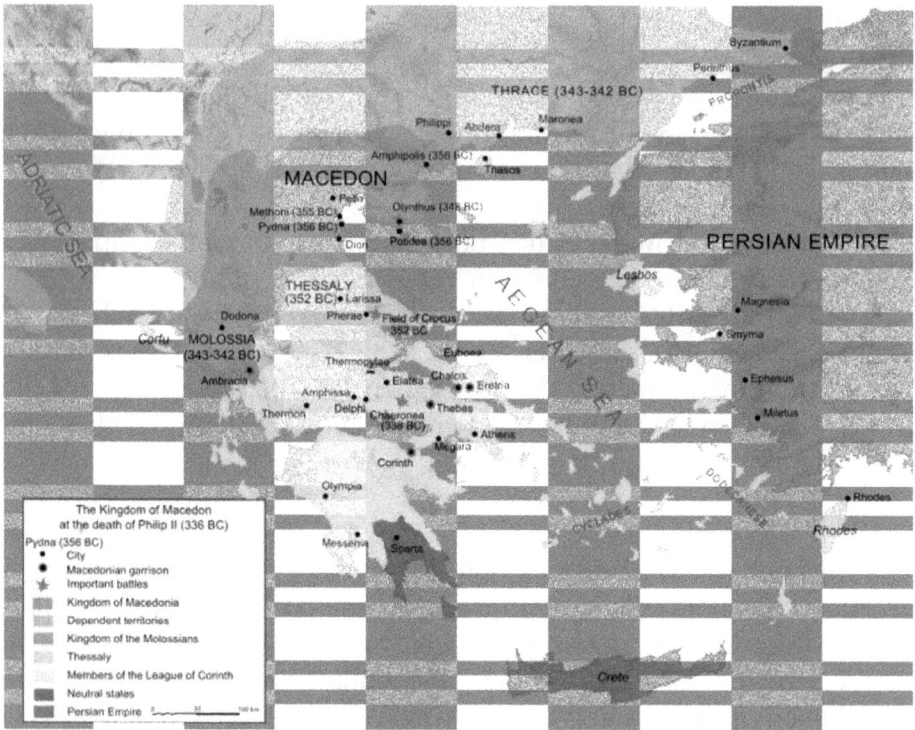

Makedonien nach dem Tod Philipps II. 336 v. u. Z.[20]

Von der Schlacht bei Chaironeia bis zu seiner Ermordung im Jahr 336 v. u. Z. gelang es Philipp nicht, Sparta zum Beitritt zum Korinthischen Bund zu bewegen. Nach seinem Tod bestieg sein Sohn Alexander der Große den Thron und machte sich auf den Weg nach Asien, um das Erbe seines Vaters fortzusetzen.

Vor seiner Reise beauftragte Alexander seinen Regenten Antipatros, der auch seinem Vater gedient hatte, sich um die widerspenstigen Spartaner zu kümmern. Diese hatten sich seinem Vater und ihm widersetzt, indem sie sich weigerten, dem Bund beizutreten.

Sparta, das nun von Agesilaos II. Enkel Agis III. regiert wurde, hatte Persien um Hilfe gebeten, um sich des makedonischen Einflusses zu entledigen. Die Perser wollten helfen, konnten aber nicht viele Männer zur Verfügung stellen, da sie selbst mit ihrem eigenen makedonischen Problem zu kämpfen hatten. Sparta bat auch Athen um Hilfe, aber Athen lehnte ab.

Antipatros führte etwa vierzigtausend Männer aus Makedonien gegen die zweiundzwanzigtausend Männer Spartas in den Krieg. Die Armeen trafen 331 v. u. Z. bei Megalopolis aufeinander. Die Schlacht begann eigentlich gut für die Spartaner. In der Mitte des Kampfes überwog jedoch die Zahl der Makedonier, und die Spartaner wurden besiegt.

König Agis befahl seinen Männern, sich zurückzuziehen, und in der Folge wurde Sparta in den Bund von Korinth integriert, wodurch es weiter und tiefer in die politische Bedeutungslosigkeit stürzte.

Wer konnte es retten?

Kapitel 12 –
Wiederherstellungsversuche und
Zusammenbruch

Nachdem der Korinthische Bund mehr als ein Jahrzehnt für Alexanders politische Expansionskampagnen benutzt worden war, ging er 322 v. u. Z., ein Jahr nach dem Tod Alexanders des Großen, unter.

Zu diesem Zeitpunkt hatte Sparta seine Stellung als Machtzentrum Griechenlands längst verloren. Abgesehen von Agis III. verlief die Herrschaft der Eurypontidenkönige nach Agesilaos II. eher ereignislos. Sparta spielte in der griechischen Politik keine Rolle mehr, und die Spartaner standen kaum noch im Rampenlicht, in dem ihre Vorfahren so gerne gestanden hatten.

Vielleicht war es besser so. Mit der großen Macht kam die schwere Bürde, sie zu erhalten – und oft ging das auf Kosten des Friedens. Sparta verharrte in Untätigkeit, lebte vom Ruhm der Vergangenheit und hoffte vage, dass sich das Blatt eines Tages zu seinen Gunsten wenden würde.

Das nährte die Hoffnungen eines jungen Mannes mit strahlenden Augen, der 245 v. u. Z. den Thron Spartas bestieg.

König Agis IV von Sparta

Plutarch berichtet, dass Agis IV. in eine privilegierte Familie hineingeboren wurde. Seine Mutter und seine Großmutter waren die reichsten Frauen Spartas. Sein Vater, der vor Agis IV. König gewesen war, führte eine unauffällige Herrschaft, obwohl er seinem Sohn sicherlich ein anständiges Leben und eine gute Ausbildung ermöglichte.

Als Junge war Agis IV. von den Werken des Lykurg fasziniert. Das Sparta, in das er hineingeboren worden war, hatte nichts mit dem Sparta des Lykurg in den antiken Texten gemein. Die Agoge war stark verkleinert worden, und seine Familie häufte Reichtümer an, während die arbeitende Mittelschicht unter Schulden litt. Die Spartiaten (Bürger Spartas) umfassten magere siebenhundert Menschen, von denen sechshundert in Armut lebten.

Agis IV. wurde im Alter von 20 Jahren König. Entweder hatte er die Agoge nicht durchlaufen oder er befand sich noch in der Ausbildung, wobei Ersteres aufgrund seines geschwächten Zustands wahrscheinlicher ist. Sparta versank in der kollektiven Vernachlässigung seiner vielen mittelmäßigen Könige. In seinem jugendlichen Eifer war Agis IV. entschlossen, Sparta wiederaufzubauen, indem er die Wirtschaft und die sozialen Perspektiven Spartas und seines Volkes wiederbelebte. Sein Programm war viergleisig, mit dem Endziel, das von Lykurg beschriebene Sparta wiederherzustellen.

König Agis IV. beriet sich mit seiner Mutter, die sich weigerte, seine Reformen mit ihrem Vermögen zu unterstützen – bis ihr Bruder und Onkel des Königs, Agesilaos, einsprang. Wie die Mehrheit der Spartaner im 3. Jahrhundert v. u. Z. war Agesilaos, obwohl er über riesige Ländereien verfügte, hoch verschuldet, als er von den Reformen des Königs hörte.

Eine davon war der Schuldenerlass.

Die Land- und Schuldenreformen

Nur wenige Monate nach seinem Regierungsantritt erließ der neue spartanische König ein Dekret, das den Spartiaten und den Nichtbürgern (den Periöken) alle Schulden erließ. Dies wurde von den verarmten Bürgern Spartas mit Jubel und Lob auf den König aufgenommen.

Im Rahmen der Reform schlug König Agis IV. wie Lykurg eine Neuverteilung des Landes vor. Das Land sollte zu gleichen Teilen unter den Spartiaten, den ehemaligen Spartiaten und den Periöken aufgeteilt werden.

Da viele messenische Heloten nach der Schlacht bei Leuktra freigelassen worden waren, waren die Periöken in Sparta zur Mehrheit geworden, aber die meisten von ihnen besaßen kein Land. Das sollte sich nun ändern.

Die herrschende Klasse Spartas reagierte auf diese Nachricht mit Murren, aber als die Ephoren, angeführt von Lysander, einem Freund des Königs und Nachkomme des berühmten Lysander, der an der Schlacht von Aigospotamoi teilgenommen hatte, dem Vorschlag des Königs zustimmten, konnten sie nicht mehr protestieren. Außerdem mussten der König und seine Familie, um mit gutem Beispiel voranzugehen, ebenfalls auf ihr Land verzichten.

Leonidas II., der Agiadenkönig von Sparta und Mitkönig von Agis IV. war ein Gegner der Reformen. Leonidas hatte große Reichtümer angehäuft und war im Gegensatz zu König Agis IV. nicht bereit, darauf zu verzichten.

Leonidas' Versuche, im spartanischen Ephorat die Fäden gegen Agis IV. in der Hand zu halten, scheiterten und führten zu seiner Entmachtung. An seine Stelle trat sein Schwiegersohn Kleombrotos II.

Ein Kartenhaus

Schuldenerlass und Bodenreform waren nur einige der Maßnahmen, die Agis für Sparta vorsah. Er versuchte auch, die Agoge und die Speisehäuser wiederzubeleben, die dazu beigetragen hatten, die Menschen auf eine Stufe zu stellen. Agis' Onkel Agesilaos riet ihm, mit den einfachsten Reformen zu beginnen.

Eines Tages versammelten sich die Einwohner von Sparta um ein Lagerfeuer auf dem Marktplatz. Dort wurden alle Schuldverschreibungen – Anleihen, Wertpapiere und die dazugehörigen Urkunden – verbrannt. Die Schulden des Volkes waren erlassen. Der König wurde dafür gelobt, dass er sein Versprechen gehalten hatte, und Agis muss mit Freude auf sein Volk geblickt haben, denn er wusste, dass er ihm geholfen hatte.

Leider war das alles, was er je erreichen sollte. Nachdem er seinen Neffen dazu benutzt hatte, seine Schulden zu begleichen, wurde Agesilaos zum Verräter an Königs Agis.

Als der König 241 v. u. Z. Krieg führte, manipulierte Agesilaos das spartanische Ephorat, um die Landreform zu verzögern. Die Massen beschwerten sich bitterlich, aber König Agis befand sich im Krieg und hatte die Staatsgeschäfte den falschen Leuten anvertraut.

Sein Freund Lysander war nicht mehr Ephor und in der spartanischen Regierung gab es niemanden, der die Reformen des Königs fortsetzen wollte. Stattdessen wurde der verbannte Leonidas II. wieder als Agiadenkönig von Sparta eingesetzt. Kleombrotos, der mit Unterstützung von Agis zum König ernannt worden war, floh aus Sparta.

Die Reformen des Königs Agis wurden verworfen, bevor er nach Sparta zurückkehrte, und bei seiner Ankunft wurde er verhaftet und eingekerkert. Die korrupten Ephoren und Leonidas erklärten ihn schnell der Tyrannei für schuldig und er wurde auf der Stelle hingerichtet. Auch seine Mutter und seine Großmutter wurden getötet.

Als die Spartaner schließlich zum Gefängnis strömten, war König Agis IV. bereits tot. Die spartanischen Bauern sahen alle Hoffnungen auf Landbesitz vor ihren Augen schwinden. Die Zukunft Spartas sah wieder einmal düster und trostlos aus.

Als König Agis IV. starb, hatte er Sparta nur etwa vier Jahre regiert. Die Geschichte wird sich an ihn als einen runden Pflock in einem eckigen Loch erinnern – einen König, der zu weich für die harten Zeiten und zu vertrauensselig war, um den Thron von Sparta zu behalten.

Sein leider nur kurzes Leben war der Beweis dafür, dass es mehr brauchte als Güte, königliche Pracht und die edelsten Absichten, um König von Sparta zu sein.

Kleomenes III. von Sparta

Leonidas, der König, der die Ephoren zur Ermordung seines Mitkönigs Agis IV. angestiftet hatte, sollte vom Schicksal auf zweifache Weise belohnt werden. Erstens sollte sein Sohn Kleomenes III. das Erbe des Königs Agis fortsetzen und Sparta reformieren, und zweitens sollte Kleomenes als einer der letzten aus dem Geschlecht des Leonidas (der Agiaden) auf dem spartanischen Thron sitzen.

Als der achtzehnjährige Kleomenes von einem Jagdausflug zurückkehrte, erfuhr er von der Rolle seines Vaters bei der Hinrichtung von Agis IV. Die Taten seines Vaters vor seiner Verbannung und nach seiner Wiedereinsetzung waren abscheulich, aber der junge Prinz war nicht in der Lage, sich dazu zu äußern.

Kleomenes kam nach Hause und fand eine festliche Stimmung vor. Es gab Essen und Wein, und die Diener bereiteten den Palast für ein großes Ereignis vor. Der neugierige Prinz fragte seinen Vater nach dem Anlass und erfuhr, dass es sich um eine Hochzeit handelte – und zwar nicht um irgendeine, sondern um seine eigene.

Er sollte mit Agiatis, der Königin von Sparta und Witwe des Agis, verheiratet werden. Der Prinz konnte die Grausamkeit seines Vaters nicht verstehen. Er protestierte schwach gegen die Heirat, aber am Ende des Tages war er verheiratet.

Es war eine Zweckehe, denn die verwitwete Königin war eine wohlhabende Frau. Mit der Zeit entwickelte sich jedoch eine Zuneigung zwischen dem Paar.

Sieben Jahre später starb König Leonidas auf mysteriöse Weise und Prinz Kleomenes bestieg 235 v. u. Z. den Thron von Sparta.

Reiner Tisch

Wenn Kleomenes III. etwas von dem gestürzten König Agis IV. gelernt hatte, dann, dass ein König Macht braucht, um wirkliche Veränderungen herbeizuführen. Zunächst musste er sich mit der unkontrollierten Macht des spartanischen Ephorats auseinandersetzen. Eine Institution, die einen König auf so grausame Weise hinrichten konnte, war potenziell gefährlich für seine Herrschaft.

Im sechsten Jahr seiner Herrschaft befahl Kleomenes, der gerade einen fünfjährigen blutigen Kampf hinter sich hatte, die Ermordung der fünf Ephoren Spartas. Vier von ihnen wurden bei einem Überraschungsangriff getötet, der fünfte floh um sein Leben und wurde nie wiedergesehen.

Da es keine Ephoren mehr gab, die seine Autorität in Frage stellten, begann Kleomenes III. mit der Reform Spartas, die von seinem Mitkönig aus der Dynastie der Eurypontiden nicht angefochten wurde.

Zunächst wurde das von Agis IV. begonnene Landumverteilungsprojekt endlich umgesetzt. Es war ein historischer Tag für die Menschen in Sparta, insbesondere für die fleißigen Perioken. Der König verlieh den tapfersten von ihnen die Staatsbürgerschaft, wodurch die Bürgerbevölkerung Spartas endlich wachsen konnte.

Als Nächstes reformierte Kleomenes die angeschlagene Agoge, die in der Vergangenheit die Grundlage für den militärischen Ruf Spartas gewesen war. Wieder folgten die Bürger dem Beispiel ihrer Vorfahren und schickten ihre Kinder in die Agoge. Die Erwachsenen entsagten dem Materialismus und kehrten zum Gemeinschaftsleben zurück, aßen gemeinsam in den Speisesälen und leisteten finanzielle Beiträge für den Staat.

Für das spartanische Heer ließ Kleomenes viertausend spartanische Hopliten nach antikem Vorbild ausbilden und ordnete die Aufnahme der Sarisse in das Arsenal Spartas an. Die Sarisse war eine Lanze, die unter König Philipp II. entwickelt wurde. Als die Makedonen Theben und Athen in der Schlacht von Chaironeia demütigten, erwies sich die Sarisse als tödlicher für die Phalanx als der spartanische Doru (eine Art Speer). Die spartanischen Krieger lernten den Umgang mit der Sarisse und wurden zu den besten Truppen, die Sparta seit langem gesehen hatte.

Kleomenes III. ging noch einen Schritt weiter, um seine Macht zu festigen, indem er den König der Eurypontiden absetzte und durch seinen Bruder Eukleidas ersetzte. Damit saßen zwei Agiadenkönige auf dem Thron Spartas, ohne dass die Ephoren dem etwas entgegenzusetzen hatten. Im Gegensatz zu allen Königen vor ihm konnte Kleomenes die letzten sieben Jahre seiner Herrschaft - zumindest in Sparta - unangefochten genießen.

Der Achäische Bund

Als Kleomenes III. im Jahr 235 v. u. Z. den spartanischen Thron bestieg, war in Griechenland ein Mann namens Aratos aus dem kleinen Stadtstaat Sikyon auf dem Vormarsch.

Aratos war der Anführer des Achäischen Bundes, einer Konföderation griechischer Staaten auf der Peloponnes, die sich gegen die machthungrigen Makedonen zusammengeschlossen hatten. Sparta war dem Achäischen Bund unter König Agis IV. beigetreten, aber nach dessen tragischem Tod war sich Aratos nicht sicher, wo Sparta stand.

Kleomenes hatte nicht die Absicht, Aratos oder seinen Achäischen Bund anzuerkennen. Stattdessen konzentrierte er sich darauf, die Grenzen Spartas durch einen Einfall in Arkadien zu erweitern. Die Arkadier, die befürchteten, das Ziel von Kleomenes' neuem Feldzug zu werden, wandten sich an den Achäischen Bund um Hilfe.

Als klar wurde, dass König Kleomenes III. nicht mit dem Achäischen Bund kooperieren würde, erklärte Aratos Sparta den Krieg. Damit begann der Kleomenische Krieg.

Griechenland um 228 v. u. Z.[21]

In diesem Krieg kämpften Sparta und Elis gegen den Achäischen Bund. Aratos und Kleomenes schlugen viele Schlachten, aber Sparta errang mehrere Siege. Aratos war es leid, immer wieder besiegt zu werden und bat Makedonien um Hilfe. Der makedonische König Antigonos III. Doson erklärte sich bereit, Aratos zu helfen, wenn er im Gegenzug eine strategisch wichtige Festung erhielte, die unter Aratos' Kontrolle stand.

Das war ein hoher Preis, aber Aratos wollte Kleomenes und die Spartaner unbedingt besiegen. Also willigte er ein.

Der Pakt mit Makedonien kostete Aratos viele Verbündete im Achäischen Bund. Aratos hatte sich von seiner Besessenheit, den Krieg zu gewinnen, sein Urteilsvermögen trüben lassen, wurde aber von Makedonien reich belohnt. Im Jahre 222 v. u. Z. marschierte König Antigonos von Makedonien zum Sellasia-Pass in der Nähe von Sparta. Dort schlugen die Makedonen und Achäer das spartanische Heer vernichtend und töteten den Bruder des Kleomenes und Mitkönig Eukleidias.

Kleomenes entkam nur knapp und floh nach Alexandria in Ägypten, wo er einen alten Freund hatte: Ptolemaios Euergetes. Als sein Freund im selben Jahr starb, wurde Kleomenes von dem neuen Herrscher Ptolemaios Philopator gefangen genommen. Kleomenes entkam 219 aus der Gefangenschaft, aber niemand in Alexandria unterstützte ihn. Um einer erneuten Gefangennahme zu entgehen, beging er Selbstmord. Es war ein tragisches Ende für einen Mann, der große Träume für Sparta gehabt hatte.

Nach dem Tod von König Kleomenes bestieg Agesipolis III., ein Enkel von Leonidas II., den Thron. Er sollte der letzte König aus dem Geschlecht der Agiaden werden. Das geschwächte Sparta versank in Anarchie und mehrere Fraktionen kämpften brutal um den Thron Spartas, bis ein Regent namens Nabis ihn 207 v. u. Z. für sich beanspruchte.

König Nabis regierte 15 Jahre lang. Manche mochten ihn, weil er die habgierigen Aristokraten vertrieb und ihren Reichtum umverteilte. Er gewährte auch mehr Nicht-Spartanern die Staatsbürgerschaft, um die Bevölkerung Spartas zu vergrößern, und baute die spartanische Flotte wieder auf. Für andere war er ein Tyrann mit unrealistischen imperialistischen Ambitionen, der Land raubte.

Sparta hatte nicht mehr das Zeug zu einem Imperium, aber König Nabis ließ sich nicht von seinen Plänen abbringen. Wie König Kleomenes III. verachtete er den Achäischen Bund und geriet mit ihm in Konflikt, obwohl er oft besiegt wurde.

König Nabis von Sparta reichte König Philipp V. von Makedonien die Hand zur Freundschaft, da sie einen gemeinsamen Feind hatten: die Achäer. Durch dieses geniale Machtspiel erlangte er die Kontrolle über Argos, das seit jeher ein Feind Spartas war. Als Makedonien in den Makedonischen Kriegen von Rom besiegt wurde, musste König Nabis Argos aufgeben.

Er hatte dies kommen sehen und war auf subtile Weise zu Rom übergelaufen, was seine Verluste in Grenzen hielt. Sein Bündnis mit Rom war jedoch nur von kurzer Dauer, da er die Macht Spartas auf die römischen Gebiete in Griechenland ausdehnen wollte.

König Nabis wurde in seiner eigenen Stadt von Männern ermordet, die er für seine Verbündeten gehalten, und denen er vertraut hatte, und zum ersten Mal in der Geschichte wurde das antike Sparta zu einem Vasallenstaat. Unabhängigkeit sollte es nie wieder erleben.

ABSCHNITT VIER: LEBEN IN SPARTA UND SOZIALSTRUKTUREN

Kapitel 13 – Die Agoge

Erziehung war ein wesentlicher Bestandteil vieler antiker Zivilisationen, und Sparta bildete keine Ausnahme. Niemand wurde durch seine Geburt zum wahren Bürger Spartas (Spartiate). Nur die Abgehärteten und Starken erwarben das Recht, sich Spartiaten zu nennen, und im 7. Jahrhundert v. u. Z. war die spartanische Agoge der entscheidende Faktor dafür.

Die Agoge war die Geburtsstätte der besten Krieger Spartas, wie die tapferen dreihundert, die sich an den Toren der Thermopylen Xerxes' Hunderttausenden entgegenstellten. Die Agoge war ein Bildungssystem, das im klassischen Griechenland seinesgleichen suchte, und obwohl über seine Ursprünge viel diskutiert wird, weisen die Geschichtsquellen auf einen Mann hin: Lykurg.

Ursprünge

Sie werden sich an Lykurg von Sparta als den Mann erinnern, der sein Land und seine angesehene politische Position aufgab, um sich von dem Verdacht des Verrats an seinem jungen Neffen und zukünftigen König Charilaos zu befreien. Er bereiste die Welt auf der Suche nach Enthüllungen und Wissen, das er im Überfluss fand, und kehrte nach Hause zurück.

Dieses Wissen sollte die Grundlage für eine völlig neue, militaristische Gesellschaft Spartas bilden, die den Stadtstaat der Vergessenheit entreißen und wieder ins Zentrum der politischen Aufmerksamkeit rücken sollte.

Lykurg hatte erkannt, dass Veränderungen in einer Gesellschaft in erster Linie auf der psychologischen Ebene ansetzen mussten. Die Art und Weise, wie die Menschen sich selbst und ihre Pflichten gegenüber ihrem Land wahrnahmen, würde die Bemühungen um die Erhaltung des Spartas, das er sich vorstellte, beeinflussen. Und wann konnte man Werte besser vermitteln als in der Kindheit?

Lykurg machte sich an die Arbeit und die Agoge war geboren. Es war ein Bildungssystem, das mehr auf körperliche Aktivität als auf Bücherwissen setzte. Es sollte eine wichtige Rolle in der glorreichen und kriegerischen Zukunft Spartas spielen.

Aufnahme in die Agoge

Wenn ein Spartaner einen Sohn bekam, wurde das Kind von den Ältesten genau untersucht. War das Kind kränklich oder missgebildet, wurde es nicht in die Agoge aufgenommen. Plutarch deutet an, dass solche Kinder aussortiert, in einer Höhle zum Sterben zurückgelassen oder sogar von einem Berg gestürzt wurden. Ob getötet oder nicht, Missbildungen oder Krankheiten disqualifizierten jedes Kind für die Aufnahme in die Agoge.

Wenn das Kind gesund war, wurde es seiner Mutter zurückgegeben, damit sie es bis zu seinem siebten Lebensjahr ernähren und aufziehen konnte. In diesem Alter wurde der Junge von seiner Mutter getrennt und begann eine lange und brutale Initiation zum Mann.

In die Agoge aufgenommen zu werden, war die größte Ehre, die ein Junge in Sparta erlangen konnte, und so schwer es vielen Müttern auch fiel, sie konnten nichts dagegen tun, dass ihre Söhne weggebracht wurden und manchmal nie wieder zurückkehrten.

Exklusivität war ein bewusstes Prinzip der Agoge, wenn man bedenkt, dass das klassische Sparta die Heimat von drei Klassen von Griechen war. An der Spitze der sozialen Hierarchie standen die Spartiaten, die Bürger Spartas, deren Männer Krieger waren. Am unteren Ende standen die Heloten: Sklaven und Leibeigene der Spartiaten. Weder die Heloten noch die dritte Schicht der Bevölkerung, die Perioken (Handwerker, Kaufleute und Kleinhändler, die keine Bürger waren), konnten an der Agoge teilnehmen, selbst wenn sie es wollten. Nur die Spartiaten waren nach spartanischem Recht als Mitglieder der Agoge anerkannt. In einigen Fällen wurden die Söhne hochrangiger Ausländer in die Agoge aufgenommen, darunter Xenophon aus Athen.

Überleben

Zweifellos war die erste Nacht in der Agoge für viele Jungen hart, auch für diejenigen, die sich schon lange darauf gefreut hatten. Die Realität war grausamer als alle Erwartungen, und aus jeder Gruppe von Jungen, die von zu Hause weggebracht wurden, würden einige nicht überleben. Sie würden sterben, durch die Peitsche, vor Hunger oder Erschöpfung, und dann würde man sie begraben und vergessen. In der Agoge – oder Sparta – gab es keinen Platz für Schwäche.

Paides

Bei ihrer Ankunft in der Agoge wurden den Jungen die Köpfe geschoren und die Schuhe weggenommen. Die Agoge war so streng, dass Dinge wie Schuhe oder Kämme als Luxus galten. Die Köpfe und Füße der Jungen blieben immer unbedeckt, um sie hart und beweglich zu machen.

Dann wurden die Jungen in Altersgruppen eingeteilt. Die Neulinge waren in der Regel sieben Jahre alt, manche sogar erst fünf, und wurden in Gruppen – sogenannte Paides – eingeteilt, die jeweils von einem Erwachsenen beaufsichtigt wurden.

Die Jungen waren zwischen fünf und zwölf Jahre alt und wurden in den Grundfertigkeiten Lesen, Schreiben und eventuell Rechnen unterrichtet. Die formale Bildung im klassischen Sparta wird oft als kurz, aber nützlich beschrieben. Die Knaben wurden in der Kunst des Flötenspiels, im Singen traditioneller Kriegslieder und in einem faszinierenden Tanz namens Pyrrhichios unterrichtet.

Der Pyrrhichios war ein Kriegstanz, der im antiken Griechenland bei Festen sehr beliebt war. Die Spartaner nutzten ihn, um ihre Jugend für den Krieg auszubilden. Die jungen Männer tanzten, während sie schwere spartanische Waffen trugen, bis ihr Geist und Körper eins mit den Waffen wurden. Kein Wunder, dass die spartanischen Krieger für ihre Geschicklichkeit im Umgang mit den Waffen auf dem Schlachtfeld berühmt waren.

Da die körperliche Ertüchtigung in den kommenden Jahren den größten Teil der Ausbildung ausmachen sollte, wurden Ausdauerübungen und sportliche Wettkämpfe im Ringen, Kriegstanz und Laufen veranstaltet. Es war auch üblich, dass die älteren Spartaner Kämpfe unter den Jungen anzettelten. Diese Kämpfe eskalierten zu heftigen körperlichen Auseinandersetzungen, die die Jungen härter und stärker machten. Von klein auf lernten die künftigen spartanischen Krieger, nur so viel zu essen, wie sie sprachen: sehr wenig. Dank der Reformen des

Lykurg war Sparta kein Ort für Völlerei und Geschwätzigkeit. Die Jungen bekamen nur wenig zu essen, um ihren Appetit zu zügeln und interessanterweise auch, um den Diebstahl von Nahrungsmitteln zu fördern. Die Jungen wandten verschiedene Taktiken an, um Essen zu stehlen. Wenn sie dabei erwischt wurden, wurden sie im Tempel der Artemis Orthia brutal ausgepeitscht. Diese Strafe sollte nicht vom Stehlen abschrecken, sondern nur davon, erwischt zu werden.

In seinem Werk „Moralia" erzählt Plutarch ein berühmtes Volksmärchen, das als „Der spartanische Knabe und der Fuchs" bekannt ist.

> „Als die Zeit kam, da es üblich war, dass die freien Jungen stahlen, was sie konnten, und es eine Schande war, entdeckt zu werden, hatten die Gefährten eines Jungen einen jungen Fuchs bei lebendigem Leibe gestohlen. Sie gaben ihn dem Jungen zur Aufbewahrung, und als die Bestohlenen nach ihm suchten, steckte der Junge den Fuchs unter sein Gewand. Das Tier aber wurde wild und fraß sich durch seine Seite bis in die Eingeweide. Der Knabe aber rührte sich nicht und schrie nicht, um nicht entdeckt zu werden, und ging, als sie weg waren. Die Jungen sahen, was geschehen war, und beschuldigten ihn und sagten, es wäre besser gewesen, den Fuchs zu zeigen, als ihn bis zum Tode zu verstecken, aber der Junge sagte: „Es ist besser, mit Schmerzen zu sterben, als durch Schwäche des Geistes entdeckt zu werden und ein Leben in Schande zu führen".

Die Paides wurden dazu erzogen, den Tod der Schande vorzuziehen und Verantwortung für ihre Taten zu übernehmen. Die Agoge war ein Ort, an dem ihnen Stolz, Egoismus und Furcht buchstäblich herausgeprügelt wurden.

Was die Sprache betrifft, so lernten die Paides, dass ein echter Spartaner sehr wenig sprach. Das Wort „lakonisch" hat seinen Ursprung in „Lakonien", dem Geburtsort der Spartaner, und seine Bedeutung deutet auf eine knappe Ausdrucksweise hin. Die Paides wurden auch in den respektlosen, witzigen Humor der Spartaner eingeführt und lernten, ihn herzlich anzunehmen.

Im Alter von zwölf Jahren wurden die Jungen als Paidiskoi zusammengefasst und ihr körperliches Training wurde wesentlich intensiver und konzentrierter.

Die Paidiskoi

Um in die Paidiskoi aufgenommen zu werden, genügte es nicht, die erste Phase der Agoge zu überleben oder nur alt genug zu sein. Ein Junge musste in der Grundausbildung und im körperlichen Training als Paide hervorragende Leistungen erbringen, um die Zustimmung der Ausbilder für seine Beförderung zu erhalten.

Die Paidiskoi-Phase markierte den Übergang vom Jungen zum Mann, und als Teil des Begrüßungsrituals tauschte jeder Junge seine schönen Kleider gegen einen einzigen Umhang. Im Sommer, im Frühling oder im härtesten Winter durften sich die Jungen nur in ihren Umhang hüllen. Erst nach einem Jahr bekamen sie Ersatz.

In dieser Phase der Agoge wurden das Baden und die Verwendung von Salben schnell zum Luxus, und es wurde mehr Wert darauf gelegt, weniger zu sprechen. Die körperliche Ausbildung für Krieg und Kampf wurde erwartungsgemäß härter und die Strafen für Fehlverhalten reichten von brutal zu tödlich. In dieser Phase starben mehr Kindersoldaten und nur die Stärksten überlebten.

Ein wichtiges Merkmal der Paidiskoi-Phase war, dass sie eine besondere Beziehung zwischen den Jungen und den älteren spartanischen Männern (jungen Erwachsenen) förderte. Als eine der Reformen Lykurgs wurde ein System namens Syssitien eingeführt, das alle Männer Spartas dazu verpflichtete, in öffentlichen Speisesälen zu essen. Die Paidiskoi konnten sich den jungen Erwachsenen an den Tischen anschließen und wurden dazu angehalten, jeden älteren Mann als ihren Vater zu betrachten.

Plutarch folgert daraus, dass diese Beziehungen oft sexueller Natur waren, der Athener Xenophon, dessen Söhne ebenfalls die Agoge durchlaufen hatten, bestritt dies. Nach Xenophon ermöglichte der Prozess die Bildung brüderlicher Bündnisse, die auf Liebe und unstillbarer Loyalität gegenüber Sparta und den Mitstreitern im Kampf beruhten.

Die *Hebontes*

Mit zwanzig Jahren hatte der durchschnittliche Lehrling die extremsten und lebensbedrohlichsten Bedingungen der Agoge überlebt. Er hatte gelernt, ohne Kleidung und Schuhe zu leben, sein eigenes Bett aus Schilfrohr zu bauen, das er mit der Hand aus dem Fluss Eurotas holte, mit Schwert und Speer umzugehen, sich im Kampf niemals zu ducken, mit Gleichaltrigen und Vorgesetzten umzugehen.

Er wäre auf dem besten Weg gewesen, ein echter Krieger Spartas zu werden, aber zuerst musste er dienen. Zu diesem Zweck wurden die Hebontes in verschiedene Bereiche geschickt, um sich dort zu bewähren.

Einige wurden zu Eirenen ernannt, die den Präfekten ähnelten. Diese Eirenen waren für die jüngeren Knaben verantwortlich und trugen zu Erziehungszwecken Peitschen. Das war keine geringe Verantwortung, denn die Eirenen waren ihren Vorgesetzten, den Paidomonos, und anderen Ältesten gegenüber rechenschaftspflichtig.

Andere Hebontes wurden als Kadetten auf dem Schlachtfeld als Reservetruppen eingesetzt. Hebontes, die als Paides und Paidiskoi hervorragende Leistungen erbrachten, konnten von ihren Ausbildern für Positionen in der spartanischen Krypteia empfohlen werden.

Die Krypteia war eine weitere Neuerung Lykurgs. Es handelte sich um ein Polizeisystem, das die Aufgabe hatte, die riesige Helotenbevölkerung durch regelmäßige, von der Regierung genehmigte Massaker in Schach zu halten. Sie wurden ausgesandt, um Heloten, die im Verdacht standen, einen Aufstand anzuzetteln, auszuspionieren und zu töten. Nur junge und flinke Spartaner konnten der Krypteia beitreten, da ihre Tätigkeit Heimlichkeit, Tarnung und Schnelligkeit erforderte. Hebontes, die in die Krypteia aufgenommen wurden, konnten je nach Leistung mit einigen oder mehreren Aufgaben betraut werden.

Eine weitere Voraussetzung war, dass die Hebontes mindestens einer Messgruppe angehörten. Messgruppen waren soziale Untergruppen in Sparta und jede Gruppe hatte finanzielle Verpflichtungen gegenüber dem Staat. Die Mitglieder der Messgruppen waren Freunde, die wie Brüder zusammen aßen, trainierten, schliefen und kämpften. Die Agoge erlaubte den Jungen, sich in der vorhergehenden Trainingsphase (den Paidiskoi) unter diese Gruppen zu mischen und zu entscheiden, welche ihnen am besten gefiel.

Um in eine solche Gruppe aufgenommen zu werden, war die Zustimmung jedes einzelnen Mitglieds erforderlich. Viele Gruppen nahmen nur Jungen mit guter Herkunft (aus wohlhabenden oder berühmten Familien) und/oder Jungen auf, die sich während der Ausbildung von ihren Altersgenossen abhoben,

Als Anreiz, nicht nachlässig zu werden, sah das spartanische Agoge-System die schändlichste aller Strafen vor. Dabei handelte es sich nicht um eine öffentliche Auspeitschung, sondern um eine Ausmusterung. Wenn ein Hebont als feige oder schwach galt, oder wenn er von keiner Messgruppe ausgewählt wurde, konnte er aus der Agoge ausgeschlossen werden. In ganz Sparta gab es keine größere Schande für einen jungen Mann. Viele wählten lieber den Tod als ein Leben in Schande, und so arbeiteten die Hebontes hart, um sich ihren Platz zu verdienen.

Viele Jahre lang dienten die Hebontes in allen Funktionen, die Sparta für richtig hielt – bis zu dem glorreichen Tag, an dem sie dreißig Jahre alt wurden.

Sport und andere Riten

Sparta erlangte sein Ansehen nicht durch reines Glück, sondern durch harte Arbeit, um eine elitäre Gesellschaft zu werden. Die Spartaner richteten ihr ganzes Leben nach den Empfehlungen Lykurgs für eine wahrhaft kriegerische Gesellschaft aus. Sie waren besessen von der körperlichen Erscheinung und der Leistung ihrer Krieger, daher die Fortsetzung der asketischen Agoge.

Die Phouxir (Fuchszeit)

In den Augen der Spartaner war ein zwölfjähriger Junge alt genug für ein extremes Abenteuer in der Wildnis.

Eines Tages würde man dem Jungen einen stumpfen Speer in die Hand drücken und ihn unter widrigsten klimatischen Bedingungen in die Wildnis hinausschicken, um seinen Mut und seinen Verstand mit der Natur zu messen. Natürlich würde der Junge barfuß und nur mit einem dünnen Umhang bekleidet durch die Wildnis irren. Wenn er das Pech hatte, im Winter auf die Reise geschickt zu werden, waren seine Chancen gering, aber er würde keine Sonderbehandlung erhalten.

Diese Übung hieß Phouxir, und kein Junge der Agoge, ob adelig oder bürgerlich, konnte ihr entgehen. Mehrere Tage und Nächte war er auf sich allein gestellt und konnte sich nur mit seinem Speer und dem festen Willen, zu überleben, verteidigen. Er musste jagen oder seine Nahrung selbst sammeln. Die schlaueren Jungen konnten auf ihrem Weg in die Wildnis Nahrung stehlen, aber sie durften nicht erwischt werden.

Unter den Jungen der Agoge wurde Diebstahl bald zur Gewohnheit, und die Bürger Spartas (insbesondere Händler, Kaufleute und Ehefrauen) mussten auf der Hut sein, wenn sie sich in ihrer Nähe aufhielten. Oft war auch ihre Wachsamkeit der Entschlossenheit der Jugendlichen nicht gewachsen. Generation für Generation erfanden die Jungen der Agoge während der Phouxir die raffiniertesten Methoden, um den perfekten Diebstahl zu begehen, und die Einwohner mussten sich damit abfinden, wenn sie einmal bestohlen worden waren.

Das Episkyros

Als Freizeitbeschäftigung gab es im Agoge-System eine Ballsportart namens Episkyros. Es war ein beliebtes Spiel im antiken Griechenland, aber wie zu erwarten war, legten die Spartaner noch eine Schippe drauf.

Das Tackling, um in Ballbesitz zu kommen, wurde in Sparta schnell zum Standard, und viele Spieler wurden schwer verletzt.

Das Wesentliche an diesem Sport war die Teamarbeit, eine wichtige Grundlage für die Phalanx, die charakteristische Kampfformation Spartas. Als Teil ihrer Ausbildung spielten die Agoge-Jungen diesen Sport bei Stadtfesten, um ihre Ausdauer und ihre Fähigkeit, als unaufhaltsames Team zu funktionieren, unter Beweis zu stellen.

Historiker halten diesen Sport für eine der ältesten Formen des Fußballs, aber im Gegensatz zum Fußball konnte der Ball sowohl mit den Händen als auch mit den Füßen gespielt werden. Episkyros soll auch Ähnlichkeiten mit dem japanischen Ballspiel Cuju gehabt haben.

Beim Episkyros wurden die Jungen in zwei Mannschaften von zwölf bis vierzehn Spielern aufgeteilt, und jede Mannschaft hatte zwei Ziele: den Ball über eine weiße Linie (die Skuros) zu bringen und gegen die andere Mannschaft Tore zu erzielen und die eigene Seite der Linie gegen Tore der anderen Mannschaft zu verteidigen.

In der Praxis war dieses Spiel schwieriger. Um die Verteidigungslinie der gegnerischen Mannschaft zu überwinden, war eine stärkere und besser organisierte Mannschaft erforderlich. Tacklings waren erlaubt, um in Ballbesitz zu kommen oder den Ball zu behalten.

Jedes Jahr kamen Bürger und andere Einwohner Spartas, um sich dieses Spiel zu sehen und ihre Lieblingsmannschaften in der Arena anzufeuern. Obwohl es eher unter den Jungen der Agoge verbreitet war, spielten auch spartanische Mädchen dieses Spiel.

Der Hoplit

Von seiner ersten Nacht als unerfahrener Knabe bis zu seinem späteren Aufstieg zu einem echten Hopliten gab es in der Agoge keine Verschnaufpause. Es war selbstverständlich, dass die Jungen in der Kunst des Waffengebrauchs ausgebildet wurden.

Der spartanische Aspis (Schild) war groß und schwer. Es dauerte Jahre, bis man sich an sein Gewicht gewöhnt hatte. Auch die Speere der Spartaner waren ungewöhnlich lang, wodurch sie sich hervorragend für Angriffe auf kurze und weite Entfernungen eigneten. Die Jungen in der Agoge lernten, mit ihnen und ihren Schwertern geschickt umzugehen.

Koordination, Ausdauer, Kraft und Ausdauer waren die wichtigsten Eigenschaften im Kampf, und ein echter Hoplit verfügte über alle diese Eigenschaften. Im Alter von sieben Jahren verließ er sein Zuhause und wurde darauf trainiert, im Kampf keine Gnade walten zu lassen.

Im Alter von dreißig Jahren konnte der Agoge-Schüler in die Gesellschaft zurückkehren. Er war kein Junge mehr, sondern ein vollwertiger spartanischer Krieger, der im härtesten Erziehungssystem der Welt, der Agoge, gebrochen und zur Perfektion geschmiedet worden war.

Kapitel 14 – Die Regierung Spartas

Führung

Der Aufstieg Spartas zu politischem Prestige war eine Sache, als Supermacht auf der Peloponnes zu bestehen eine andere. Es bedurfte einer überlegenen Regierung, um Spartas Platz in Griechenland zu sichern. Lykurg war der geniale Staatsmann und Schöpfer der Großen Rhetra, einer Verfassung, die Sparta aus dem dunklen Zeitalter Griechenlands herausführte.

Auf seiner Reise nach Kreta beobachtete Lykurg, wie König Minos sein Volk regierte. Er sehnte sich nach einem ähnlichen Regierungsmodell für Sparta. Nach seiner gefeierten Rückkehr nach Sparta bestätigte Lykurg sein Mandat, die politische Struktur Spartas nach den Vorgaben des Orakels von Delphi umzugestalten. Dann krempelte er die Ärmel hoch und machte sich an die Arbeit.

Durch Lykurgs Bemühungen wurde Sparta zu einer Oligarchie umstrukturiert, die jedoch aus mehreren Entscheidungsgremien bestehen sollte, um die Gefahr von Tyrannei und Diktatur zu verringern. Sparta war nicht für einen Mann oder einen König bestimmt. Lykurgs Regierungsmodell sollte ihn vier Jahrhunderte überdauern.

Gerusia: Der Übergang zur Macht

Die Ältesten wurden in der Antike als Hüter der Weisheit verehrt, insbesondere in Sparta. Nachdem sie ihre Jugend im Dienste Spartas auf dem Schlachtfeld verbracht hatten, konnten ältere Männer dem von Lykurg eingesetzten Ältestenrat beitreten. Nicht jeder Ältere konnte beitreten, er musste sich als Kriegsheld und Kämpfer bewährt haben.

Dieser Ältestenrat, Gerusia genannt, besaß die höchste Autorität in der Regierung Spartas. Diese Institution wurde erstmals in Plutarchs „Leben des Lykurg" erwähnt und fungierte als eine Art oberstes Gericht, da die Gerusia befugt war, die wichtigsten Entscheidungen zu treffen, die den Staat betrafen.

Ein Mann musste mindestens sechzig Jahre alt sein, um der Gerusia beizutreten, und der Ältestenrat hatte nur dreißig Mitglieder, zu denen auch die beiden Könige von Sparta gehörten. Obwohl die Ämter in der Gerusia jedem älteren Spartiaten offen standen, der die Anforderungen an Alter und Kriegserfahrung erfüllte, war es für Männer aus wohlhabenden und aristokratischen Familien leichter, sich tatsächlich Ämter zu sichern. Den ärmeren und unbeliebten Spartiaten fehlten oft die Mittel und der Einfluss, um die Stimmen des Volkes für sich zu gewinnen, so dass sie bei den Wahlen häufig ins Hintertreffen gerieten.

Die 28 Mitglieder der Gerusia, mit Ausnahme der beiden Könige von Sparta, wurden Geronten genannt und waren, wie die Könige, auf Lebenszeit gewählt. Jedes Mal, wenn ein Geront starb, wurde ein Platz frei. Die Wahl fand im Rathaus statt. Die Männer Spartas versammelten sich und wählten den qualifiziertesten (und von ihnen bevorzugten) Mann für das Amt.

Dazu bediente man sich in Sparta eines einfachen und direkten Wahlsystems: der Akklamation. Nun, um ehrlich zu sein, riefen sie einfach den Namen ihres Favoriten. Damals gab es noch keine modernen Wahlgeräte oder -methoden, aber das hielt die Spartaner nicht davon ab, Dinge zu regeln. Die Wahlen wurden von einer Versammlung amtierender Geronten geleitet, die einige vertrauenswürdige Männer auswählten. Diese Männer wurden dann in einen leeren Raum in der Nähe der Halle gesperrt. Diese Männer sollten den Sieger der Wahl bestimmen, durften aber zu keinem Zeitpunkt den Kandidaten sehen, über den gerade abgestimmt wurde. Auf diese Weise trafen sie ihre Entscheidung auf der Grundlage des am lautesten gerufenen Namens. Obwohl dieses Wahlverfahren zahlreiche Mängel aufwies, wurde es lange Zeit angewandt.

Bei einem so aggressiven Volk wie den Spartanern kann man davon ausgehen, dass ihre Wahlen lautstark geführt wurden. In den Worten Plutarchs waren sie „äußerst umstritten".

Sobald der neue Geront gewählt war, musste sich die Gerusia an die Arbeit machen. Jeder gewählte Geront erhielt eine gründliche Ausbildung, um seine Aufgaben und verfassungsmäßigen Grenzen zu verstehen.

Die erste Aufgabe der Gerusia bestand gemäß der Großen Rhetra darin, Gesetze zu erlassen. Die Gerusia hatte die Aufgabe, politische Entscheidungen zu treffen, um Sparta voranzubringen.

Der Ältestenrat war auch für die Beratung der Tagesordnungspunkte der Apella (Bürgerversammlung) zuständig. Dies war ein weiterer Grund, warum die Gerusia als das höchste gesetzgebende Organ in Sparta angesehen wurde. Wenn die Gerusia eine Angelegenheit für zu heikel oder unnötig hielt, durfte sie nicht in der Apella behandelt werden. Schließlich legte die Gerusia die Tagesordnung jeder Apella-Versammlung fest.

In der Versammlung der Apella wurden den Bürgern verfassungsmäßige Rechte eingeräumt, um bestimmte Entscheidungen zu treffen. Im Laufe der Zeit konnten diese Beschlüsse jedoch von der Gerusia wieder aufgehoben werden. Die Ältesten brauchten sich nur von der Apella-Versammlung zu entfernen, um ihre Missbilligung zum Ausdruck zu bringen, und der betreffende Beschluss wurde für ungültig erklärt.

Die Befugnisse der Gerusia beschränkten sich nicht auf die Gesetzgebung. Der Rat wurde von der Großen Rhetra auch mit richterlichen Befugnissen ausgestattet. Wurde ein Spartaner eines schweren Verbrechens wie Verrat oder Mord beschuldigt, konnte nur die Gerusia einen Prozess führen. Wurde der Angeklagte für schuldig befunden, konnte die Gerusia eine Strafe verhängen, die von Geldstrafen bis zur Verbannung oder Hinrichtung reichte. Wenn ein König die Sitten und Gesetze Spartas missachtete, konnte die Gerusia ihm mit Unterstützung des Ephorats die Krone entziehen und ihn des Landes verweisen.

Eine solche Macht und Verantwortung machte eine Position in der Gerusia bei den Männern Spartas sehr begehrt und spornte die jungen Männer zu harter Arbeit an, um sie zu erlangen.

Apella: Die Volksversammlung

Das Bürgerrecht in Sparta war vor allem für Männer mit vielen Vorteilen verbunden. Einer davon war die Apella. Dies war eine Versammlung männlicher Spartaner, die sich bei jedem Vollmond trafen, um über die Zukunft Spartas zu beraten.

Um ein echter Bürger zu werden, musste jeder Mann in der Agoge ausgebildet worden sein und alle seine Aufgaben erfolgreich gemeistert haben. Die meisten spartanischen Männer der klassischen Zeit hatten mindestens an einer Schlacht teilgenommen. Allein dadurch war fast jeder Spartaner für die Apella qualifiziert.

Das Eintrittsalter betrug dreißig Jahre (dasselbe Alter wie für den Abschluss der Agoge). Ursprünglich versammelte sich die Apella auf der Agora, einem offenen öffentlichen Platz. Dies war eine Idee von Lykurg, denn so konnten sich die Bürger auf die Beratungen der Apella konzentrieren und wurden nicht durch dekorative Statuen oder Gemälde abgelenkt, die sich oft in repräsentativen Innenräumen befanden.

Der Ältestenrat (Gerusia) legte die Liste der Themen fest, die in einer Apella-Sitzung zu besprechen waren, und eine Sitzung konnte viele Stunden dauern. Heftige Kontroversen waren an der Tagesordnung, aber zu jedem Thema musste ein Konsens gefunden werden.

Ursprünglich konnte die Apella ohne Gegenstimme entscheiden, aber um das 7. Jahrhundert bemerkten die Könige von Sparta, wie leicht Entscheidungen durch das Volk getroffen werden konnten. Um die Gefahren solcher Freiheiten einzudämmen, wurde die Große Rhetra dahingehend geändert, dass die Gerusia ein Vetorecht erhielt. Von nun an konnten die Ältesten einen Beschluss der Apella ablehnen, wenn sie ihn aufgrund ihrer Weisheit und militärischen Erfahrung für ungeeignet hielten. Außerdem moderierten die Ephoren und Geronten jede Sitzung der Apella.

Gemäß der spartanischen Verfassung konnten die an der Apella teilnehmenden Bürger über das Königtum, die Thronfolge, die Außenpolitik, den Krieg, die Friedensverträge, das Heer und die Gesetzgebung beraten. Die wichtigste Aufgabe der Apella war die Wahl der Ephoren und Geronten. Die Ephoren wurden jedes Jahr neu gewählt, die Geronten jedoch, wie oben beschrieben, auf Lebenszeit.

Lykurgs Vision für die Apella war, dass die Bürger Spartas Teil der Regierung sein und ihre Stimmen gehört werden sollten – und das im wahrsten Sinne des Wortes.

Das Ephorat: Politische Göttlichkeit

Es ist unmöglich, über die Geschichte Spartas zu sprechen, ohne auf eine besondere Institution zu stoßen, die aus fünf Männern bestand, die sich die Macht mit den Königen von Sparta teilten: die Ephoren.

Die Geschichtsschreiber Plutarch und Herodot waren sich über den Ursprung der Ephoren, die vielleicht der mächtigste Posten in Sparta waren, nicht einig.

Nach Plutarchs Bericht entstanden die Ephoren zu einer Zeit, als Sparta in die Messenischen Kriege verwickelt war. Die beiden Könige Spartas waren viele Jahre nicht auf ihren Thronen und hinterließen ein Führungsvakuum. Eine dauerhafte Lösung wurde gefunden, indem ein

Gremium von Männern gewählt wurde, das Sparta regierte, während die Könige im Krieg waren.

Herodot widerspricht dem vehement und behauptet, dass die Ephoren schon lange vor den Messenischen Kriegen existierten. Seiner Meinung nach war das Ephorat eine weitere politische Erfindung des großen Lykurg. Diese Institution war eine Idee, die durch das Orakel inspiriert wurde, als Lykurg seine berühmte Beratung in Delphi abhielt.

Glücklicherweise schmälern diese widersprüchlichen Berichte über die Entstehung des Ephorats nicht das, was über seine Funktionen und Befugnisse bekannt ist.

Was die Mitgliedschaft betrifft, so war das Ephorat, wie auch die anderen Zweige der spartanischen Regierung, nur für Männer bestimmt. Fünf Männer im Alter zwischen dreißig und sechzig Jahren konnten zu Ephoren gewählt werden. Es ist nicht bekannt, warum es genau fünf sein mussten, aber einige historische Berichte lassen vermuten, dass Sparta aus fünf Städten bestand, die jeweils einen Ephoren stellten. In diesem Fall würde eine gleichberechtigte Vertretung die Einheit zwischen den kleineren Städten gewährleisten.

Eine Zeichnung der Ephoren aus dem 19. Jahrhundert.[22]

Das Ephorat besaß die höchste politische Autorität im spartanischen Staat, mehr noch als die Gerusia. Die Ephoren wurden wegen ihrer politischen und geistlichen Bedeutung so sehr verehrt, dass sie von der Ehrerbietung gegenüber den Königen befreit waren.

Es ist davon auszugehen, dass die Einrichtung des Ephorats von den Männern Spartas als eine weitreichende Möglichkeit zur Erlangung politischer Macht angesehen wurde. Während die Ämter in der Gerusia den Adeligen vorbehalten waren und bis zu deren Tod in deren Händen blieben, konnten die Ämter im Ephorat auch von Armen bekleidet werden. Jeder Ephor konnte nur ein Jahr im Amt bleiben und nicht wiedergewählt werden, egal wie gut er seine Arbeit verrichtete.

Diese Ausschließlichkeit mag von Lykurg in gutem Glauben entworfen worden sein, ist aber inzwischen als Fehler kritisiert worden. Diese Männer wussten, dass sie nur ein Jahr an der Macht waren und dass sie in dieser Zeit vor Strafverfolgung sicher waren. So kam es zu zahlreichen Fällen, in denen Ephoren korrupt waren, Forderungen stellten und Bestechungsgelder annahmen, um ihren Reichtum zu vermehren.

Andererseits konnten Ephoren nach Ablauf ihrer Amtszeit von ihren Nachfolgern strafrechtlich verfolgt werden. Ein Ephor namens Kleandridas wurde beispielsweise für schuldig befunden, Bestechungsgelder von den Athenern angenommen zu haben. Er wurde, zusammen mit dem ebenfalls für schuldig befundenen amtierenden König Pleistoanax, verbannt.

Die Aufgaben des Ephorats waren vielfältig, so dass es verständlich ist, dass ein Spartaner dieses Amt nur ein Jahr in seinem Leben bekleiden konnte. Zunächst waren die Ephoren Berater der Könige von Sparta. Jeden Monat legten die Ephoren einen Eid auf die Könige ab, ein heiliges Ritual, das durch das Orakel besiegelt wurde. Da die Ephoren die Hüter des Gesetzes waren, konnten die Könige ihren Rat nicht ablehnen. Sie berieten sich mit den Ephoren in allen Fragen, die die Zukunft Spartas betrafen. Da die Könige Spartas zu dieser Zeit selten in allen Angelegenheiten übereinstimmten, dienten die Ephoren auch als Vermittler.

In Kriegszeiten konnte ein spartanischer König nur mit Zustimmung der Ephoren den Krieg erklären oder Truppen in Marsch setzen. Zwei der fünf Ephoren begleiteten die Könige auf das Schlachtfeld, um sicherzustellen, dass die Kriegsführung den spartanischen Gepflogenheiten entsprach. Obwohl die Könige die Befehlshaber waren, übten die Ephoren die Autorität hinter den Kulissen aus.

Die Ephoren vertraten das Volk Spartas nach außen. Sie konnten als Gesandte auf diplomatische Missionen geschickt werden und ausländische Gäste im Namen Spartas empfangen. Darüber hinaus konnten die Ephoren bei Vertrags-, Kriegs- und Friedensverhandlungen den Vorsitz führen. Dies gab ihnen die Macht, die Sitzungen der Gerusia und der

Apella zu leiten und endgültige Entscheidungen zu treffen, wenn das Volk zu unorganisiert war, um dies selbst zu tun.

Die richterlichen Funktionen des Ephorats ähnelten denen der Gerusia. Schwere Verbrechen wie Mord, Hochverrat und Missachtung spartanischer Sitten (insbesondere durch Könige) wurden vor die Ephoren gebracht, um dort verhandelt und bestraft zu werden. Nur die Ephoren hatten das Recht, die Todesstrafe zu verhängen und Könige abzusetzen.

Nach dem Gesetz durften die Ephoren nicht tatenlos zusehen, wenn ein spartanischer König ohne Erben blieb. Sie durften sich in private Eheangelegenheiten einmischen, solange dadurch die Erbfolge und die Stabilität Spartas nicht gefährdet wurden.

Diese mächtigen Männer waren eigentlich nur dem Orakel unterworfen. Sie hatten einen göttlichen Status, da sie als Sprachrohr der Götter galten und die Könige nach den Vorgaben des Orakels berieten. Im Wesentlichen waren die Ephoren geistliche Führer.

Die Kehrseite der Medaille war, dass die Ephoren so mächtig waren, dass sie jedes Jahr die wahllose Tötung von Heloten anordnen konnten. Das Ephorat hatte die Krypteia fest im Griff, und um sicherzustellen, dass die Heloten keinen Aufstand wagten, schickten die Ephoren ausgebildete Krieger aus, um die lästigen Heloten zu beseitigen. Mehrfach fielen Perioken (Einwohner Spartas, die keine Bürgerrechte besaßen) diesen willkürlichen Massakern zum Opfer.

Die Ephoren mischten sich auch in die Angelegenheiten der Agoge ein. Sie sorgten dafür, dass die Disziplin nicht nachließ. Wenn in Sparta ein Kind geboren wurde, egal ob Junge oder Mädchen, wurde es von den Ephoren auf körperliche Schwächen untersucht. Jungen, die diesen Test bestanden hatten und in die Agoge aufgenommen wurden, mussten sich bis ins Erwachsenenalter alle zehn Tage einer körperlichen Untersuchung unterziehen. Dies machte die Institution der Ephoren in Sparta gesellschaftlich relevant, solange sie existierte.

Die Doppelherrschaft: Eine Herrschaft zweier Könige

Sparta war bei weitem nicht so groß wie das Persische Reich, und doch herrschten dort zwei Könige gleichzeitig. Das zeigt, wie sehr die alten Spartaner Ordnung und Organisation geliebt haben müssen, aber es gibt noch andere faszinierende Untertöne.

In jedem spartanischen Haushalt wuchsen die Kinder mit Geschichten auf, die sie lehrten, dass sie stolze Nachkommen von Herakles, dem Sohn des Zeus, waren. Die spartanischen Könige wurden von Thukydides selbst als „Samen des Halbgottes, des Sohnes des Zeus" geheiligt. Dies war eine

Anspielung auf Herakles, der in der griechischen Mythologie der Vater der himmlischen Zwillinge und der direkte Vorfahre von Aristodemos, dem Herakliden, war. Der Überlieferung nach waren die Zwillingssöhne des Aristodemos, Eurysthenes und Prokles, die ersten Doppelkönige Spartas.

Weniger mythologisch betrachtet hat die diarchische Natur der spartanischen Monarchie einen anderen Ursprung in dem Bestreben, den Frieden zwischen den beiden herrschenden Familien zu fördern und zu verhindern, dass ein einzelner Mann eine so große Machtfülle besaß.

Herodot hat eine andere Erklärung. Seiner Meinung nach wurde das Doppelkönigtum Spartas eingeführt, um die alte herrschende Klasse, die Achäer, zu entschädigen, die während der Invasion der Dorer entmachtet worden waren. König Kleomenes I. sagte einmal laut, er sei Achäer und kein Dorer.

Ob als himmlisches Zwillingspaar oder als Mittel zur Lösung von Konflikten zwischen Familien und Stämmen – die Herrschaft zweier Könige blieb in Sparta über Jahrhunderte hinweg in Mode.

Spartas Größe wurde durch die Taten seiner Könige in der Schlacht verkörpert. In der Geschichtsschreibung waren die spartanischen Könige eher militärische Befehlshaber als politische Staatsoberhäupter. Da sie den größten Teil ihres Lebens auf dem Schlachtfeld verbrachten, hatten sie wenig Zeit, sich in die spartanische Politik einzumischen. Diese blieb weitgehend dem Ephorat überlassen.

Wenn die Könige Sparta und andere Teile Griechenlands nicht in den Krieg führten, übten sie beträchtliche religiöse und richterliche Macht aus. Sie waren ständige Mitglieder der Gerusia und berieten, wie der Rest des Rates, über Angelegenheiten, die Sparta und sein Volk betrafen, wenn auch unter der Leitung des Ephorats.

Die Könige wurden als Günstlinge der Götter verehrt und waren somit die obersten Priester Spartas. Sie führten die religiösen Riten und Zeremonien durch und überwachten die vom Orakel geforderten Opfergaben an die Götter. Die Könige konnten ohne den Segen des Orakels durch die Ephoren keine Entscheidungen treffen, wurden aber von ihrem Volk als Könige verehrt.

Die beiden Könige teilten sich die Macht, was oft zu Konflikten bei Entscheidungen führte. Die Ephoren wurden eingeschaltet, um zwischen den beiden Königen zu vermitteln und den Konflikt zu lösen.

Leonidas I., der siebzehnte König der Agiaden-Dynastie und Sohn des Königs Anaxandridas II., gilt als der berühmteste spartanische König der Geschichte – in scharfem Kontrast zu seinem Mitkönig Leotychidas, dessen Verrat mit einer schmachvollen Verbannung endete. König Leonidas ist vor allem dafür bekannt, dass er sich mit seinen dreihundert spartanischen Kriegern am Pass der Thermopylen dem riesigen Heer des Xerxes entgegenstellte.

Sozialstruktur

Wer im antiken Sparta durch die Straßen ging, dem fiel schnell etwas auf: Die Menschen waren alles andere als gleich.

Das lag daran, dass Sparta nach einem starr geregelten Sozialsystem funktionierte, das seine Bürger (Spartiaten) gegenüber anderen bevorzugte. Das spartanische Bürgerrecht unterschied sich von dem anderer Gesellschaften und war schwerer zu erlangen, als zu verlieren. Niemand, mit Ausnahme vielleicht der königlichen Familie, konnte allein durch Geburt Bürger sein. Um die Bürgerschaft zu erlangen, musste man hart arbeiten - harte Arbeit, die nichts für Schwächlinge war. Einmal Bürger geworden, verbrachte ein Spartiat den Rest seines Lebens damit, seinen Status zu verteidigen. Verbrechen, Ungehorsam oder Feigheit konnten den Verlust des Bürgerrechts zur Folge haben, was eine schlimmere Strafe als der Tod war.

Während die Könige, Ephoren und Geronten die Macht über die Staatsgeschäfte behielten, genossen nur die Bürger Spartas wirkliche Freiheit. Ironischerweise stellten diese Bürger Spartas nicht die Mehrheit der Bevölkerung dar. Sie waren die Minderheit, aber war das nicht der Sinn einer Oligarchie?

Spartiaten: Die wenigen Privilegierten

An der Spitze der Gesellschaftspyramide des klassischen Sparta standen die Spartiaten, die anerkannten Bürger Spartas. Die Bürgerrechte wurden den Männern in der staatlich geförderten Agoge verliehen. Dort wurden Jungen zu starken, treuen und nahezu unbesiegbaren Spartiaten ausgebildet und im Kampf erprobt. Wenn sie in der Schlacht starben oder lebend und siegreich zurückkehrten, waren sie wahre Spartiaten und genossen die damit verbundenen unbegrenzten Möglichkeiten.

Nichtadelige konnten Sparta als Ephoren und Geronten dienen, wenn sie gewählt wurden. Spartiaten mussten nicht gewählt werden, um der Apella, der angesehenen Volksversammlung, anzugehören.

Männliche Bürger durften nur Frauen gleichen Standes heiraten, und jedes Kind, das in eine spartanische Familie hineingeboren wurde, hatte die Chance, ein echter Spartiat zu werden. Sowohl männliche als auch weibliche Spartiaten konnten Land besitzen, das von den Heloten bewirtschaftet wurde.

Ein weiteres Privileg der Spartiaten bestand darin, dass weder Männer noch Frauen gesetzlich verpflichtet waren, für ihren Lebensunterhalt zu arbeiten. Obwohl sie die einzige Bevölkerungsgruppe waren, die uneingeschränkte gesetzliche Rechte auf Wohlstand, Freiheit, staatlichen Schutz und Bildung besaßen, waren die Spartiaten nicht verpflichtet, einer gewerblichen oder handwerklichen Tätigkeit nachzugehen.

Die einzige Vollzeitbeschäftigung eines echten spartanischen Mannes war es, Krieger zu sein oder sich darauf vorzubereiten. Für die Frauen gab es nur das Gebären von Kindern, körperliche Ertüchtigung und Hausarbeit. Die Periöken und Heloten bildeten die Bevölkerung der Hand- und Hilfsarbeiter.

Die Periöken: irgendwo in der Mitte

Die zweite soziale Schicht der spartanischen Gesellschaft führte kein besonders hartes Leben, zumindest im Vergleich zu den Heloten. Diese als Periöken (altgriechisch perioikoi) bekannte Klasse repräsentierte die Einwohner Spartas, die keine Bürger waren. Sie stellten einen Großteil der Bevölkerung Lakoniens und Messeniens, die beide Vasallen Spartas waren.

Diese Personen genossen gewisse Rechte. Während viele Periöken nicht als Spartaner geboren wurden, waren einige von ihnen Spartaner, die es versäumt hatten, sich der Agoge anzuschließen, oder ehemalige Spartaner, die degradiert worden waren, vielleicht weil sie ihren finanziellen Verpflichtungen gegenüber der Regierung nicht nachgekommen waren.

Diese Bevölkerungsgruppe beherrschte den kommerziellen Sektor der spartanischen Gesellschaft. Sie stellten Waffen und Rüstungen her, waren Handwerker, Bauern, Händler und Kaufleute. Die Mutigsten unter ihnen konnten an den Feldzügen Spartas teilnehmen und an der Seite der Hopliten und Heloten kämpfen. Die Periöken konnten, wenn sie sich in ihrem Geschäft oder im Kampf genügend anstrengten, mit dem Bürgerrecht belohnt werden, was aber von den Spartanern nur selten gewährt wurde.

Die Periöken hatten zwar gewisse Rechte auf Landbesitz, durften aber weder wählen noch Führungspositionen bekleiden. Von Zeit zu Zeit wurden sie Opfer koordinierter Angriffe, die sich gegen die unterste soziale Schicht des klassischen Sparta richteten: die Heloten.

Die Heloten: die Masse der Sklaven

Sparta war die Heimat der Spartiaten und Periöken, aber es gab noch eine andere Klasse. Diese Menschen galten als Abschaum der Gesellschaft und wurden manchmal schlimmer als Tiere behandelt. Die

Rede ist von den Heloten.

Das Leben eines Heloten war im antiken Sparta nicht begehrt. Es gibt zwar verschiedene Berichte über ihre Entstehung, aber zweifellos waren die Heloten Sklaven, die dem Staat gehörten und so gut wie keine Rechte und Freiheiten besaßen.

In jedem spartanischen Haushalt gab es Heloten, die Haus- und Hilfsarbeiten verrichteten. Sie ruderten die Kriegsschiffe und dienten in der Schlacht als Soldaten. Das machte es für die Heloten fast unmöglich, in ihrem Leben etwas zu tun, was besondere Anerkennung verdiente oder zur Bürgerwürde führte.

Ein wichtiger Unterschied zwischen den Sklaven in anderen Teilen der Welt und den Heloten in Sparta bestand darin, dass die Heloten nicht Eigentum einer einzelnen Person waren. Die Regierung behielt sich das Recht vor, sie nach Belieben einzusetzen und umzuverteilen, und ihre Arbeit wurde nur mit Kost und Logis entlohnt.

Es gibt genügend historische Quellen, die die schlechte Behandlung der Heloten durch ihre spartanischen Herren belegen. Sie wurden gedemütigt und für Fehlverhalten oder Untätigkeit hart bestraft. Manchmal bestraften die Spartaner sie auch nur, um sie an ihren Platz zu erinnern. Die Spartaner waren dafür bekannt, ihre Heloten mit Wein abzufüllen und sie in der Öffentlichkeit lächerlich zu machen, um sich zu amüsieren, oder sie als Lektion für ihre Kinder zu benutzen, um Trunkenheit zu vermeiden.

Die Heloten konnten nicht davon träumen, ein politisches Amt zu bekleiden oder in irgendeiner Weise Einfluss auf die spartanische Gesellschaft auszuüben. Stattdessen mussten sie den Hass ihrer Herren ertragen und ständig auf der Hut sein, dass die spartanische Krypteia nicht im Verborgenen lauerte.

Die Verbindung

Oberflächlich betrachtet gab es kaum Berührungspunkte zwischen den drei Gesellschaftsschichten, die im klassischen Sparta blühten. Nichts konnte die Periöken und Heloten auf eine Stufe mit den freien Bürgern stellen. Geographisch gesehen lebten sie nicht in denselben Siedlungen.

Obwohl die Heloten in den spartanischen Haushalten und auf den Feldern arbeiteten, kehrten sie am Ende des Tages in ihre Quartiere oder Siedlungen zurück. Die Periöken zogen sich in ihre Siedlungen zurück, nachdem sie die Märkte oder andere Handelsplätze verlassen hatten. Da die Heloten und Periöken ihre ursprüngliche Religion frei ausüben konnten, verbanden auch spirituelle Aktivitäten und Feste diese Schichten nicht.

Der tägliche Kontakt untereinander änderte nichts an der Tatsache, dass die Einwohner Spartas in verschiedenen Welten lebten – bis auf eine Sache, die in Sparta häufig vorkam: Krieg. Wie Sie in diesem Buch gelesen haben, nahmen Kriege einen großen Teil der Geschichte Spartas ein. Diese Kriege waren die einzigen Zeiten, in denen jeder Helot, Perioke oder Spartiate für sich selbst und für Sparta kämpfte. Jeder spartanische Krieger, egal welcher Kaste er angehörte, stand Seite an Seite, um den Ruhm Spartas zu mehren.

In Sparta war der Krieg der einzige wahre Gleichmacher.

Kapitel 15 – Spartas Kriegsführung

Auf dem Schlachtfeld wurden die besten Soldaten der antiken Welt, wie die mächtigen Spartaner, getestet und geprüft. Jeder Mann, der die Agoge heil überstand, war es wert, auf dem Schlachtfeld gegen die vielen Feinde Spartas zu kämpfen.

Als Xerxes eines der schrecklichsten Monster entfesselte, das die Welt je gesehen hatte – eine wilde Bestie aus Hunderttausenden von Fußsoldaten und Reitern – führten die Spartaner die heldenhafte Verteidigung an. Flankiert von ihren griechischen Verbündeten kämpften die Spartaner mit Schwertern, Schilden, Speeren und unter Einsatz ihres Lebens gegen das Ungeheuer, bis Griechenland den Sieg davontrug.

Spartas Rolle bei der Abwehr der Perser schuf einen Präzedenzfall in der Kunst der Kriegsführung, den kein griechischer Stadtstaat übertreffen konnte. Und eine solche Leistung konnte nur durch die rohe Kraft eines spartanischen Kriegers, seine überlegene Rüstung, seine unstillbare Liebe zu Sparta und die unzerbrechliche Bindung zu seinen Waffenbrüdern erreicht werden, die von Kindheit an gepflegt wurde und bis zu seinem Tod Bestand hatte.

Trotz ihrer meist geringeren Anzahl bewiesen die Spartaner immer wieder, dass „ein Spartaner mehrere Männer wert war".

Spartas Waffenkammer

Kein Soldat, wie mutig oder leichtsinnig er auch sein mochte, zog unbewaffnet gegen bewaffnete Truppen in den Krieg und überlebte, um davon zu berichten zu können. Selbst die mythischen griechischen Götter, die auf dem Olymp residierten, ließen sich von Hephaistos, dem Gott der Schmiede, Waffen anfertigen.

Ein wesentlicher Bestandteil der spartanischen Agoge war der Umgang mit Waffen und Rüstung. Jahrelang trainierten die Jungen ihre Körper, um sich an das Gewicht der spartanischen Waffen zu gewöhnen und zu lernen, wie man sie am besten führte. Sobald die Knaben dies beherrschten, waren ihre Bewegungen mit den Waffen fließend und natürlich.

Für einen kleinen Stadtstaat besaß Sparta eine beeindruckende Waffensammlung.

Die Aspis: der doppelschichtige Schild

Wenn man sich die Schilde der Spartaner ansieht, ist der erste Gedanke wahrscheinlich: „Mann, sind die groß!" Sie hatten einen Durchmesser von fast einem Meter und waren ebenso groß wie schwer. Diese Bauweise war beabsichtigt.

Die Aspis (auch Hoplon genannt) war aus hochwertigem Eichenholz gefertigt und mit einer Bronzeschicht überzogen, die ihr Glanz und Schutz verlieh.

Ein Rundschild, der vermutlich aus der Schlacht von Pylos im Jahr 425 v. u. Z. stammt.[23]

Diese Schilde schützten die spartanischen Krieger während der Perserkriege vor dem Pfeilhagel der Perser. Die Spartaner bildeten mit ihren Schilden einen undurchdringlichen Schutzwall aus Bronze, der sowohl offensiv als auch defensiv eingesetzt werden konnte.

Die Aspis wog etwa 8 Kilo, was bedeutet, dass es einige Kraft kostete, sie über mehrere Stunden zu tragen. Glücklicherweise waren die Spartaner aus Stahl und hatten gelernt, diese Schilde zu tragen, lange bevor sie Männer wurden.

Die Schilde konnten aufgrund ihrer Größe tödliche Verwundungen verursachen, wenn sie dazu eingesetzt wurden, einen Feind zu erschlagen, und die Spartaner nutzten dies zu ihrem Vorteil. Sie zerschmetterten die Körper ihrer Feinde mit einem einzigen Schlag und bildeten mit ihren Schilden undurchdringliche Verteidigungslinien.

Der Schild reichte von den Schultern bis zu den Knien und bedeckte den gesamten Oberkörper. Jeder Schild hatte eine Halterung für den Unterarm, um die Beweglichkeit und Manövrierfähigkeit zu erleichtern.

Moderne Darstellungen der Antike zeigen griechische Schilde mit Wappen, und die Schilde der Spartaner trugen den griechischen Buchstaben „Lambda", dessen Symbol ein umgekehrtes „V" war. Lambda entspricht dem Buchstaben „L", der für „Lakedaimon" stehen soll, eine Anspielung auf die Heimat der Spartaner.

Viele Historiker kritisieren diese Darstellungen jedoch als falsch und argumentieren, dass die Schilde der alten Spartaner kein Staatseigentum, sondern Privatbesitz waren. Die Leute gestalteten ihre Schilde mit oder ohne Wappen und konnten sie in die Schlacht mitnehmen, solange sie die erforderlichen Maße hatten. Andere sind der Meinung, dass die Hopliten die Schilde Spartas mit dem Lambda-Wappen benutzten, allerdings erst ab der Zeit des Peloponnesischen Krieges. Leider leben die Spartaner dieser Zeit nicht mehr, um Klarheit zu schaffen.

Ein weiteres einzigartiges Merkmal der spartanischen Schilde war, dass sie konvex waren, was bedeutete, dass sie auf dem Wasser treiben konnten. Die Spartaner konnten auf ihren Schilden Flüsse überqueren, ohne zu ertrinken.

Schilde symbolisierten die Widerstandskraft, die Tapferkeit und den Mut eines Heeres, und die Spartaner waren stolz auf ihre Schilde. Väter gaben ihre Schilde als Erbstücke an ihre Söhne weiter, und sie durften niemals verloren gehen, nicht einmal im Tod. Ein spartanischer Krieger konnte seinen Speer oder sogar sein Schwert verlieren, aber niemals seinen Schild. Das wäre eine große Schande.

Deshalb warf jeder Spartaner, der in den Krieg zog, einen Blick auf seinen Schild und erinnerte sich an die Worte seiner Frau oder Mutter: „Komm mit deinem Schild nach Hause oder auf deinem Schild".

Das Dory: Speere und Wurfspeere

Der spartanische Speer war eine weitere Waffe, die auf dem Schlachtfeld erbarmungslose Zerstörung anrichtete. Das Dory war zwei bis drei Meter lang und muss daher unglaublich schwer gewesen sein. Trotzdem hielten ihn die spartanischen Soldaten in der einen Hand und trugen in der anderen ihren Schild.

Spartanische Speere bestanden aus Holz für den Schaft und schwerem Eisen für die flache, blattförmige Spitze. Die Speerspitze war tödlich, wenn sie in die richtige Stelle des Körpers gestoßen wurde, und ihre aerodynamische Form ermöglichte es, sie über größere Entfernungen als andere Speere einzusetzen.

Was den spartanischen Speer wirklich einzigartig machte, war seine dicke Bronzespitze am hinteren Ende. Diese Spitze diente zwei Hauptzwecken: zur Stabilisierung des Speergewichts und als Sekundärwaffe. Wenn die Spitze des Speeres im Kampf abbrach, konnten die Spartaner mit dem hinteren Ende des Speeres erheblichen Schaden anrichten. Am Ende einer Schlacht konnte man beobachten, wie die Spartaner die Verwundeten mit beiden Seiten ihrer Speere töteten.

Vor allem aber wurden die spartanischen Speere in der Phalanx eingesetzt, um feindliche Soldaten auf Distanz zu halten. Die zusätzliche Länge des Dorys verschaffte den Spartanern einen weiteren Vorteil: Soldaten, die zu nahe kamen, konnten von den Hopliten getötet werden.

In den Perserkriegen zeigte sich die Überlegenheit der spartanischen Speere. Die Perser hatten kürzere und schwächere Speere gegen das eindrucksvolle spartanische Dory.

Da das spartanische Dory nur eine begrenzte Wurfweite hatte, führten die Spartaner auch Wurfspeere mit sich. Da der Krieg ihre Hauptbeschäftigung war, waren die Spartaner in fast allen Bereichen der Kriegsführung sehr gut. Sie würden niemals mit schlecht gefertigten oder unzureichenden Waffen in die Schlacht ziehen. Zu jedem Dory gehörte ein Wurfspeer. Wurfspeere waren die am weitesten reichenden Waffen. Mit ihrer Hilfe konnten feindliche Linien durchbrochen und gegnerische Formationen gestört werden.

Xiphos und Kopis: Tödliche Klingen

Die spartanische Phalanx konnte den Feind nicht ewig auf Distanz halten, vor allem wenn dieser mit einer Phalanx zum Gegenangriff überging. In dieser Situation konnten die beiden Schildwälle der gegnerischen Heere zusammenstoßen, wodurch die feindlichen Truppen zu nahe an die Phalanx herankamen, um Speere oder Lanzen effektiv einsetzen zu können.

In anderen Fällen konnten die geschlossenen Linien der Spartaner durch eine angreifende Kavallerie oder eine schlagkräftige Infanterie durchbrochen werden, woraufhin sich der Feind auf die spartanischen Krieger stürzte und sie gnadenlos niedermetzelte.

Für den Nahkampf brauchte man daher eine andere Waffe, die kürzer, präziser und ebenso tödlich war. Dies war das Xiphos, ein zweischneidiges Schwert aus der Eisenzeit. Die Spartaner, die sich nicht scheuten, ihre Feinde aus jeder Entfernung zu bekämpfen, fertigten ihre Xiphe (Plural von Xiphos) mit einer Länge von 30 cm, also kürzer als das griechische Standardmodell mit 50 cm. Auf dem Weg in die Schlacht steckte der spartanische Soldat sein Xiphos in die Scheide und befestigte es an seinem Schultergurt hängen.

Moderne Rekonstruktion eines Xiphos.[34]

Auf der anderen Seite benutzten die Spartaner für den Kampf gegen feindliche Soldaten zu Pferd ein längeres Schwert mit einer Schneide, das Kopis genannt wurde. Seine dicke, gebogene Oberklinge verlieh ihm die vernichtende Kraft einer Axt, mit der feindliche Reiter vom Pferd geworfen werden konnten.

Moderne Rekonstruktion eines Kopis.[25]

Schwerter mögen zwar Sekundärwaffen gewesen sein, aber die Spartaner, die sich im Krieg befanden, beherrschten auch ihren Gebrauch. Die Agoge brachte die Besten der Besten hervor.

Spartanische Rüstung und Militärtaktik

Das Heer war das Herzstück der Existenz Spartas. Und für einen Stadtstaat, der seine Macht bald auf die gesamte Peloponnes ausdehnte, waren Kriege unvermeidlich. Die Spartaner erlangten schnell die Furcht und den Respekt ihrer Nachbarn als Kriegsmaschinen, die den Tod einer Niederlage vorzogen. Vom 7. bis zum 4. Jahrhundert v. u. Z. erlebte Sparta eine Blütezeit, und seit der Zeit des großen Lykurg wurde die Qualität der Männer in den militärischen Reihen Spartas nie wieder in Frage gestellt.

Die Spartaner trugen ihre langen purpurroten Mäntel, bronzene Helme mit Pferdehaar im korinthischen Stil, lederne Armschienen und Beinschienen aus Metall. Sie führten ihre Schilde und verschiedene Waffen mit sich. Im Wesentlichen ging es den spartanischen Soldaten darum, den Feind einzuschüchtern.

Über das rein Körperliche hinaus kämpften die Spartaner jedoch als eine einzige, starke Einheit. Sie waren bereit, für Sparta zu sterben, hatten aber auch geschworen, sich auf dem Schlachtfeld gegenseitig zu schützen – das war der eigentliche Zweck der Phalanx.

Die Phalanx

Die Phalanx war eine im antiken Griechenland übliche Verteidigungsformation in der Schlacht, aber die Spartaner waren eine Klasse für sich. Sie hatten die strengste Form der Ausbildung der damaligen Zeit durchlaufen und waren dafür bekannt, dass sie einen soliden Schildwall länger halten konnten als die meisten anderen. Dies war wahrscheinlich auf den spartanischen Ehrenkodex zurückzuführen.

Dieser heilige Kodex erkannte alle Soldaten als gleich an und verbot das leichtsinnige Verlassen der Formation und den Selbstmord. Kein Soldat durfte in einem unbedachten Wutanfall sterben oder seine Brüder im Kampf im Stich lassen. Er durfte seinen Schild nicht fallen lassen oder verlieren, denn das wäre höchst unehrenhaft gewesen. Vor allem aber durfte kein Soldat die Formation verlassen. Davon hing das Überleben des gesamten spartanischen Heeres ab.

Die Phalanxformation war in der Theorie einfach. Ein Kontingent von Spartanern stellte seine großen Schilde zu einem dichten Wall auf, ein anderes Kontingent steckte lange Lanzen durch kleine Öffnungen im Schildwall. Diese Formation diente der Verteidigung und machte es feindlichen Truppen oft schwer, die spartanischen Linien zu durchbrechen.

Um die Mauer zu verstärken, standen die spartanischen Soldaten Schulter an Schulter in mehreren Reihen hintereinander, wobei der nächste Mann bereit war, den Vordermann zu ersetzen, falls dieser getötet wurde. Wurde die Phalanx von einem Pfeilhagel angegriffen, legten die Spartaner schnell ihre Speere nieder und bildeten einen Schildwall zur Verteidigung.

Im Kampf bestand die typische spartanische Phalanx aus mindestens acht Reihen. Der Einsatz der Phalanx im Angriff war schwieriger, da die Männer im Gleichschritt vorrücken mussten, ohne den Schildwall aufzulösen. Eine solch perfekte Koordination und Teamarbeit war fast nur bei den Kriegern Spartas zu finden.

So aufregend es für die Spartaner gewesen sein muss, sich in Formation aufzustellen, um ihre Feinde zu besiegen, so hatte die Phalanx doch ihre Grenzen. Da jeder Spartaner seinen Speer in der rechten und seinen Schild in der linken Hand hielt, war der linke Flügel anfälliger für Angriffe.

Ein weiterer Nachteil der spartanischen Phalanx bestand darin, dass sie in unebenem oder hügeligem Gelände nicht wirksam genutzt werden konnte. Die Hopliten benötigten flaches Gelände, um ihre Formation undurchdringlich zu halten. Daher lockten sie den Feind in der klassischen spartanischen Kriegstaktik dorthin, wo sie einen Geländevorteil hatten.

Schließlich konnte es bei längeren Kämpfen zu einer Schwächung der vordersten Linie kommen. Nur die Stärksten unter den spartanischen Truppen hielten die Front, aber auch ihre Kraft konnte erschöpft sein oder sie konnten getötet werden. Die mittleren Reihen waren oft schwächer und konnten einem Angriff nicht lange standhalten. Deshalb konnten die spartanischen Soldaten nicht lange in Verteidigungsstellungen verharren. Sie drängten die wütenden feindlichen Truppen zurück, indem sie sie mit ihren Lanzen und Kurzschwertern angriffen, während sie langsam hinter ihren Schildmauern vorrückten. Wenn die erste Reihe fiel, bedeutete das für die Spartaner in der Regel eine Niederlage.

Aber die Spartaner waren Krieger, und ihr Ruf in ganz Griechenland und darüber hinaus war der von Männern, deren Verteidigung niemals wankte.

Schlachtrituale

Bevor die spartanischen Könige in den Krieg zogen, brachten sie Zeus Brandopfer in Form von Schafen und Ziegen dar und fragten ihn, ob sie in die Schlacht ziehen dürften. Stimmte das Orakel zu, wurden die für das Opfer geschlachteten Tiere von den Soldaten gegessen.

Während andere zum Klang der Kriegstrommeln in die Schlacht zogen, brachten sich die Helden Spartas mit sanften Flötenklängen ein Ständchen. Sie sangen Lieder, die an ihre Liebe und ihren Stolz auf Sparta erinnerten.

Nach einem langen, blutigen Tag sammelten die Spartaner ihre Toten und trugen sie auf ihren Schilden zur letzten Ruhestätte. Für Krieger wie Leonidas, deren Tapferkeit außergewöhnlich und ungewöhnlich war, wurden nationale Denkmäler aus Stein und Eisen errichtet. In dieser Zeit waren auch Heldenkulte weit verbreitet, die dazu dienten, das Andenken an herausragende spartanische Krieger über Generationen hinweg zu bewahren.

Die überlebenden spartanischen Soldaten trauerten um ihre gefallenen Waffenbrüder und nahmen mit Ritualen Abschied von ihnen. Wenn sie anschließend siegreich waren, feierten sie.

Die Krypteia: Staatliche Mörder

In vielen antiken Geschichten war Sparta ein Held, der Retter Griechenlands und der Stolz der Peloponnes.

In dieser Geschichte jedoch war Sparta ein schrecklicher Bösewicht – ein Bösewicht, dessen ungeheurer Appetit nie gestillt werden konnte, egal wie viele Sklaven er verschlang. Diese düstere Geschichte handelt von einer Gruppe skrupelloser spartanischer Guerillakämpfer, die jeden Herbst nach Lakonien geschickt wurden.

Plutarch berichtet, dass es sich um junge, kräftige Männer handelte, die gerade der Agoge entwachsen waren. Niemand weiß jedoch genau, wann die Krypteia gegründet wurde. Einige antike Quellen führen die Gründung auf die Zeit der Lykurgischen Reformen im 7. Jahrhundert v. u. Z. zurück. Historikern wie Plutarch fällt es jedoch schwer zu glauben, dass Lykurg der Kopf hinter einer solchen Einrichtung war, und er sagt: „Ich kann Lykurg gewiss keine so abscheuliche Maßnahme wie die Krypteia zuschreiben, wenn man seine Milde und Gerechtigkeit in allen anderen Fällen bedenkt".

Plutarchs Standpunkt ist logisch, wenn man bedenkt, dass das Wesen der Krypteia in krassem Gegensatz zu dem stand, wofür das spartanische Heer stand. Im Gegensatz zur regulären spartanischen Armee, deren Markenzeichen Organisation und Teamwork waren, lehrte die Krypteia ihre jungen spartanischen Mitglieder Unabhängigkeit, Selbstversorgung und Tarnung.

Die jungen Männer, die der Krypteia zugeteilt wurden, waren die besten ihrer Altersgenossen und bösartige Meister der Verkleidung. Sie wurden mit Dolchen und etwas Proviant losgeschickt. Sie waren wie Raubtiere, die nur eine Art von Beute kannten: ahnungslose Heloten.

Tagsüber spionierten die Männer der Krypteia die Heloten aus und kennzeichneten manchmal die Abtrünnigen und Aufrührer unter ihnen, also diejenigen, die am ehesten zu Aufständen gegen Sparta anstiften konnten. Bei Einbruch der Dunkelheit wurden die Heloten von diesen spartanischen Spionen auf brutalste Weise hingerichtet, meist durch Dolchstiche. Auch andere Heloten, die während der staatlich verordneten Ausgangssperre durch die Straßen zogen oder bis spät in die Nacht auf den Feldern arbeiteten, wurden erbarmungslos getötet.

Diese grausamen Morde wurden vom spartanischen Staat durch das Ephorat nicht nur gebilligt, sondern blieben auch straffrei. Die ersten

Massaker dieser „Geheimpolizei" blieben von den Heloten unbemerkt, doch mit der Zeit wurde klar, dass der Staat Sparta ihnen den Krieg erklärt hatte.

Seit Generationen fürchteten die Spartaner, dass die Heloten eines Tages ihre große Zahl ausnutzen und sich gegen sie erheben könnten, was natürlich eine große Bedrohung für die nationale Sicherheit darstellen würde. Um dies zu verhindern, beauftragte die spartanische Regierung die Krypteia mit der wahllosen Dezimierung der Heloten. Es war eine brutale Art, die Heloten an ihren Platz zu erinnern: unter den Füßen Spartas.

In der *Geschichte des Peloponnesischen Krieges* erzählt Thukydides eine erschreckende Geschichte von zweitausend Heloten, die eines Tages im Jahr 424 v. u. Z. in die Stadt eingeladen wurden. Es war ein ungewöhnlicher Tag, denn die Heloten hatten die Nachricht erhalten, dass ihre spartanischen Herren mit ihnen zufrieden waren und sie für ihre jahrzehntelange harte Arbeit belohnen wollten. Die Heloten wurden aufgefordert, ihre besten Männer als Vertreter zu schicken, um den Lohn in Empfang zu nehmen.

Die Heloten konnten ihr Glück kaum fassen. Um das scheinbare Ende der schwierigen Beziehungen zu den Spartanern zu feiern, schickten sie zweitausend ihrer Besten. Die Spartaner hießen sie willkommen und luden sie zur Verehrung in den Tempel ein. Die Heloten wurden mit Girlanden geschmückt und ihnen wurde die Freiheit von ihrem Sklavenstatus zugesichert. Überglücklich bewegten sich die Heloten frei auf dem Tempelgelände und genossen die neue, süße Luft der Freiheit - bis sie sich in eine schreckliche Fata Morgana verwandelte.

Die zweitausend Heloten starben einer nach dem anderen auf mysteriöse Weise, und die spartanischen Mörder, wurden weder gesucht noch bestraft. Diese Geschichte veranschaulicht den Schrecken, der den Heloten durch die Spartaner und die Krypteia angetan wurde.

In anderen historischen Berichten wird die Krypteia als Übergangsritus für junge Männer dargestellt, die gerade ihre Ausbildung in der Agoge abgeschlossen hatten. Unzählige Heloten wurden jedoch von diesen jungen Spartanern im Dienste des Staates ermordet.

Den Spartanern gelang es zwar, die Heloten zu unterwerfen, aber nur für eine gewisse Zeit. Mit dem Aufkommen einer jüngeren Generation mutiger und rebellischer Heloten brach ein Bürgerkrieg aus. Es war ein Krieg, der das mächtige Sparta fast vernichtete.

Kapitel 16 – Frauen in Sparta

Wie die Geschichte zeigt, war die Lage der Frauen in der Antike kaum erträglich. In einer typischen antiken Gesellschaft waren Frauen den Männern nicht gleichgestellt. Sie waren bestenfalls Hausfrauen, Mütter von Kindern, Sklavinnen oder Kriegsbeute. Sie konnten weder Land noch Eigentum besitzen, sondern waren Eigentum ihrer Väter und später ihrer Ehemänner.

Nichtsdestotrotz wurden Frauen als integraler Bestandteil der Gesellschaft angesehen und man geht davon aus, dass sie ihre Rolle akzeptierten. Die Tatsache, dass Frauen in kulturellen, militärischen und politischen Angelegenheiten im Allgemeinen als unbedeutend angesehen wurden, kann jedoch nicht ignoriert werden.

Es gab einige antike Gesellschaften, die sich nicht an diese Norm hielten, und eine davon war ein kleiner griechischer Stadtstaat auf der peloponnesischen Halbinsel. Die Frauen in Sparta konnten an vielen Bereichen der Gesellschaft frei teilnehmen. Dies wird den genialen Reformen des Lykurg zugeschrieben. Er war der festen Überzeugung, dass Frauen das Fundament der Gesellschaft bildeten und dass die Frauen, die sie zur Welt brachten, ebenfalls stark sein mussten, damit Spartas Geschlecht starker und mutiger Männer fortbestehen konnte.

Mit der Akzeptanz seiner politischen Ideen im 7. Jahrhundert v. u. Z. wurde den spartanischen Frauen eine neue Lebensweise eröffnet, die mehrere Generationen andauern sollte. Im Gegensatz zu ihren Geschlechtsgenossinnen in Athen und anderen Teilen Griechenlands verfügten die Frauen Spartas über eine beträchtliche kulturelle Macht. Ihre Wildheit verschaffte ihnen schnell Ansehen und einen Platz in der Geschichte des antiken Griechenlands.

Heranwachsen

Wenn in Sparta ein Mädchen geboren wurde, wurde es von den Ephoren auf Missbildungen oder Krankheiten untersucht. Es gibt keine Aufzeichnungen darüber, dass nicht gesunde spartanische Mädchen wie Jungen dem Tod überlassen wurden, aber auf die gesunden wartete eine jahrelange Ausbildung.

Spartanische Mädchen durchliefen nicht die Agoge. Stattdessen wurden sie zu Hause von ihren Müttern unterrichtet. Sie lernten Lesen und Schreiben und wurden in Kunst und Musik unterrichtet. Poesie, Tanz, Gesang und das Erlernen verschiedener Musikinstrumente standen im Vordergrund. Bei spartanischen Festen traten die Mädchen in traditionellen Tänzen und anderen Aktivitäten gegen ihre männlichen Mitstreiter an, um Preise und Ruhm zu erringen. Die Mädchen wurden auch in Philosophie unterrichtet, damit sie scharfsinnig und geistreich wurden.

Es scheint, dass die Ausbildung spartanischer Mädchen aus aristokratischen Familien anspruchsvoller war als die der unteren Schichten, aber die Grundlagen waren für alle spartanischen Mädchen zugänglich.

Eine weitere interessante Einzelheit der Kindheit spartanischer Mädchen war, dass sie die gleichen Rationen wie die Jungen erhielten. Die Spartaner vermittelten ihren Kindern von klein auf den Glauben an eine minimalistische Ernährung. Daher waren die Essensrationen nicht geschlechtsspezifisch, wie es den gesellschaftlichen Normen entsprach. Als Erwachsene aßen auch spartanische Mädchen in öffentlichen Speisesälen.

Aber die Ähnlichkeiten zwischen spartanischen Mädchen und Jungen gehen noch weiter. Obwohl die spartanischen Jungen in der Agoge stöhnend und schwitzend ein anstrengendes körperliches Training absolvierten, tat ein spartanisches Mädchen zu Hause genau dasselbe. Mädchen waren im antiken Sparta nicht von körperlicher Ertüchtigung ausgeschlossen. Die Trainingsabläufe waren im Wesentlichen gleich, unabhängig von geschlechtsspezifischen Unterschieden oder individuellen Schwächen. Der einzige Unterschied zum Training der spartanischen Jungen war das Ziel. Spartanische Frauen trainierten nicht für den Krieg, sondern um ihren Körper für die Geburt von Kindern fit und gesund zu halten.

Lykurg glaubte, dass gesunde spartanische Männer und Frauen nur von Frauen mit gesunden Körpern abstammen konnten. Körperliche Ertüchtigung war das Mittel zum Zweck. Deshalb nahmen die spartanischen Mädchen an den gleichen Übungen teil wie die Jungen: Ringen, Laufen, Speer- und Diskuswerfen, Boxen und Reiten.

Wenden wir uns kurz den Olympischen Spielen im antiken Griechenland zu, denn sie waren ein sehr wichtiges Ereignis. Die Griechen betrachteten sie als heilig, und als solche war die Arena kein Ort für verheiratete Frauen, nicht einmal als Zuschauerinnen. Nur unverheiratete Frauen durften den Spielen beiwohnen, jede verheiratete Frau, die in der Arena angetroffen wurde, wurde brutal ermordet.

Pausanias erzählt die Geschichte einer Adligen aus Rhodos namens Kallipateira. Sie verstieß gegen die olympischen Gesetze und verkleidete sich als männlicher Trainer, nur um ihrem Sohn beim Ringen zuzusehen. Sie wurde entdeckt und entging der Todesstrafe nur aufgrund ihres Standes. Dieser Vorfall führte zur Durchsetzung strengerer Gesetze für nachfolgende olympische Veranstaltungen. Von da an mussten männliche Trainer ihre Kleidung ablegen und sich einer gründlichen Kontrolle unterziehen, bevor sie die Arena betraten.

Wie dem auch sei, auch eine andere Frau widersetzte sich den Regeln. Cynisca war bereit, alles in Frage zu stellen, was ihrer Freiheit im Wege stand. Sie war eine spartanische Königstochter, die Tochter des Königs Archidamos II. Sie besaß Rennpferde, was selbst in Sparta eine Seltenheit war, aber die Prinzessin war sehr wohlhabend. Cynisca nutzte ihren Status und ihren Zugang zu Rennpferden, um an den Olympischen Spielen teilzunehmen und zwei Wagenrennen zu gewinnen, was die Freiheit der spartanischen Frauen ins Rampenlicht rückte. Zwar nahm sie nicht selbst an den Spielen teil, aber da ihr die siegreichen Pferde gehörten, war sie die Siegerin.

Die Freiesten der Frauen

Die spartanischen Mädchen kannten griechische Texte, die Kunst des Krieges und die Art und Weise, wie die Jungen der Agoge gehänselt wurden, wenn sie im Sport und bei Wettkämpfen schlecht abschnitten. Dies sollte die Jungen dazu anspornen, sich zu verbessern und enge Beziehungen zum anderen Geschlecht zu pflegen. Es ist nicht verwunderlich, dass die spartanischen Mädchen schon früh in ihrem Leben sexuell freizügig waren.

In anderen Teilen Griechenlands wurden Frauen lange vor ihrer Volljährigkeit verheiratet, um die Tugendhaftigkeit der Frauen für ihre Ehemänner zu erhalten. In Sparta dagegen heirateten Frauen in der Regel im Alter zwischen achtzehn und zwanzig Jahren. Traditionell galt ein Spartaner erst dann als wirklich verheiratet, wenn er seine Ausbildung im Alter von dreißig Jahren abgeschlossen hatte. Tatsächlich war der

Altersunterschied zwischen spartanischen Frauen und Männern nicht so groß wie bei anderen Griechen.

Dies gab den Frauen Spartas Zeit, ihre Sexualität frei zu erforschen. Während der Abwesenheit der Männer konnten sich die spartanischen Frauen untereinander anfreunden und platonische und/oder erotische Beziehungen eingehen, falls sie das wünschten. Sie konnten auch vor der Ehe so viele männliche Liebhaber haben, wie sie wollten. Der Stolz einer spartanischen Frau lag nicht im Zölibat, sondern in der Stärke ihres Körpers und ihres Geistes.

Häufiges körperliches Training und Bewegung erforderten bequeme, minimalistische Kleidung, was eine weitere Freiheit war, die spartanische Mädchen genossen. In vielen benachbarten griechischen Stadtstaaten wie Athen wurden Frauen und Mädchen streng darauf konditioniert, sich sittsam zu kleiden. Lange Kleider symbolisierten die Sittsamkeit und Tugendhaftigkeit von Frauen, sodass es ihnen nicht gestattet war, freizügige Kleidung zu tragen, geschweige denn ihren Körper zu entblößen.

Das war in Sparta anders. Schon als Kinder trugen die spartanischen Mädchen Kleidung, die in anderen griechischen Gesellschaften als skandalös gegolten hätte, und zu besonderen Anlässen wie der Gymnopaedie durften sie noch weniger tragen.

Die Gymnopaedie war ein jährliches Fest zu Ehren von Apollon, Artemis und Leto. Jeden Sommer versammelten sich die Spartaner auf öffentlichen Plätzen, um das Erwachsenwerden der jungen Spartaner und das gemeinsame Erbe der Spartaner zu feiern. Dieses Fest dauerte viele Tage, und die jungen spartanischen Männer und Frauen zogen in Gruppen aus, um nackt zu tanzen und traditionelle Lieder und epische Gedichte zu singen. Die Nacktheit war ein wichtiger Bestandteil der Kultur des antiken Sparta, und die spartanischen Frauen konnten nicht dafür gedemütigt werden, dass sie daran teilnahmen.

Ein Bericht über die Freiheiten, die die Frauen in Sparta genossen, wäre nicht vollständig, ohne ihren Reichtum zu erwähnen. Sie waren die reichsten Frauen auf der Peloponnes, vielleicht sogar in ganz Griechenland, weil sie Grundbesitz hatten. Zu dieser Zeit war Landbesitz ein Privileg, das in anderen Stadtstaaten nur den männlichen Bürgern zugestanden wurde, aber die spartanischen Frauen konnten riesige Ländereien besitzen, solange sie es sich leisten konnten. Im 5. Jahrhundert v. u. Z. soll ein Drittel der Ländereien Spartas im Besitz von Frauen gewesen sein.

Dies ist jedoch zu erwarten, da sie durch die formale Bildung gut mit der Wirtschaft vertraut waren. Ein wichtigerer Faktor für ihre Fähigkeit, Vermögen anzuhäufen, war jedoch ihre Befreiung von häuslichen Pflichten. In Athen wurden Mädchen dazu erzogen, das Haus in Ordnung zu halten. Als Frauen waren sie dafür zuständig. Sie kochten, putzten, webten Kleider und zogen Kinder groß.

Die Frauen Spartas waren anders. Sie hatten Heloten, die alle Hausarbeiten erledigten, während sie Aufsichts- und Verwaltungsaufgaben übernahmen. Eine spartanische Frau machte sich niemals die Hände schmutzig, indem sie niedere Arbeiten verrichtete, und das wurde auch nicht von ihr erwartet. Folglich konnten sich spartanische Frauen mehr auf ihre Kinder und die Verwaltung ihrer wohlhabenden Anwesen konzentrieren. Mit diesem Reichtum konnten die mächtigen Frauen Spartas den Verlauf der Wirtschaft und Politik beeinflussen.

Ehefrauen und Mütter

Für eine Frau im antiken Sparta, die kurz vor der Heirat stand, war die Liebe wahrscheinlich das Letzte, worüber sie sich Sorgen machte. Überall, wohin sie blickte, gab es starke, gutaussehende Männer. Sie musste ihre Ehe auf mehr als nur Gefühle gründen. Eine der wichtigsten Pflichten jeder spartanischen Frau war es, starke Kinder zu gebären und finanziell erfolgreich zu sein.

Spartanische Frauen wurden zu Unabhängigkeit und psychologischer Befreiung erzogen und mussten sozial und sexuell mit ihren Ehemännern kompatibel sein, damit eine Ehe erfolgreich sein konnte. Wenn sich herausstellte, dass eine Ehe keine gesunden oder gar keine Kinder hervorbringen würde, wurde eine Scheidung befürwortet.

Eine spartanische Frau musste weder Jungfrau sein noch zölibatär leben. Herodot berichtet sogar von der Verbreitung der Polyandrie. Diese Art von Freiheit ermöglichte die seltsamsten Familienstrukturen, die das antike Griechenland je gesehen hat. So konnte ein Mann, nachdem er seine Kinder gezeugt hatte, seine Frau zu einem anderen Mann ziehen lassen, um weitere Kinder zu bekommen. Auf diese Weise konnten die Frauen mehr Kinder zur Welt bringen, vorzugsweise Jungen, um die militärische Bevölkerung Spartas zu vergrößern.

Doch bevor es so weit war, musste erst einmal eine Hochzeit stattfinden. In der klassischen Antike machten sich viele Bräute Gedanken darüber, wie sie sich am Hochzeitstag kleiden und wie sie ihr Haar tragen sollten. Sogar Wikingerbräute waren davon besessen, ihr Haar für eine prachtvolle Zeremonie lang und schön zu tragen. Die

Athener feierten Hochzeiten mit Liedern und Tänzen, um das neue Paar zu segnen, und von den Bräuten wurde erwartet, dass sie ihr Bestes gaben.

Den Spartanern war das alles egal.

Normalerweise war die Braut ihrem Bräutigam nicht fremd. Sie kannte seinen Namen und seine Abstammung, da sie als Kind mit ihm trainiert hatte, ihn ausgelacht hatte, wenn er die Anforderungen nicht erfüllte, und mit ihm in der Gymnopaedie getanzt hatte. Es gab keine Notwendigkeit für aufwendige Vorstellungen oder lange Verlobungen.

Es war auch üblich, dass die spartanischen Frauen vor der Heirat ihre Zustimmung zu einem Bewerber gaben. Wenn der Vater einen Bewerber vorschlug, den die Frau nicht wollte, konnte sie ihn mit Unterstützung der Mutter zugunsten eines bevorzugten Mannes ablehnen.

Am Hochzeitstag gab es vielleicht ein rauschendes Fest. Aber die wichtigste Zeremonie fand in der Nacht statt. In der Hochzeitsnacht rasierte sich die Braut den Kopf und zog die Kleider und Schuhe eines Mannes an. Dann wartete sie geduldig in einem dunklen Raum, bis ihr Mann zu ihr kam.

Wenn ihr Mann noch in der Agoge war, konnte er sich nur nachts zu ihr schleichen, bis er seine Ausbildung beendet hatte.

Die Männer Spartas waren zeitlebens kaum zu Hause, so dass ihre Frauen als Haushaltsvorstände die Stellung hielten. Historiker wie der Athener Aristoteles kritisierten die Macht, die diese Matriarchinnen in der Gesellschaft ausübten, aber dies sollte die Norm bleiben, solange das antike Sparta existierte.

Während eine spartanische Frau ihre Kindheit und ihr Leben als unverheiratete Frau damit verbrachte, die seltenen Freiheiten und Privilegien zu genießen, die ihr als Bürgerin zustanden, verlangte die Mutterschaft eine ganz andere Orientierung: unerschütterlichen Mut im Dienste Spartas.

Es war allgemein bekannt, dass die Geburt von Kindern, die nicht in die spartanische Gesellschaft integriert werden konnten, eine große Schande bedeutete. Dies veranlasste die spartanischen Frauen, alle körperlichen Anstrengungen zu unternehmen, um ihren Körper gegen die Geburt von schwachen Kindern zu stärken.

Nach der Geburt ihrer Kinder wurden die Jungen bis zum Alter von sieben Jahren zu Hause erzogen und dann in die Agoge geschickt. Die Mädchen blieben viel länger bei ihren Müttern, in der Regel bis sie heiratsfähig waren.

Jede spartanische Mutter freute sich, wenn ihr Sohn auf dem Schlachtfeld Heldentaten vollbrachte. Wenn er in der Schlacht starb, trauerte seine Mutter natürlich um ihn, aber sie war stolz darauf, dass er als tapferer Krieger gestorben war. Sie prahlte mit dem Opfer ihres Sohnes für Sparta und zog den Neid anderer Frauen auf sich. Das galt auch für den ehrenvollen Tod des Ehemannes.

Zu den Pflichten einer spartanischen Mutter gehörte es nicht nur, die Heldentaten ihrer Kinder zu feiern, sondern auch, fehlgeleitete Söhne grausam zu bestrafen. Jede Frau, deren Sohn seine Waffenbrüder verriet oder im Stich ließ, war eine Schande. Solche feigen Männer durften niemals beschützt werden und wurden oft von ihren Müttern umgebracht, wenn sie nach Hause kamen.

Frauenkulte

Religion war ein wichtiger Aspekt der Gesellschaft im antiken Sparta, und Frauen spielten dabei eine wichtige Rolle. Die bekanntesten religiösen Kulte in Sparta waren die der Artemis, der Helena und der Eileithyia.

Artemis war die griechische Göttin der Fruchtbarkeit und der Jagd und galt als Beschützerin der Mütter und ihrer Kinder. Der Artemiskult errichtete eine Kultstätte an der Grenze zwischen Messenien und Lakonien. Spartanische Frauen führten ihre Männer in erotischen Tänzen an. Sie trugen Gesichtsmasken und sangen Hymnen zu Ehren der Fruchtbarkeitsgöttin. Im religiösen Bereich des antiken Sparta galten die Priesterinnen der Artemis als äußerst mächtig.

Ein weiterer populärer Kult war der der Helena. Es gab viele Kultstätten, in denen die spartanischen Frauen tanzten und sangen, um die Vereinigung von Helena mit König Menelaos von Mykene (vor den Dorern in Sparta) zu feiern. Trotz des Skandals um Helena mit dem Prinzen von Troja, der zum berühmten Trojanischen Krieg führte, wurde sie nach ihrer Rückkehr nach Sparta und posthum von vielen spartanischen Frauen verehrt. Dies bestätigt, dass die spartanische Gesellschaft Ehebruch nicht ablehnte, insbesondere wenn er von einer Tochter des Zeus begangen wurde.

Am größten Heiligtum der Helena in Therapne, in der Nähe des Flusses Eurotas, fanden alljährlich Feste statt, bei denen die Mädchen Spartas ihre „reine und anständige" Heldin mit Liedern und Tänzen verehrten. Es gab auch Kämpfe zwischen den Frauen, um ihre Stärke zu demonstrieren und zur Unterhaltung beizutragen.

Ein weiterer wichtiger Kult unter den Frauen Spartas war der Kult der Eileithyia. Eileithyia, die Tochter von Zeus und Hera, war die Göttin der Geburt und wurde von spartanischen Hebammen, Müttern und schwangeren Frauen verehrt. Wenn eine spartanische Frau in den Wehen lag, wurde Eileithyia angerufen, um die Schmerzen zu lindern und die Geburt zu erleichtern.

In der Nähe des Artemistempels in Sparta wurde ein Heiligtum für Eileithyia errichtet. Spartanische Frauen brachten dort Opfergaben dar und beteten um Fruchtbarkeit und gesunde Kinder.

Es gab auch Kulte für Hera, Athene, Aphrodite und andere. Spartanische Frauen hielten auch Gedenkfeiern für Frauen ab, die bei der Geburt starben, und errichteten Grabsteine mit besonderen Namen für diejenigen, die starben, während sie ein religiöses Amt ausübten. Auch Gebete, Votivgaben und Opfer an Apollon für den Sieg ihrer Männer im Krieg waren unter den Frauen Spartas üblich.

Nicht-spartanische Frauen

Die oben genannten Privilegien galten hauptsächlich den Spartiaten, aber es gab auch Frauen aus anderen Schichten, die in Sparta lebten. Weibliche Heloten arbeiteten als Hausangestellte für spartanische Herrinnen und waren in der Küche als Köchinnen oder als Dienstmädchen anzutreffen. Einige arbeiteten auf den Bauernhöfen, andere webten Stoffe.

Im Gegensatz zu den Periöken wurden die Helotenfrauen nie für ihre Arbeit bezahlt. Sie waren ihren spartanischen Herrinnen auf Gedeih und Verderb ausgeliefert. Es gab Fälle, in denen Helotenfrauen Kinder für spartanische Männer gebaren. Dies führte zur Entstehung einer weiteren Klasse in Sparta, den Mothakes. Es wurde vermutet, dass die weiblichen Mothakes bei der Geburt getötet wurden, während die männlichen leben durften und in die Armee Spartas eintreten konnten. Es gibt jedoch nicht genügend Beweise, um diese Theorie zu stützen, da Informationen über die unteren Klassen der Spartiaten im Allgemeinen fehlen.

In einer Art kleiner Freiheit konnten die Helotenfrauen ihre Ehemänner selbst wählen und mit ihren Familien zusammenleben. Im Gegensatz zu anderen griechischen Stadtstaaten, die getrennte Wohnbereiche für männliche und weibliche Bedienstete einführten, lebten die Heloten in Sparta – verheiratet oder unverheiratet – zusammen.

Die Periökenfrauen Spartas waren als Händlerinnen und Weberinnen auf dem Markt anzutreffen. Sie verdienten ihren Lebensunterhalt mit kleinen bis mittelgroßen Unternehmen und konnten wie die Heloten mit ihren Familien zusammenleben. Ein weiterer bekannter Beruf der Periökenfrauen war die Krankenpflege. Nicht-Spartanerinnen wurden von Familien der Oberschicht innerhalb und außerhalb Spartas als Krankenschwestern angestellt. Dies war der angesehenste Beruf, den periökische Frauen ergreifen konnten.

Als die Prostitutionsgesetze Lykurgs nicht mehr strikt durchgesetzt wurden, begannen Nicht-Spartanerinnen diesen Beruf auszuüben und recht häufig entstanden Bordelle.

Kleidung und Stil

Eine Frau im antiken Sparta konnte für verschiedene Anlässe unterschiedliche Kleidung tragen.

Die ersten Lebensjahre einer Frau waren von körperlicher Ertüchtigung geprägt, für die sie kurze Kleidung trug. Zu besonderen Anlässen, wie Festen oder Übergangsriten, konnten die spartanischen Frauen nackt herumlaufen, auch in Gegenwart von Männern.

Eine der Reformen Lykurgs war, dass die Spartaner kein Gold und Silber tragen oder ausgeben durften. Dadurch sollte die Habgier gezügelt, und die Zufriedenheit gefördert werden. Dieses Gesetz mag zu seiner Zeit und für einige Jahrzehnte danach bindend gewesen sein, aber schließlich besaßen wohlhabende spartanische Frauen Edelmetalle und schmückten sich damit. Sie trugen auch duftende Öle als Parfüm und umrandeten ihre Augen mit Holzkohle, um ihre Schönheit zu betonen.

Der Peplos, ein bodenlanges Kleid, wurde im antiken Griechenland von Frauen getragen. Es wurde aus feiner Wolle gefertigt. Wohlhabendere Frauen trugen Peplos aus Seide oder Leinen, und die Frauen Spartas orientierten sich am dorischen Chiton, der an einer Seite offen war. Im Gegensatz zu ihren athenischen Schwestern konnten die Frauen in Sparta viel kürzere Formen des Peplos tragen oder ihre Oberschenkel mit hohen seitlichen Schlitzen zeigen. Der spartanische Peplos wurde mit Ziernadeln, den sogenannten Fibeln, an den Schultern befestigt.

Verheiratete Frauen in Sparta verhüllten ihr kurzes Haar lieber mit Schleiern, aber jüngere, lebhaftere Frauen trugen ihr langes Haar offen. Die einzige Zeit, in der die spartanischen Frauen selbst Stoffe webten, waren religiöse Feste. Für die persönliche

Beispiel eines Peplos.[26]

Garderobe sorgten die Heloten.

Die spartanischen Frauen hatten einen einzigartigen Stil und waren bekannt für ihre Schönheit und körperliche Stärke. Dieser Stolz auf ihre Schönheit, ihren sozialen Status und ihre Mutterschaft muss einen verwirrten Attiker zu der Frage veranlasst haben: „Warum seid ihr spartanischen Frauen die einzigen, die über die Männer herrschen können?"

Die berühmte Antwort der Königin Gorgo im Namen der Frauen von Sparta sollte durch die Jahrhunderte widerhallen: „Weil wir auch die einzigen sind, die [richtige] Männer gebären".

Kapitel 17 – *Laconizein*: Die Kunst des Minimalismus

Beim Essen

In vielen antiken Zivilisationen aßen die Krieger in Zyklen, es gab längere Phasen mit minimaler Nahrungsaufnahme und kurze Phasen, in denen zu viel gegessen wurde. Die Spartaner bevorzugten jedoch ein gleichmäßigeres Muster. Niemand, ob jung oder alt, durfte große Mengen essen, nicht einmal bei Festlichkeiten. Trunkenheit wurde als demütigend und verachtenswert verurteilt.

Der spartanische Minimalismus zeigte sich nicht nur in der Sprache, ein echter Spartaner war kein Freund des Essens. Er aß nur, um zu überleben. Übermäßiges Essen oder Fettleibigkeit würden jeden in der Öffentlichkeit lächerlich machen, deshalb trainierten die Spartaner hart und aßen weniger, um ihr Leben lang schlank und in Form zu bleiben.

Die spartanische Ernährung war weder üppig noch exquisit, auch nicht bei den Aristokraten. In der Regel aßen alle in öffentlichen Speisesälen, so dass kein Platz für Tavernen oder Thermopole blieb. Der Import von Lebensmitteln war verboten, so dass die Bevölkerung Spartas nur das essen konnte, was auf den Feldern der Heloten angebaut wurde. Schweine, Ziegen und Schafe wurden für die Ernährung geschlachtet und auch Fisch wurde gewöhnlich verzehrt.

Die verschiedenen Altersgruppen aßen unterschiedlich. Während Kleinkinder und Kinder kleine Portionen Gerstenkuchen, Käse und Ziegenmilch bekamen, aßen jüngere Erwachsene und ältere Menschen

Oliven, Feigen und die berühmte Melas Zomos: die schwarze Suppe.

Schwarze Suppe

Für die Athleten und Schüler in der Agoge gab es viel weniger und qualitativ schlechteres Essen. Dies war beabsichtigt, denn man glaubte, dass die jungen Spartaner dadurch Ausdauer und Zurückhaltung lernen würden.

Die Agoge war kein Ort der Bequemlichkeit, unabhängig vom sozialen Status. Es gab keine Diener, die den Zöglingen das Essen servierten oder Wein einschenkten. Daher machten die Mägen der Jungen während der meisten ihrer prägenden Jahre in der Agoge schnell Bekanntschaft mit einem eher tristen Gericht: der schwarzen Suppe (melas zomos).

Aus klassischer Zeit ist kein Originalrezept für die schwarze Suppe überliefert, aber es gibt Hinweise darauf, dass rohes Schweinefleisch in Schweineblut gekocht und mit Zwiebeln, Salz und Essig zu einer Suppe verfeinert wurde. Unabhängig von der Art der Speise konnten die spartanischen Köche nur Salz und Essig als Gewürze verwenden. Das Salz diente dem Geschmack und der Essig, falls verwendet, der Konservierung des tierischen Blutes.

Nach einer amüsanten Erzählung von Herodot hörte ein sizilianischer Tyrann namens Dionysos von der schwarzen Suppe der Spartaner und befahl, sie für sich zuzubereiten. Ein Bissen davon widerte ihn so sehr an, dass er sagte: „Kein Wunder, dass die Spartaner die tapfersten Männer der Welt sind, denn jeder, der bei Verstand ist, würde lieber zehntausendmal sterben, als ein so schlechtes Leben zu führen".

Rindfleischsuppe war ein Grundnahrungsmittel, nicht nur für die Auszubildenden der Agoge, sondern auch für die Erwachsenen und Älteren. Die Älteren zogen die schwarze Suppe Ziegenfleisch oder Milchprodukten vor.

Plutarch berichtet, dass in den spartanischen Speisesälen jede Gruppe verpflichtet war, einen finanziellen Beitrag zum Kauf von Ferkeln für dieses Gericht zu leisten. Das Tier wurde den Göttern geopfert und alle Teile wurden gekocht und von den Menschen gegessen. Die schwarze Suppe konnte mit Weizen- oder Gerstenbrot, Hülsenfrüchten und Datteln gegessen werden.

Weitere „Delikatessen"

Die Männer der Agoge tranken nur mäßig Wein. Wer sich betrank, wurde mit schweren Peitschenhieben und tagelangem Hungern bestraft. Wenn Wein in größeren Mengen konsumiert wurde, vor allem bei Zeremonien und Festen, verdünnten die Spartaner, wie andere Griechen auch, den Wein mit Wasser.

Für die spartanischen Bauern, die sich kein Fleisch leisten konnten, waren Erbsensuppe, rohes Gemüse und getrocknete Bohnen die Grundnahrungsmittel. Generell bestand der Großteil der Nahrung im antiken Sparta aus Kohlenhydraten, um Energie für die harte Arbeit des Tages zu liefern.

Beim Sprechen

Das Wort „lakonisch" stammt von einem der Grundprinzipien der Gesellschaft im antiken Sparta: dem Minimalismus. „Lakonisch" ist ein Synonym für Kürze und Knappheit.

Als militaristisches Volk hatten die Spartaner den meisten Kontakt mit der Außenwelt auf den Schlachtfeldern. Sie waren (zumindest größtenteils) nicht an Handel oder freundschaftlichen Beziehungen zu anderen Ländern interessiert und schon gar nicht an einer Partnerschaft, in der sie die schwächere Macht waren.

Lykurg, der den Grundstein für die klassische Gesellschaft Spartas legte, legte großen Wert darauf, das Land ohne fremde Hilfe zu entwickeln. So verbot er die Verwendung von Gold und Silber und ersetzte sie durch wertlose Metallmünzen, um ausländische Handelsbeziehungen zu unterbinden. Eine Zeit lang konzentrierte sich Sparta darauf, seine Wirtschaft unabhängig wachsen zu lassen.

Wenn Sparta expandieren wollte, musste es mit seinen Nachbarn und anderen Ländern durch eine endlose Reihe von Kriegen interagieren. Während Frauen und Kinder weitgehend aus den Außenbeziehungen herausgehalten wurden, waren die Männer Spartas für ihre Aggressivität und Gewaltbereitschaft auf dem Schlachtfeld bekannt. Ihre Feste, so mussten die eroberten Stadtstaaten feststellen, waren von lautem Gelächter geprägt. Andere erkannten, dass die Spartaner nicht viel von Etikette verstanden.

Ihre griechischen Landsleute betrachteten sie als einen Haufen unzüchtiger, primitiver und ungebildeter Menschen mit einer einfachen und kurzsichtigen Lebenseinstellung. Umgekehrt taten die Spartaner wenig, um diese Wahrnehmung zu ändern. Wurden sie als skrupellose Wilde gefürchtet, wagten es ihre Feinde nicht, sie in der Schlacht zu stellen.

Mit der Zeit durchschauten einige ausländische Intellektuelle den Vorwand. Die Spartaner waren keine Wilden, sondern intelligente und geistreiche Menschen. Zwar waren sie nicht wie die Athener Liebhaber aller künstlerischen und poetisch anspruchsvollen Dinge, aber sie schätzten das einfache, nicht luxuriöse Leben.

Vor allem aber hassten die Spartaner die Schwätzer, die nur redeten, um ihre eigene Stimme zu hören. Selbst wenn ein echter Spartaner in Wut geriet, ließ er seine Taten für sich sprechen. Das mag an mangelnder Beredsamkeit liegen oder an der Unfähigkeit, sich auszudrücken. Ein Spartaner reagierte auf jede Angelegenheit direkt und mit wenigen Worten. Er neigte nicht zu Schmeicheleien oder blumigen Reden, sondern zeigte seine Liebe und Zuneigung durch seine Taten.

Plutarch dokumentiert in einem Kapitel seiner Moralia mit dem Titel „Apophthegmata Laconica" liebevoll einige lakonische Aussprüche berühmter Spartaner.

Labotas

Labotas sagte, wenn jemand sehr ausführlich sprach: „Warum, um alles in der Welt, eine so große Einführung in ein so kleines Thema? Die Worte, die Sie verwenden, sollten dem Thema angemessen sein."

Leonidas, Sohn des Anaxandridas

Leonidas, der Sohn des Anaxandridas und Bruder des Kleomenes, antwortete einem Mann, der sagte: „Abgesehen davon, dass du König bist, bist du nicht anders als wir alle anderen auch", mit den Worten: „Aber wenn ich nicht besser wäre als ihr anderen, wäre ich nicht König."

Seine Frau Gorgo fragte ihn, als er sich auf den Weg zu den Thermopylen machte, um gegen die Perser zu kämpfen, ob er ihr irgendwelche Anweisungen zu geben habe, und er sagte: „Gute Männer heiraten und gute Kinder gebären."

Xerxes schrieb ihm: „Es ist möglich, dass du, wenn du nicht gegen Gott kämpfst, sondern dich auf meine Seite stellst, Alleinherrscher Griechenlands wirst." Aber er antwortete: „Wenn du etwas von den edlen Dingen des Lebens wüsstest, würdest du es unterlassen, den Besitz anderer zu begehren, aber es ist besser, für Griechenland zu sterben, als alleiniger Herrscher über das Volk meiner Rasse zu sein."

Als Xerxes erneut schrieb: „Gebt eure Waffen ab", antwortete er: „Kommt und holt sie euch."

Alkamenes, Sohn des Teleklos

Alkamenes, der Sohn des Teleklos, antwortete auf die Frage, wie ein Mann sein Königreich am besten sichern könne: „Indem er seinen eigenen Vorteil nicht zu hoch ansetzt."

Auf die Frage, warum er keine Geschenke von den Messeniern annehme, antwortete er: „Weil es mir dann unmöglich wäre, unparteiisch und im Einklang mit den Gesetzen für Frieden zu sorgen."

Lykurg

Er legte eine zeitliche Begrenzung für die Ehe fest, sowohl für Männer als auch für Frauen, und antwortete dem Mann, der danach fragte: „Damit die Nachkommen stark sind, weil sie von reifen Eltern abstammen".

Anaxander, Sohn des Eurykrates

Anaxander, der Sohn des Eurykrates, antwortete auf die Frage, warum die Spartaner kein Geld in der Staatskasse anhäuften: „Damit diejenigen, die zu dessen Hütern gemacht wurden, nicht korrupt werden."

Archidamos, Sohn des Agesilaos

Als Philipp nach der Schlacht von Chaironeia Archidamos, dem Sohn des Agesilaos, einen etwas hochmütigen Brief schrieb, antwortete dieser: „Wenn du deinen eigenen Schatten messen würdest, würdest du nicht feststellen, dass er größer geworden ist als vor deinem Sieg."

Auf die Frage, wie viel Land die Spartaner kontrollierten, antwortete er: „So viel, wie sie mit dem Speer erreichen können."

Periander, der Arzt, war in seinem Beruf angesehen und hoch gelobt, aber ein erbärmlicher Dichter. „Warum in aller Welt, Periander", sagte Archidamos, „sehnt ihr euch danach, als schlechter Dichter statt als geschickter Arzt bezeichnet zu werden?"

Bias

Bias geriet in einen Hinterhalt des athenischen Generals Iphikrates und wurde von seinen Soldaten gefragt, was zu tun sei. Er antwortete: „Was sonst, außer dass ihr euer Leben rettet und ich im Kampf sterbe?"

Damindas

Als Philipp in die Peloponnes einfiel und jemand sagte: „Es besteht die Gefahr, dass die Spartaner ein schreckliches Schicksal ereilt, wenn sie sich nicht mit dem Eindringling arrangieren", rief Damindas aus: „Du armes weibisches Ding! Welches schreckliche Schicksal könnte uns ereilen, wenn wir keine Angst vor dem Tod haben?"

Anaxandridas

Anaxandridas, der Sohn von Leo, antwortete einem Mann, der sich das Urteil, aus dem Land verbannt zu werden, sehr zu Herzen nahm: „Mein guter Herr, seien Sie nicht niedergeschlagen, weil Sie aus Ihrem Land verbannt wurden, sondern weil Sie aus der Gerechtigkeit verbannt wurden."

Zu einem Mann, der den Ephoren Dinge mitteilte, die notwendig waren, aber ausführlicher sprach, als es nötig gewesen wäre, sagte er: „Mein Freund, in unnötiger Zeit verweilst du bei der Notwendigkeit!"

Als jemand fragte, warum sie ihre Felder in die Hände der Heloten gegeben und sich nicht selbst darum gekümmert hätten, antwortete er: *„Wir haben diese Felder nicht durch die Pflege der Felder, sondern durch die Pflege unserer selbst erworben. "*

Als jemand anderes sagte, dass hohes Ansehen den Menschen schadet und dass derjenige, der davon befreit ist, glücklich sein wird, erwiderte er: *„Dann wären diejenigen, die Verbrechen begehen, nach Ihrer Argumentation glücklich. Denn wie könnte ein Mensch, der ein Sakrileg oder ein anderes Verbrechen begeht, sich um hohes Ansehen sorgen?"*

Auf die Frage, warum sich die Spartaner in ihren Kriegen mutig in Gefahr begäben, antwortete er: *„Weil wir uns darin üben, das Leben zu achten und nicht, wie andere, Angst davor zu haben".*

Auf die Frage, warum die Ältesten bei Kapitalverbrechen tagelang verhandelten und warum der Angeklagte auch nach einem Freispruch noch unter Anklage stehe, antwortete er: *„Sie brauchen viele Tage, um zu entscheiden, denn wenn sie sich in einem Fall irren, der die Todesstrafe nach sich zieht, kann das Urteil nicht aufgehoben werden und der Angeklagte bleibt notwendigerweise unter der Anklage des Gesetzes, weil es nach diesem Gesetz möglich ist, durch Beratung zu einer besseren Entscheidung zu gelangen. "*

Brasidas

Brasidas fing eine Maus zwischen einigen Feigen und ließ sie los, als sie ihn biss. Dann wandte er sich an die Anwesenden und sagte: *„Es gibt nichts so Kleines, das nicht sein Leben retten könnte, wenn es den Mut hat, sich gegen diejenigen zu verteidigen, die ihm etwas antun wollen. "*

In einer Schlacht wurde er von einem Speer verwundet, der seinen Schild durchbohrte. Er zog die Waffe aus der Wunde und tötete den Feind mit derselben Lanze. Als man ihn fragte, wie er sich die Wunde zugezogen habe, antwortete er: *„Das war, als mein Schild zum Verräter wurde".*

Als er in den Krieg zog, schrieb er an die Ephoren: *„Was ich tun will, das will ich im Krieg tun, oder ich werde ein toter Mann sein".*

Als er bei dem Versuch, für die in Thrakien lebenden Griechen die Unabhängigkeit zu erlangen, fiel, wartete das nach Sparta entsandte Komitee bei seiner Mutter Argileonis. Ihre erste Frage war, ob Brasidas ehrenhaft gestorben sei. Als die Thraker in den höchsten Tönen von ihm sprachen und sagten, es gäbe keinen wie ihn, antwortete sie: *„Ihr habt keine Ahnung, meine Herren, da ihr von auswärts kommt, denn Brasidas war in der Tat ein guter Mann, aber in Sparta gibt es viele, die besser sind als er".*

Thearidas

Thearidas, der gerade sein Schwert wetzte, wurde gefragt, ob es scharf sei, und er antwortete: „Schärfer als Verleumdung."

Ein weiteres legendäres Beispiel für den lakonischen Humor der Spartaner ereignete sich im 3. Jahrhundert v. u. Z., als König Philipp II. von Makedonien Sparta erobern und ganz Griechenland annektieren wollte. In einem kriegerischen Akt schickte König Philipp eine Nachricht an die Spartaner, in der es hieß: „Ich rate euch, euch sofort zu ergeben, denn wenn ich mit meinem Heer in euer Land einfalle, werde ich eure Höfe zerstören, eure Bevölkerung töten und eure Stadt dem Erdboden gleichmachen".

Diese ernste Drohung würde eine Nation entweder zur Kapitulation zwingen oder sie zu einer langen Reihe ebenso furchterregender Worte veranlassen, aber Sparta war kein gewöhnlicher Stadtstaat. Die Spartaner schickten Philipp eine Antwort - wörtlich: „Falls".

Dieses eine Wort war eine Erklärung der Bereitschaft Spartas, gegen Makedonien in den Krieg zu ziehen, und ein Ausdruck der Siegeszuversicht der Spartaner. Es war auch eine ernste Warnung an Philipp, sich und seine Truppen vor dem Zorn der spartanischen Krieger zu retten. Daraufhin schickte Philipp eine weitere Botschaft nach Sparta, in der er fragte, ob Sparta Freund oder Feind sein wolle. „Weder noch", lautete die Antwort der stolzen Spartaner. Philipp nahm dies zum Anlass, seinen geplanten Feldzug gegen Sparta auszusetzen. Auch sein Sohn Alexander sollte sich ihnen nicht stellen.

Für ein Volk, das sein Leben Kriegen und Gewalt gewidmet hatte, hatten die Spartaner einen unglaublichen Sinn für Humor. Sie tauschten kurze, trockene und lustige Witze aus. Andere Griechen fanden diese Witze unkonventionell und manchmal beleidigend, aber die Männer und Frauen in Sparta lachten herzlich darüber. Das entfremdete die Spartaner noch mehr von den anderen Griechen, aber das war ihnen egal. Das gehörte zu ihrer gewollten Exklusivität.

Der sprachliche Minimalismus als kultureller Wert blieb den alten Spartanern über viele Generationen erhalten, und sein Erbe ist auch heute noch von Bedeutung. Im Mittelalter wurde der lakonische Dialekt Spartas als Tsakonisch bekannt und wird von Tausenden moderner Griechen gesprochen. Es ist der älteste und einzige erhaltene Dialekt der westlichen dorischen Sprachen.

Das malerische griechische Dorf Pera Melana in den Bergen des südlichen Peloponnes ist die Heimat eines tsakonisch sprechenden

Volkes, das sich als stolze Nachfahren des antiken Sparta betrachtet. Trotz der zahlreichen Bedrohungen seiner Existenz, hat sich der Dialekt über Generationen erhalten und wird in den ländlichen Schulen gelehrt.

Wenn man heute ein Haus oder eine Taverne in Pera Melana betritt, hört man die Älteren lebhaft Tsakonisch sprechen. Der mutige Kampf um den Erhalt dieser Sprache beweist, dass die Nachkommen der alten Spartaner den Mut und die Widerstandskraft ihrer Vorfahren geerbt haben!

Schlussbemerkung

Es bedurfte nur eines Mannes, um den Grundstein für die solide Struktur des antiken Sparta zu legen, aber es dauerte Generationen, um daraus den Stadtstaat zu machen, an den wir uns heute erinnern.

Es gab Männer wie Leonidas, der der Welt an den Thermopylen zeigte, dass Zahlen nichts bedeuten, solange Menschen im Kampf für das Land sterben, das sie lieben. Natürlich gab es in der Geschichte Spartas auch Männer, die versuchten, es zu zerstören, wie der Verräter Ephialtes von Trachis, dessen Taten das Schicksal der Nationen in den folgenden Jahren bestimmten.

Trotz allem sollte Sparta überleben. Für ein so kleines Volk haben die Spartaner die ganze Welt im Sturm erobert, indem sie Tapferkeit, Widerstandskraft, Opferbereitschaft und Disziplin bewiesen. Vielleicht ist es kein Wunder, dass dieses Volk so mächtig war, vor allem in den Augen der Menschen, die damals lebten. Schließlich konnten sie ihren Ursprung auf die Gottheit, auf Zeus selbst, zurückführen. Ihre Kultur, auch wenn sie bis heute missverstanden wird, war einzigartig, geschmückt mit Werten, die so hell leuchteten wie ihre Schilde auf den Schlachtfeldern.

Dieses Buch hat Sie mitgenommen auf eine Reise durch die Höhen und Tiefen einer hochentwickelten Militärgesellschaft der Antike und ihres Vermächtnisses in der Welt, wie wir sie heute kennen. Wir haben mit der Gründung Spartas begonnen, bis die Dorer im 7. Jahrhundert v. u. Z. Griechenland besetzten. Spartas faszinierende Wurzeln waren Vorboten einer großen Zukunft. Lykurg, das politische Genie, das Sparta aus dem dunklen Zeitalter Griechenlands herausführte, schuf die perfekte Bühne, auf der der Stadtstaat seine Vormachtstellung in ganz Europa und Asien verkündete.

Über Generationen hinweg, von der mykenischen bis zur hellenistischen Epoche, blieb Sparta in der griechischen Politik und Kultur präsent. Die Peloponnes profitierte lange Zeit vom Schutz Spartas. Athen, bekannt als Geburtsort der Demokratie und berühmt für seine Philosophie, Literatur und Kunst, überlebte die Perserkriege vor allem deshalb, weil die spartanischen Männer angesichts unüberwindlicher Hindernisse beispielhaften Mut, Tapferkeit und Disziplin bewiesen.

Der Einfluss des antiken Sparta hat die Zeiten überdauert und wurde in der Populärkultur wiederbelebt. Heute erinnern wir uns an ihre Geschichten durch neue Erzählungen in allen möglichen Medien. Und es ist nicht verwunderlich, dass man sich heute so gerne an sie erinnert. Ihre Heldentaten auf dem Schlachtfeld sind nach wie vor legendär, ihre politische Struktur sorgte für Kontrolle und Gleichgewicht, und sie kannten eine fortschrittlichere Form der Gleichberechtigung der Geschlechter als die anderen griechischen Stadtstaaten. Sie waren stolz darauf, sich Spartaner zu nennen.

Obwohl Sparta vor etwa 2.500 Jahren untergegangen ist, ist es nicht tot. Es existiert als malerische Hauptstadt der Region Lakonien in Griechenland. Die Ruinen des antiken Sparta sind eine wichtige Touristenattraktion und befinden sich nördlich der Stadt Sparta. Die Einwohner von Sparta glauben, dass diese Stätte das Leben ihrer Vorfahren unsterblich macht. Tausende von Artefakten aus dem antiken Sparta sind im Archäologischen Museum von Sparta ausgestellt. Es gibt auch Denkmäler wie das Grab von Leonidas, dessen Tapferkeit bei den Thermopylen für immer in Erinnerung bleiben wird.

Jedes Jahr findet ein Marathonlauf zu Ehren des Atheners Pheidippides statt, der zwei Tage lang von Athen nach Sparta lief, um die Spartaner in der Schlacht von Marathon zu unterstützen.

Auf dem Höhepunkt seines Ruhmes war das antike Sparta das Machtzentrum Griechenlands, und niemand auf der Welt konnte diesen Titel mit mehr Stolz tragen als die furchtlosen Spartaner!

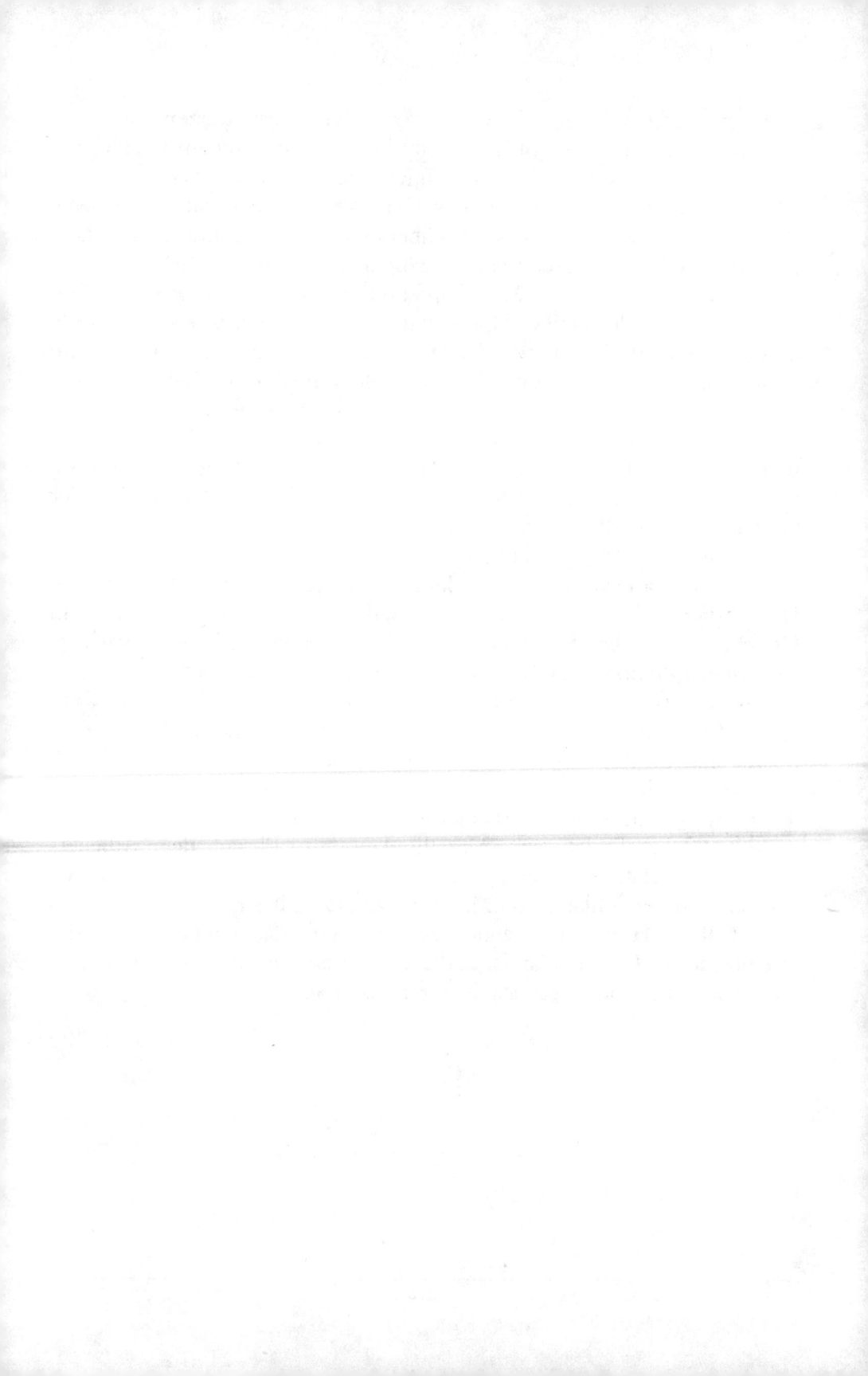

Teil 2:
Der Trojanische Krieg

Ein fesselnder Überblick über einen legendären Konflikt des antiken Griechenlands und seine Rolle in der Geschichte und der griechischen Mythologie

Einführung

Der Trojanische Krieg: epische Erzählung oder historische Tatsache? Darüber streiten die Historiker.

Irgendwann um das Jahr 1200 v.u.Z. tobte ein jahrzehntelanger Krieg zwischen den Griechen der Antike und ihren Rivalen in Troja, jenseits der Ägäis. Die Geschichte gehört zu den ältesten der Welt und die Erzählung des griechischen Dichters namens Homer findet immer noch Eingang in viele Lehrpläne an Gymnasien und Universitäten. Wer waren diese Griechen und was trieb sie an, so lange zu kämpfen, so weit weg von zu Hause? Wer waren die Trojaner und wie konnten sie die mächtigen Griechen zehn lange Jahre abwehren? Vielleicht noch wichtiger, was hat uns veranlasst, diese Geschichte seit tausenden von Jahren wieder und wieder zu erzählen?

Bis in die Mitte des 18. Jahrhunderts galt der Trojanische Krieg als reiner Mythos, aber es gab immer einige, die die menschliche Seite der Geschichte für wahr hielten. Archäologen haben die Überreste einer Stadt entdeckt, von der sie glauben, dass es sich um die antike Stadt Troja aus der Bronzezeit handelt, die auf das 12. Jahrhundert v.u.Z. zurückgeht. Als Beweis gelten unter anderem verstreute Skelette und verkohlte Trümmer, was darauf hindeutet, dass die Stadt in einem Krieg zerstört wurde. Ausgrabungen im Jahr 1988 förderten eine große Stadt (75 Hektar) zutage, die von Weizenfeldern umgeben war – eine Stadt, die offenbar in ihrer Blütezeit stand. Aber war das Homers „Troja"?

Hethitische Texte aus dieser Zeit zeigen, dass die Stadt, die Homer „Troja" nannte, als „Wilusa" bezeichnet wurde, was im Griechischen –

der Sprache, in der Homer schrieb – mit „Ilion" übersetzt wird. Dies deutet auf eine Verbindung zwischen „Ilion" und der *Ilias* hin.

Es besteht kein Zweifel, dass Homers Geschichte voll von den Göttern der Mythologie ist, die unmöglich einen wirklichen Kampf hätten führen können, aber die Fliege in der Suppe macht die Suppe nicht imaginär, sondern würzt sie nur. Um die *Ilias* zu verstehen, müssen wir die Zeit betrachten, in der sie geschrieben wurde.

In der Mitte des 8. Jahrhunderts v.u.Z. kam Griechenland gerade aus seinem dunklen Zeitalter heraus und erlebte die Wiedereinführung der Schriftsprache – etwas, das verloren gegangen war. Die Menschen glaubten, dass Götter und Göttinnen eine Rolle in ihrem täglichen Leben spielten und dass ihr Schicksal davon abhing, wie würdig sie in den Augen dieser Götter erschienen. Als die Stadtstaaten auf dem Vormarsch waren und Kolonien innerhalb und außerhalb der griechischen Grenzen gegründet wurden, entwickelten sich die ersten Vorstellungen der klassischen Philosophie. Diese und andere Entwicklungen führten zu einer bedachteren Art von Nationalismus, und man nahm an, dass Homers Geschichte gleichgültige Bürger wieder in einem Überschwang von Patriotismus vereint habe, der in den vorangegangenen Jahrhunderten so gut wie verloren gegangen war.

Tolles Timing für Homer! Er diktierte die *Ilias* (Homer war blind) und verwob die Mythologie mit der Geschichte und forderte seine Zuhörer und Leser auf, nicht nur die Siege und Niederlagen zu berücksichtigen, sondern auch ihre eigenen Moralvorstellungen und Entscheidungen. Platon sollte später verkünden, dass Homer „der Erzieher von ganz Griechenland" gewesen sei, wegen der Auswirkungen, die Homers Werke zu dieser Zeit auf Griechenland hatten. Und sicherlich hat dieser prägende Text für die alten Griechen noch Jahrzehnte nach seiner Niederschrift eine langanhaltende Wirkung gehabt.

Begleiten Sie uns, während wir den Hintergrund und die Kulisse des Trojanischen Krieges von Homers *Ilias* betrachten und lernen Sie eine weitere Lektion über die Sinnlosigkeit und Torheit des Krieges. Warum begann er? Warum eskalierte er? Was können wir heute aus diesem mythischen oder auch nicht-mythischen Krieg lernen? Ähnlich wie das historische und mythologische Quellenmaterial werden die Antworten auf diese Fragen mit dem Handeln und der Politik der griechischen Götter verwoben sein. Lesen Sie weiter...

ABSCHNITT EINS:
VOR DEM KRIEG

Kapitel 1: Wer waren die Trojaner?

Die Stadt Troja liegt in der Türkei, die zur Zeit der Trojaner Anatolien genannt wurde. In heutigen Begriffen liegen die Ruinen der antiken Stadt in der Nähe der Stadt Gallipoli.

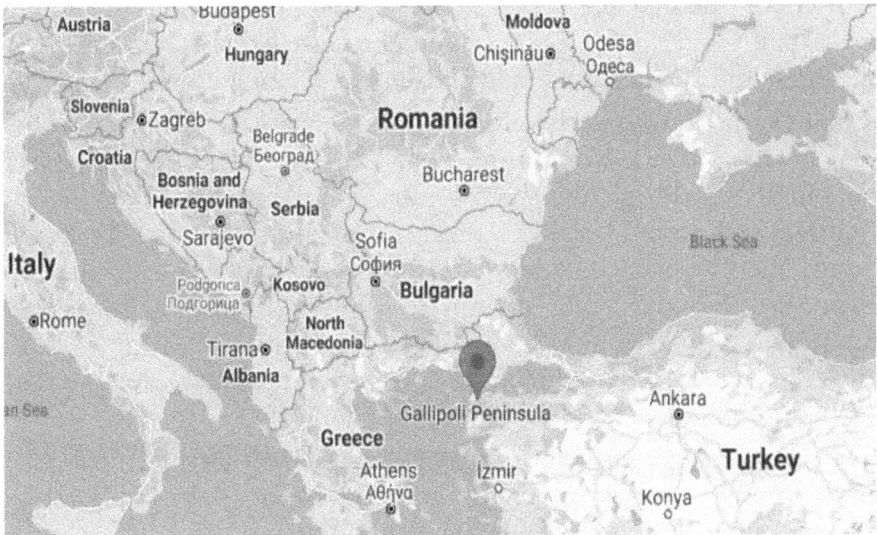

Ungefähre Lage von Troja. [27]

Es wurde viel über das Erbe der Trojaner diskutiert. Während die eindringenden Griechen eine Gruppe vom Festland waren, die *Achäer* genannt wurden, gab es auch viele griechische Stadtstaaten auf der anderen Seite der Ägäis. Da die meisten von den Griechen erzählten Kriegsgeschichten die Trojaner als den Achäern ebenbürtig oder sogar überlegen darstellen, glaubte man lange Zeit, sie seien selbst Griechen.

Jüngste Ausgrabungen haben jedoch die Meinung der meisten Archäologen verändert und die Darstellung von Homer und anderen frühen griechischen Historikern bestätigt. Troja wurde erstmals zwischen 1863 und 1890 ausgegraben und identifiziert, als Frank Calvert und Heinrich Schliemann eine Fundstätte entdeckten, die weniger beeindruckend war, als sich die Wissenschaftler erhofft hatten. Sie gruben eine kleine Zitadelle von ungefähr einem Morgen Größe aus, was sie zu der Ansicht brachte, dass Troja seine Blütezeit bereits hinter sich gehabt haben musste, als die Achäer einfielen und es besiegten.

Doch die jüngsten Ausgrabungen unter der Leitung von Manfred Osman Korfmann profitierten sowohl von der hundertjährigen Erforschung als auch von neuen Technologien, die es seinem Team ermöglichten, ein Troja zu enthüllen, das der epischen Erzählung würdig ist, die wir kennen. Statt einer Größe von weniger als einem Morgen war Troja ein ausgedehntes und befestigtes Gebiet von etwa 75 Morgen, das sich in der Blüte seines Einflusses und seiner Kultur befand, genau wie Homer es beschrieben hatte. Nun, vielleicht nicht genau wie von Homer beschrieben, denkt man an seine Vorliebe, das Eingreifen der griechischen Götter und Göttinnen mit der Geschichte zu verbinden, aber doch ähnlicher, als die Archäologen früher geglaubt hatten.

Diese Ausgrabungen haben nicht nur die Macht und den Reichtum der Trojaner zur Zeit des Krieges mit den Achäern und ihrem anatolischen Erbe offenbart. Stadtplanung, Gebäude und Kunst stimmten eher mit denen Südwestasiens als Südosteuropas überein. Es wurden Dokumente entdeckt, die ihre Sprache mit der der Hethiter in Palästina in Verbindung bringen und Beweise dafür liefern, dass sie Verbündete Trojas waren. Auch wenn der griechische Einfluss reichlich vorhanden war, war er nicht dominant, und eher das Ergebnis von Handel und kultureller Interaktion als von kultureller Verwandtschaft.

Da die jüngsten Ausgrabungen vieles von dem bestätigt haben, was Homer und andere griechische Historiker behauptet hatten, kann man der Beschreibung der Trojaner in ihren Geschichten vielleicht mehr Glauben schenken. Selbst Homers Beschreibungen der Göttinnen und Götter, die einst bestenfalls als reine Unterhaltung und schlimmstenfalls als schädlicher Einfluss in einer ansonsten historischen Aufzeichnung angesehen wurden, erhalten zunehmend mehr Aufmerksamkeit. Denn sobald wir die bedeutenden archäologischen Beweise akzeptieren, die darauf hindeuten, dass Troja keine griechische Stadt war, finden wir uns in der unangenehmen Situation, dass die Trojaner bestimmte griechische Gottheiten verehrten, die ihnen Beistand leisteten.

Haben die Griechen ihre Götter aus dem Nahen Osten importiert, so wie die Römer sie sich Jahrhunderte später wieder aneigneten und umbenannten? Oder gab es vielleicht einfach Überschneidungen? Das größte Rätsel dreht sich um die Rolle des Apollo, dem der Bau der berühmten Mauern Trojas zugeschrieben wird, die die Griechen so lange fernhielten. Als Figur in Homers Erzählung stellte er sich an entscheidenden Punkten auf die Seite der Trojaner, beginnend mit einer Plage, die er im griechischen Lager entfesselte, und führte den Giftpfeil, der schließlich den scheinbar unverwundbaren griechischen Krieger Achilles tötete.

Darüber hinaus war Prinzessin Kassandra von Troja eine Priesterin des Apollo und ihr Bruder, Hektor, der trojanische Held der Geschichte, soll von Apollo gezeugt worden sein. Wenn also die Trojaner keine Griechen waren, warum war dann ein griechischer Gott so eng mit ihrer Kultur verwoben?

Die Bedeutung von Apollo

Nach der griechischen Mythologie war Apollo der Sohn von Zeus und Leto, einer Tochter der Titanen, die Zeus und die übrigen Götter stürzten. Die Tatsache, dass es eine alte Reihe von Göttern gab, die verdrängt wurden, wurde lange Zeit als Hinweis auf einen frühen Kampf der Griechen gegen nicht-griechische Führer um Autonomie interpretiert.

Nachdem Zeus die meisten Titanen im Tartarus gefangen hatte, nahm er Hera zur Frau, aber Leto war die Tochter seiner früheren Feinde. Sogar der Name Leto hat eher lydische als griechische Ursprünge, und in ganz Anatolien wurden viele Tempel zu ihren Ehren gefunden. Die *Ilias* wurde von Homer etwa vierhundert Jahre nach den Ereignissen des Trojanischen Krieges geschrieben, was für Leto, Apollo und seine Zwillingsschwester Artemis mehr als ausreichend gewesen wäre, um in das griechische Pantheon aufgenommen zu werden. Wegen der Bedeutung des Krieges und des griechischen Sieges wurden Apollo und Artemis auf den Olymp befördert, wodurch sie zu den bedeutendsten Göttern gehörten.

Weitere Beweise für die griechische Aneignung von Apollo erst nach dem Krieg liefert die schiere Zahl seiner Kräfte und Gaben. Er ist der Sonnengott, obwohl die Griechen bereits den Titan Helios anbeteten. Apollo zog jeden Tag hinter seinem Wagen einen Feuerball über den

Himmel. Er ist auch der Gott des Lichts, der Kunst, des Bogenschießens, der Musik, der Plagen, der Heilung, der Prophezeiung und der Wahrheit, um nur einige zu nennen. Diese sind wohl beeindruckender als Zeus' Gaben und kennzeichnen eine bedeutendere Gottheit, als seine Nebenrolle in der griechischen Mythologie vermuten lässt.

Die königliche Familie von Troja

Die Trojaner, die an der Geschichte beteiligt waren, waren zumeist Mitglieder der königlichen Familie. Wie bei ihren griechischen Gegnern herrschte auch über Troja eine Monarchie, an deren Spitze König Priamos stand, als die Achäer zum zweiten Mal über die Ägäis stürmten, um Trojas Tore zu belagern. Ja, *das zweite Mal.*

Das erste Mal ereignete sich während der Regierungszeit von Priamos' Vater, Laomedon. Laomedon beging zwei berühmte Fehler, für die sein Volk und seine Familie teuer bezahlen mussten. Zuerst verweigerte er die Zahlung an Apollo und Poseidon, nachdem sie geholfen hatten, die Mauern seiner Stadt zu erbauen. Als Strafe sandte der Erste eine Pest über die Stadt und der Zweite entfesselte ein Seeungeheuer, einen Keto, um sie vom Meer aus anzugreifen. Es bedurfte der Anstrengungen des berühmten griechischen Halbgottes Herakles, das Tier zu töten und die Pest zu beenden, aber Laomedon machte einen zweiten, fatalen Fehler, indem er sich weigerte, Herakles die Pferde zu geben, die ihm als Gegenleistung für seine Hilfe versprochenen worden waren.

Im Gegensatz zum späteren zehnjährigen Feldzug machten Herakles und sein Begleiter Telamon kurzen Prozess bei der Belagerung. Telamons Vater hatte geholfen, einen Teil der Mauer zu errichten, und im Gegensatz zu den Abschnitten von Apollo und Poseidon, hatte dieser Teil eine Schwachstelle. Die Krieger nutzten dieses geheime Wissen aus, um in die Stadt einzudringen und König Laomedon zu töten. Als Teil ihrer Rache für den Verrat des toten Königs begannen sie, seine Söhne zu ermorden, einen nach dem anderen, bis sie den jungen Priamos erreichten. Seine Schwester Hesione bot sich Telamon als Lösegeld an, der sie zur Frau nahm, und Priamos als Gegenleistung verschonte. In der Tat bedeutet Priamos „der Erlöste" (vor diesen Ereignissen war er *Podarces* genannt worden).

Priamos bestieg den Thron Trojas und allen Berichten nach war er ein gerechter und weiser Herrscher. Troja gedieh unter seiner Herrschaft und er soll nicht weniger als 86 Kinder gezeugt haben. Er pflegte den trojanischen Brauch aristokratischer Männer und hatte viele Frauen, von denen Hekuba an erster Stelle stand. Hekuba selbst brachte neunzehn Kinder zur Welt, darunter Hektor, Paris und Kassandra, die alle eine wichtige Rolle im Trojanischen Krieg spielten. Hektor war der Thronfolger und der stärkste aller trojanischen Krieger, stärker noch als sein Vater Priamos. Hektor galt als das Beste, was Troja zu bieten hatte. Sogar die Griechen, als Urheber der Erzählung, stellten ihn als den heldenhaftesten aller ihrer Charaktere dar. Homers *Ilias* handelt von der Tragödie des Hektor ebenso wie von der Wut des Achilles. Durch Homers Werk repräsentieren Hektor und seine Frau Andromache sowohl trojanische als auch griechische Männer- und Frauenideale der Gesellschaft.

Paris, Hektors Bruder, ist ein anderer Fall. In einigen Berichten wird er als der Sohn des Gottes Apollo beschrieben. Während Hektor als Trojas größter Verteidiger gilt, ist Paris dafür verantwortlich, die Stadt in Gefahr zu bringen. Im Laufe der Geschichte wird der Kontrast zwischen den beiden Brüdern immer wieder hervorgehoben. Während Hektor die Kriegskunst beherrscht, gesteht Paris seine Unzulänglichkeiten ein und benutzt vor allem Pfeil und Bogen, um den Nahkampf zu vermeiden. Als Paris vom König der Spartaner, Menelaos, zu einem Einzelkampf herausgefordert wird, um den Krieg zu beenden, flieht er, anstatt seine Niederlage zu akzeptieren, was zum Tod vieler weiterer Trojaner und Griechen führt. Im Gegensatz dazu ist Hektor bereit, zur Verteidigung der Stadt und der Ehre seiner Familie zu sterben, was er mehrfach unter Beweis stellt.

Kassandra, die Tochter von Priamos und Hekuba, ist eine weitere wichtige Figur im Trojanischen Krieg. Als Priesterin von Apollo kam der Gott zu ihr und bot ihr die Gabe der Prophezeiung an. Als sie sich später weigert, seine Kinder zu empfangen, verflucht Apollo sie und sagte ihr, dass man ihren präzisen Prophezeiungen stets mit völligem Unglauben begegnen werde. Infolgedessen sagte sie den Fall Trojas an die Achäer voraus, aber niemand hört zu. Diese kleine Geschichte steigert die Verwirrung um die Rolle Apollos, der abwechselnd die Trojaner unterstützt und verflucht. Das „Kassandra-Syndrom" hat seinen Weg in die Populärkultur gefunden und bezieht sich auf jeden, der gültige und vorsichtige Warnungen macht, die ignoriert werden.

Schließlich ist da noch der Charakter Aeneas, der im Trojanischen Krieg nur eine untergeordnete Rolle spielt, aber in den folgenden Ereignissen größere Bedeutung erlangt. Er ist der Sohn eines trojanischen Prinzen und der Göttin Aphrodite. Die Götter befehlen ihm, zusammen mit seinem Vater, seinem Sohn und mehreren Gefährten zu fliehen. Seine Geschichte wird von Vergil, einem bekannten römischen Dichter, beschrieben, der Aeneas' Abenteuer in der *Aeneis* bis zu seiner Übersiedlung nach Italien und seine Verbindung zu Romulus und Remus, den ersten Königen Roms, beschreibt. In vielerlei Hinsicht spiegelt seine Geschichte die des Odysseus – Ithakas König und zentrale Figur der *Odyssee* – und der Griechen wider, die nach dem langen Krieg nach Ithaka zurückkehren wollten.

Kapitel 2: Wer waren die Achäer?

Die Griechen, die am Trojanischen Krieg beteiligt waren, waren Teil des mykenischen Griechenlands, das von etwa 1750 v.u.Z. bis 1050 v.u.Z. dauerte.

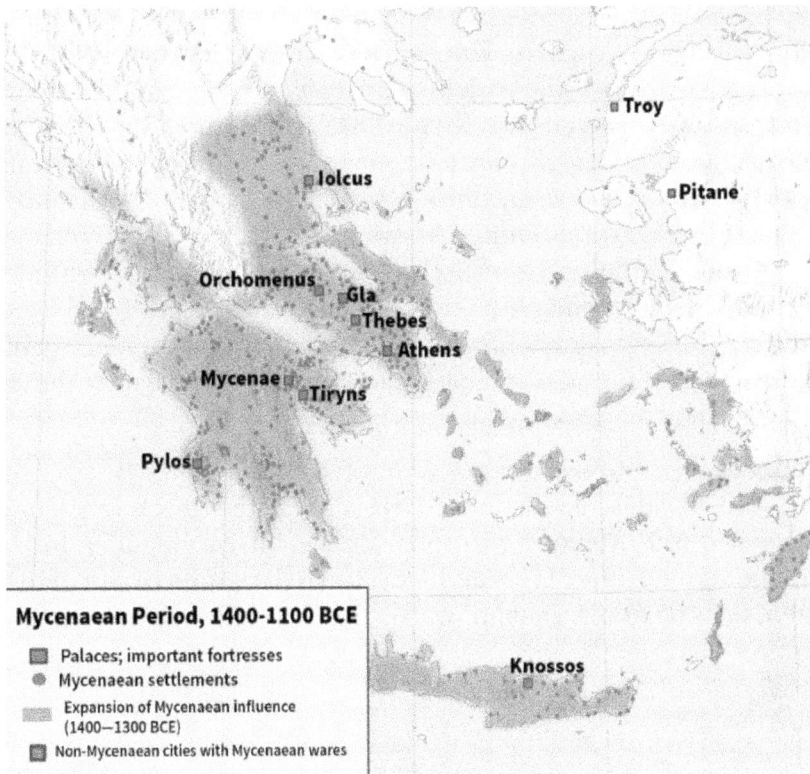

Das mykenische Griechenland. [28]

Homer bezeichnet diese Griechen in der *Ilias* am häufigsten als die „Achäer" (griechisch Achaier), und wir folgen dieser Konvention. Es ist jedoch zu beachten, dass dies etwas verwirrend ist, da sich der Begriff eigentlich auf die Bewohner der Region Achaia im Norden der Peloponnesischen Halbinsel bezieht und die Achaische Liga im 3. Jahrhundert v.u.Z. von den Stadtstaaten der Region gegründet wurde. Homers Achäer waren nicht auf diese Region beschränkt und kamen stattdessen aus Königreichen des ganzen griechischen Festlands. Homer bezieht sich auch auf die griechischen Streitkräfte als Danäer, Argiver (Bewohner der Region um Argos), Panhellenen und Hellenen in der *Ilias*. Auch hier werden wir für die Zwecke unserer Darstellung den Sammelnamen *Achäer* für diese Menschen verwenden.

In vielerlei Hinsicht waren die Achäer während der Bronzezeit die Wikinger des Mittelmeeres. Sie waren noch nicht zur klassischen Zivilisation Athens im Goldenen Zeitalter herangereift – auch nicht zur strukturierten Kriegergesellschaft Spartas während der Perserkriege. Diese griechischen Kulturen waren weniger leistungsfähig, aber möglicherweise bedrohlicher, als es ihre Nachkommen sein sollten.

Auf einigen der ersten Kriegsschiffe, die jemals gebaut wurden, breiteten sie sich über die Inseln der Ägäis aus, nahmen mit, was sie konnten, und verbreiteten ihre Kultur, ihre Güter, ihre Sprache und auch jede Menge Tod. Dennoch waren sie nicht nur Rohlinge, sondern nutzten ihren Schiffbau auch dazu, ihre Wirtschaft durch den Handel mit Nachbarn wie Ägypten und Assyrien zu stützen. Sprachanalysen, archäologische Funde und genetische Studien deuten darauf hin, dass die Achäer selbst wahrscheinlich Nachkommen von einheimischen Griechen, Minoern aus Kreta und einem oder mehreren indogermanischen Stämmen waren, die das Gebiet nach ihrer Wanderung durch den Kaukasus besiedelt hatten.

Agamemnon und Menelaos

Wie ihre trojanischen Rivalen waren auch die mächtige achäischen Stadtstaaten durch Mauern geschützt, da sie oft miteinander im Kampf lagen. Die griechische Gewohnheit, Zitadellen auf einem Hügel zu errichten, der Akropolis genannt wurde, kann auf diese Zeit zurückgeführt werden.

Bild einer Akropolis. [29]

Der größte dieser Stadtstaaten war Mykene im Norden der Peloponnes nahe dem heutigen Mykene. Auf ihrem Höhepunkt um 1350 v.u.Z. hatte es etwa 30.000 Einwohner und war fast dreimal so groß wie seine engsten griechischen Rivalen und ehemaligen Verbündeten. Vor dem Trojanischen Krieg war König Atreus Herrscher von Mykene. Er und seine Frau Aerope hatten zwei Söhne, Agamemnon und Menelaos.

Agamemnon war der Thronfolger, doch die Familie geriet ins Chaos, als Atreus herausfand, dass Aerope Ehebruch mit seinem Bruder Thyestes begangen hatte. Wütend tötete Atreus nicht nur die Söhne des Thyestes, sondern zwang ihn, sie zu essen. Später zeugte Thyestes durch Inzest mit seiner Tochter Pelopeia einen Sohn namens Aigisthos. Aigisthos wuchs heran und nahm Rache für seinen Vater, indem er Atreus ermordete und Thyestes auf den Thron von Mykene setzte.

Da Agamemnon der Thron entrissen worden war, ergriff er mit Menelaos die Flucht. Sie fanden Zuflucht bei König Tyndareos in Sparta, der die beiden trotz des familiären Wahnsinns als unschuldig ansah. Dort trafen sie Tyndareos' Tochter Helena. Die Nachricht von Helenas Schönheit hatte sich bereits in allen Königreichen verbreitet, und mächtige Freier kamen aus ganz Griechenland mit üppigen Geschenken, um gegeneinander um ihre Hand zu wetteifern. Als Frau ihrer Zeit, ihrer Gegend und ihrer gesellschaftlichen Stellung hatte Helena keine Wahl, was die Heirat betraf. Diese Aufgabe fiel ihrem Vater zu, der fürchtete, die Heirat würde einen Krieg auslösen.

Odysseus (einer der Freier) unterbreitete dem König eine kluge Idee: alle Freier sollten sich verpflichten, vor der Entscheidung einen Eid zu schwören, die endgültige Wahl anzuerkennen. Jeder stimmte zu, da dies die Unterstützung des Volkes für den ausgewählten Bräutigam sicherstellte. Tyndareos wählte Menelaos und alle Freier verließen Sparta friedlich, mit Ausnahme von Odysseus. Dieser hatte seinen Ratschlag nicht umsonst erteilt. Im Gegenzug bat er Tyndareos um Unterstützung bei der Werbung um Helenas Cousine Penelope, in die er sich während seines Besuchs verliebt hatte.

Auch Agamemnon heiratete eine Tochter von Tyndareos namens Klytämnestra, aber es war Menelaos, der nach dem Tod des Königs wegen seiner Ehe mit Helena den Thron bestieg, da er der Ältere von ihnen beiden war. Der Ehrgeiz hatte Agamemnon veranlasst, nach Helenas Hand zu streben, aber er war nun durch seinen Eid verpflichtet, sowohl die Heirat seines Bruders als auch dessen Thronanspruch anzuerkennen. Er überzeugte Menelaos, ihm zu helfen, Mykene von Thyestes zurückzuerobern. Sie marschierten nach Norden, überraschten ihren Onkel und jagten ihn und seinen Sohn aus der Stadt und setzten Agamemnon als den mächtigsten Mann im achäischen Griechenland als Herrscher ein.

Die achäischen Helden des Trojanischen Krieges

Agamemnon, Menelaos und Odysseus nahmen alle am Trojanischen Krieg teil und führten ihre Königreiche in die Schlacht. Nachdem Odysseus mit Penelope Sparta verlassen hatte, übernahm er bald den Thron seines Vaters und wurde König von Ithaka. Seine Absicht, Tyndareos' Unterstützung für die Heirat mit Penelope zu gewinnen, war kein Zufall. Odysseus gilt als einer der klügsten Protagonisten der griechischen Geschichte und Mythologie. Diese Eigenschaft steht in krassem Gegensatz zu dem achäischen Krieger Achilles, der frech, hitzköpfig und auf seine weltberühmten Fähigkeiten im Kampf angewiesen war, um Streitigkeiten beizulegen.

Odysseus und Nestor (der König von Pylos) waren in erster Linie für die Rekrutierung und Vereinigung der achäischen Königreiche gegen Troja verantwortlich, um den Krieg zu beginnen. Wie bei Priamos wurden alle Brüder Nestors von Herakles, einem griechischen Halbgott, getötet. Zur Zeit des Trojanischen Krieges war Nestor ein etwa 70 Jahre alter Mann mit einer Vorliebe, andere durch Geschichten aus seiner heroischen Jugend zu inspirieren.

Eine Person, die sehr wenig Überzeugungsarbeit erforderte, war Diomedes, König von Argos. Der Legende nach war er der Sohn des Ares und ein Liebling der Athene, weil die Kriegergöttin seine Geschicklichkeit im Kampf schätzte. Er galt in dieser Hinsicht unter den achäischen Streitkräften als der Zweite nach Achilles und hatte in seinen jungen Jahren mehr Kämpfe gesehen als selbst der betagte Nestor. Von allen achäischen Helden wurden nur er und Odysseus in der *Ilias* für ihre List und Strategie gelobt, was ihn zum „Komplettpaket" machte. Diomedes wurde später König von Argos und gründete mehrere Städte in Italien, wo er nach seinem Tod als Gott verehrt und angebetet wurde.

Ein weiterer Halbgott der Achäer war Ajax der Große, Sohn des Königs Telamon von Salamis. Homer und andere stellen Ajax den Großen als eine mutige und überragende Figur der Griechen dar. Er kämpfte zweimal gegen Hektor, beide Kämpfe endeten in einem Unentschieden, was zu wachsendem Respekt zwischen den gegnerischen Helden führte. Es gab noch einen weiteren Ajax in den Reihen der Achäer, genannt Ajax der Kleine (oder manchmal Ajax der Lokrer), um die beiden besser voneinander zu unterscheiden. Keiner von ihnen war König, aber sie führten ihre Streitkräfte bei der Belagerung von Troja von Salamis bzw. Lokris aus.

Das Kommando über die kretischen Armeen (deren Bogenschützen zu den besten leichtbewaffneten Truppen der Antike zählten) führte König Idomeneus, ein Enkel von König Minos (der mit dem Minotaurus). Im Laufe des Krieges wurde er einer der vertrauenswürdigsten Berater Agamemnons und gehörte zu den achäischen Kriegern, die sich im Rahmen des von Odysseus entworfenen Plans in Trojas Mauern versteckten. Ein anderer Krieger im Trojanischen Pferd war der Athener König Menestheus. Wie Diomedes verstand er die Rolle der Taktik im Krieg, wurde aber oft dafür kritisiert, weniger tapfer und geschickt zu sein, wenn es um seinen eigenen Kampf ging.

Fast alle dieser achäischen Helden gehörten zu den Freiern von Helena von Sparta und waren an den Eid gebunden, Menelaos zu unterstützen. Odysseus' Trick mag eine friedliche Lösung des Wettstreits um Helena ermöglicht haben, aber als der junge Prinz von Troja mit der Prinzessin flüchtete, um sie Helena von Troja zu nennen, waren sie alle durch ihre Ehre gebunden.

Während einige Maler annahmen, dass Helena und Paris ineinander verliebt waren, zeigen die meisten die Entführung als gewalttätigen Akt. Dieses Gemälde heißt passenderweise Die Entführung der Helena und wurde von Francesco Primaticcio gemalt.[30]

Kapitel 3: Die Ursachen des Trojanischen Krieges

In diesem Kapitel werden wir über die Ereignisse sprechen, die zum Trojanischen Krieg führten, wie den eigentlichen Zankapfel: das Urteil des Paris und die Entführung Helenas. Die Einzelheiten des Krieges werden hier noch nicht abgehandelt, sondern wir legen lediglich die Grundlagen für ein besseres Verständnis der Ursachen.

Viele glauben, dass der Trojanische Krieg begann, als Paris Helena von Sparta entführte – oder in der romantischen Version: Sie verliebten sich und fliehen zusammen. Die Wahrheit ist mit der Zeit verloren gegangen und beide Versionen der Geschichte haben ihre Vorzüge. So oder so, Menelaos konnte viele seiner Mitkönige und Krieger versammeln, um tausend Schiffe (klingt das vertraut?) über die Ägäis zu schicken und den Krieg vor den Toren Trojas zu führen. Aber wie alle Geschichten der alten Griechen, ist es ein wenig komplizierter.

Die Saat für den Konflikt wurde sowohl durch eine Prophezeiung als auch durch einen Wettbewerb gelegt, wobei beide die Götter und Göttinnen des Olymp miteinbezogen. Die fragliche Prophezeiung erhielten sowohl der Gott Zeus als auch sein Bruder Poseidon, die sich beide in die wunderschöne Seenymphe Thetis verliebt hatte. Ihnen wurde prophezeit, dass Thetis' Sohn aufstehen würde, um seinen Vater durch unerklärliche Kräfte zu vernichten, wenn er von Göttern wie Zeus oder Poseidon gezeugt werden sollte. Das Götterpaar zog sich zurück und Zeus verfügte stattdessen, dass Thetis den älteren König Peleus von Phthia heiraten musste. Zeus hatte immer befürchtet, eines Tages von seinen Nachkommen entthront zu werden, ähnlich wie er und seine Geschwister rebelliert hatten, um ihre Eltern, die Titanen, zu besiegen. Er fing an, einen einen Krieg zu planen, dessen Ziel es war, die Erde von den vielen Halbgottkindern zu befreien, die sie bevölkerten.

Die Meernymphe Thetis dargestellt auf einem schwarzfigurigen Teller. [81]

Das Urteil des Paris

Nach der Hochzeit von Thetis und Peleus veranstaltete Zeus ein großes Fest, ohne jedoch Eris, die Göttin der Zwietracht und des Streites, einzuladen. Um ihre Rache zu säen – und ihrem Namen gerecht zu werden – warf sie einen goldenen Apfel mitten unter die Feiernden, auf dem die Inschrift „Für die Schönste" eingraviert war. Hera, Athene und Aphrodite beanspruchten den goldenen Apfel, der *offensichtlich* jeder von ihnen zustand, und um den Streit beizulegen, sandte Zeus sie zu Paris von Troja, der in dieser Frage der Richter sein sollte.

Der goldene Apfel der Zwietracht *von Jacob Jordaens.*[82]

Jede Göttin versuchte, Paris in Übereinstimmung mit ihrer Natur zu bestechen. Hera, die Gattin des Zeus und Königin der Götter, bot Paris immense Macht an und versprach, ihn zum König Europas und Asiens zu machen. Die Göttin der Weisheit und des Krieges, Athene, versprach Paris, große Weisheit und Geschick im Kampf, wenn er sie auswählte. Schließlich prophezeite Aphrodite, die Göttin der Liebe und Schönheit, dass Paris sich, wenn er sie erwählte, in die schönste Frau der Welt verlieben würde.

Paris entschied sich für Aphrodite und tappte damit in die Falle des Zeus, denn Helena von Sparta hatte den Titel inne – aber sie war bereits mit König Menelaos verlobt.

Paris wurde wegen seiner Entscheidungen oft verunglimpft oder als Feigling betrachtet, aber in diesem Wettstreit gab es nichts zu gewinnen. Egal, wen er auswählte, er machte zwei mächtige Göttinnen zu Feinden Trojas, die letztendlich die Griechen im kommenden Krieg unterstützen sollten.

Nachdem ihm Aphrodite das Bildnis von Helena gezeigt hatte, begab sich Paris auf eine diplomatische Mission nach Sparta mit dem Hintergedanken, sie zu entführen. Um ihr Wort zu halten, sandte Aphrodite Eros (in der römischen Mythologie Amor) aus, um kurz vor der Begrüßung von Paris einen verzauberten Pfeil auf Helena abzuschießen. Als sie aufblickte, und ihn sah, verliebte sie sich und stimmte zu, mit ihm in die große Zitadelle von Troja zu fliehen. Andere Versionen behaupten, Helena sei gegen ihren Willen entführt worden. Diese Version war es sicherlich, die Menelaos benutzte, um seine griechischen Landsleute zum Krieg zu überreden.

Die Liebe von Helena und Paris *von Jacques-Louis David.* [88]

Der Weg in den Krieg

Als Paris und Helena in Troja ankamen, war die königliche Familie wütend – besonders Priamos und Hektor, die begriffen, dass die Griechen dies nicht einfach ungestraft lassen würden und dass ein Krieg mit Griechenland wahrscheinlich unvermeidlich war. Menelaos und Odysseus reisten nach Troja, um über Helenas Freilassung zu verhandeln, aber Paris (und möglicherweise Helena) wollte einer Rückkehr nicht zustimmen. Aufgrund ihrer eigenen Pflicht gegenüber ihrem Sohn und Bruder stimmten König Priamos und Prinz Hektor zu, Helena in ihrer Stadt bleiben zu lassen und die griechischen Abgesandten abzuweisen.

Das nächste Mal, als sie sie sahen, kamen die Griechen mit einer der größten Armadas, die jemals zusammengestellt worden waren. Nachdem er Hera abgelehnt hatte, sollten Paris und die Trojaner keinen dauerhaften Wohlstand erleben und auch nicht die Herren von Europa und Asien werden. Und nachdem er Athene den Apfel verweigert hatte, waren es die Griechen, die sich der kühnen Strategien des Odysseus rühmten – und die mit Achilles den größten Krieger in ihren Reihen hatten. Eine Zeitlang hatte Paris immerhin Helena von Troja.

Um die Ursachen des Trojanischen Krieges besser zu verstehen, ist es nötig, einen Schritt von den Mythen zurückzutreten und sich die ägäische Welt in der späten Bronzezeit anzusehen. Während Troja ein Rivale der Griechen war, waren die Hethiter in Anatolien wahrscheinlich ein Feind der Griechen. Trojas Festung schützte den Wohlstand der Hethiter, ein Volk, das unabhängig blieb, aber in ständiger Gefahr schwebte, von seinen beiden Nachbarmächten verschluckt zu werden.

Da die Hethiter in Homers Bericht über den Krieg in der *Ilias* leider nicht vorkommen, wird angenommen, dass Homer vielleicht einen unbekannten Namen benutzte, um sie bei der Aufzählung der trojanischen Verbündeten zu nennen. Angesichts der Macht und des Einflusses der bronzezeitlichen Hethiter in Anatolien wäre dies sinnvoller, als sie ganz außen vor zu lassen. Solange Troja neutral blieb, waren sie sicher. Entweder aufgrund von Fehlkalkulationen, fehlgeleiteten Strategien oder persönlichem Groll scheinen sich die Trojaner von den Griechen abgewendet zu haben, die ihrerseits vielleicht *ein nicht existierendes Troja* einem feindlichen Troja vorzogen.

Kapitel 4: Die Sammlung der achäischen Truppen

Da Helena nicht auf diplomatischen Wege zurückgeholt werden konnte, begann Menelaos, andere für seine Sache zu rekrutieren. Sein erster Anlaufpunkt war Mykene und sein Bruder Agamemnon, der bereit war, sich Menelaos anzuschließen – allerdings nur, wenn er der Oberbefehlshaber aller griechischen Truppen auf dem Feldzug würde. Menelaos wusste, dass er die Macht seines Bruders brauchte, und stimmte zu. Doch allein würden ihre beiden Königreiche nicht ausreichen.

Aber noch bevor die Griechen Aulis in Richtung Troja verlassen konnten, wurde die Stadt von einer Pest heimgesucht und die Flotte musste wegen des ausbleibenden Windes im Hafen bleiben. Der Sage nach verlangte Artemis (die Göttin der Jagd) ein Opfer: Agamemnons Tochter, Iphigenie, sollte geopfert werden. Agamemnon war aufs höchste bestürzt, vollbrachte die Tat aber dennoch, bevor er nach Troja segelte und eine wütende Frau und Familie zurückließ. Das war nur eine von mehreren Torheiten, die noch vor Beginn der Schlacht auf die Griechen warteten!

Odysseus täuscht vor, verrückt zu sein

Sie brauchten eine List, also schickten sie nach Odysseus, der jetzt König von Ithaka war. Odysseus hatte gehört, dass Agamemnon eine Streitmacht zusammenstellte, um Troja einzunehmen und Helena für seinen Bruder zurückzuholen. Odysseus wollte aber weder einen Konflikt mit Troja noch Agamemnon zum Feind. Also verließ er sich wieder auf seinen Scharfsinn, und fing an, Wahnsinn vorzutäuschen.

Der Eid, den Sieger des Wettstreits um Helens Hand zu ehren, war nur einer seiner Tricks und Odysseus fühlte sich keineswegs daran gebunden. Als Agamemnons Abgesandter Palamedes eintraf, traf er Odysseus als Bauer gekleidet an, der Salz auf seine Ernte streute und Absurditäten murmelte. Unbeeindruckt von dieser – zugegebenerweise nicht allerbesten– List stellte Palamedes Telemachos, den Sohn des Königs von Ithaka, vor Odysseus' Pflug, was Odysseus dazu brachte, auszuweichen und so seine Täuschung aufzugeben. Odysseus, der sich also als geistig gesund erwies, da er Telemachos rettete, musste nun für Agamemnon kämpfen oder Vergeltung riskieren. Odysseus wurde zusammen mit Nestor beauftragt, die achäischen Königreiche auf ihrer Seite zu versammeln und sie an den Eid zu erinnern, den sie Menelaos bei seiner Verlobung mit Helena geschworen hatten. Diomedes, Ajax der Große, Ajax der Kleine, Idomeneus und Menestheus schlossen sich der Sache an, aber sie brauchten noch den größten Krieger von allen: Achilles.

Achilles und die Prophezeiung

Viele Jahre waren nun seit der Hochzeit von Thetis und Peleus vergangen und sie gebar einen Sohn, den sie Achilles nannten. Obwohl Zeus Thetis gezwungen hatte, Peleus zu heiraten, wollte sie keinen sterblichen Sohn. Heimlich besuchte sie den Fluss Styx an der Grenze des Hades, und tauchte dort ihren kleinen Sohn ins Wasser, indem sie ihn kopfüber an der Ferse festhielt. Der Fluss machte Achilles überall, wo er seine Haut berührte, unverwundbar und hinterließ nur einen Schwachpunkt: die Ferse, an der ihn seine Mutter festgehalten hatte. Einige Versionen dieses Mythos zeigen, dass Peleus mit einer solchen Behandlung seines Sohnes nicht einverstanden war, was zum Tod vieler seiner angeblichen älteren Geschwister führte.

Wie viele Charaktere im Trojanischen Krieg war auch Thetis durch eine Prophezeiung zu solch gefährlichen Taten motiviert worden, die Folgendes besagte: dass ihr Sohn für immer als der größte Krieger der Welt in Erinnerung bleiben würde, er aber als junger Mann sterben würde. Trotz seiner scheinbaren Unverwundbarkeit versuchte Thetis, Achilles vor Agamemnons Gesandten zu verstecken. Als man ihn dennoch fand, offenbarte sie Achilles die Warnung des Orakels. Nun war es an Achilles zu entscheiden, ob er lange leben und vergessen werden würde - oder jung sterben und der Welt in Erinnerung bleiben würde. Aus Überheblichkeit, dass er ein solches Schicksal vermeiden oder seine heldenhafte Natur akzeptieren konnte, stimmte er zu, mit Agamemnon und den Griechen in See zu stechen und seine gefürchtete Armee von Myrmidonen gegen die Trojaner zu führen.

Ein schlechter Beginn

Mehrere Jahre waren vergangen, um die verstreuten und für ihre wenig kooperative Art berüchtigten griechischen Königreiche aufzurütteln, aber die erfolgreiche Rekrutierungskampagne führte zu einem Bündnis von über hunderttausend achäischen Soldaten. Diese riesige Armee benötigte über tausend Schiffe, um sie über das Meer nach Anatolien und an die Strände von Troja zu bringen. Sie stimmten zu, sich in Aulis zu versammeln, wo eine Reihe von Torheiten begann.

Während ihres Opfers an die Götter, das diese auf ihre Seite ziehen sollte, schlüpfte zuerst eine Schlange unter dem Altar hervor, kletterte auf einen Baum, fraß acht Sperlingsküken und deren Mutter – und verwandelte sich schließlich in Stein. Ein Seher namens Kalchas war anwesend, der das seltsame Omen so deutete, dass der Krieg der Achäer neun Jahre dauern würde, bevor sie die Trojaner im zehnten Jahr besiegen würden. Die Soldaten nahmen dieses Omen mit gemischten Gefühlen auf. Ja, der Krieg würde mit einem Sieg für sie enden, aber er würde ein anstrengendes Jahrzehnt dauern. Sie segelten mit hoffnungsvollen, aber beunruhigten Gemütern nach Troja und landeten in Anatolien, um die Hölle an den Ufern der großen Stadt zu entfesseln.

Die letzte Torheit ereignete sich, als Agamemnon, der in Aulis wartete, um nach Troja zu segeln, eine Jagdgesellschaft anführte, auf der er nicht nur damit prahlte, ein ebenso großer Jäger wie die Göttin Artemis zu sein, sondern auch unwissentlich einen ihrer heiligen Hirsche tötete. Wütend und voller Rachegelüste hielt Artemis alle Winde in Aulis an, so dass die Achäer nicht nach Troja aufbrechen konnten. Der Seher Kalchas sagte, Artemis würde den Wind erst wieder wehen lassen, wenn im Gegenzug ein Blutopfer in Gestalt von Agamemnons ältester Tochter Iphigenie dargebracht werde. Menelaos überredete ihn, nach ihr zu schicken und ihr zu sagen, dass sie mit dem großen Achilles vermählt werden solle.

Iphigenie und ihre Mutter, Klytämnestra, trafen ein und erfuhren, dass es eine Falle war, als sie mit Achilles sprachen, der nichts von der Verschwörung wusste. Wütend darüber, dass er zu einer Spielfigur gemacht wurde, erzählte Achilles den Truppen, warum die Winde aufgehört hatten und wie Kalchas gesagt hatte, sie würden wieder wehen, nachdem Iphigenie geopfert worden wäre. Agamemnon war kurz davor, seine Meinung zu ändern, aber nun war er zwischen dem Opfer seiner

Tochter und der Ermordung seiner ganzen Familie durch die ruhelosen Soldaten gefangen, die drohten, sich gegen ihn zu wenden, falls er Artemis nicht beschwichtigte.

Jetzt erklärte sich Iphigenie freiwillig für das Opfer bereit, da sie wusste, dass sie so oder so sterben würde und eine Chance sah, ihre Mutter und ihren Vater zu retten. Wegen ihres Heldentums hatte Artemis Mitleid mit Iphigenie und verschonte sie, obwohl ihre Eltern erst später von ihrem Überleben erfuhren. Als Artemis zufrieden gestellt war, kehrten die Winde zurück, und die Achäer stachen erneut in See.

Die Opferung Iphigenies *von François Perrier.* [34]

Sie landeten an einem weiteren Ort – immer noch nicht Troja – und blieben lange genug, dass Achilles einen Sohn des Apollo töten konnte. Außerdem hatte einer der achäischen Krieger mit einer geheimnisvollen, eiternden Wunde zu kämpfen, die nicht heilen wollte.

Die Insel, an der sie Halt machten, wurde Tenedos genannt, und sie wollten dort ihre Vorräte auffüllen, bevor sie in Troja ankamen und den Krieg begannen. Der Hauptgott der Insel war Apollo und König Tennes war sein Sohn. Achilles begehrte Tennes' Schwester Hemithea, die seinen Annäherungsversuchen entkam, aber ihre Qual erzürnte den König, der bereit war, die Waffen gegen den großen Krieger zu ergreifen. Thetis erschien und warnte Achilles davor, Tennes zu verletzen, da es Apollo verärgern würde.

Achilles gab jedoch nicht nach und der Kampf endete damit, dass Achilles sein Schwert durch die Brust des Königs stieß. Wie von Thetis vorausgesagt, schwor Apollo Rache und besiegelte damit das Schicksal von Achilles, im Trojanischen Krieg zu sterben. Die Achäer versuchten, ein Opfer zu bringen, um Apollo zu besänftigen, aber wieder glitt eine giftige Schlange vom Altar und biss Philoktetes von Meliboia in den Fuß. Die Wunde heilte nicht und war so heftig, dass seine verwirrten und alarmierten Gefährten ihn auf die nahegelegene Insel Lemnos brachten, wo Philoktetes sich erholen konnte, bis sie zu ihm zurückkamen. Nun voll ausgerüstet – aber mit Apollo als mächtigem Feind – beendeten die Achäer ihre Reise nach Troja.

ABSCHNITT ZWEI:
DER TROJANISCHE KRIEG

Kapitel 5: Der Krieg beginnt

Einer der Gründe, warum die Achäer rasch ankommen wollten, aber ihre Ankunft auch verzögerten, war eine weitere Prophezeiung von Kalchas. Diese besagte, dass der Erste, der trojanischen Boden betreten würde, auch der Erste sein würde, der sterben müsste. Odysseus wies die Vorhersage öffentlich zurück, blieb selbst aber vorsichtig. Da er pragmatisch war und wusste, dass jemand den Anfang machen musste, damit sie nicht auf ihren Schiffen verrotteten, sprang er aus dem Boot, landete aber heimlich auf seinem Schild statt auf trojanischen Boden und löste damit die Kaskade achäischer Soldaten an den Strand aus.

Der Erste, der auf festem Boden landete, war Protesilaos, der prompt von keinem Geringeren als Prinz Hektor getötet wurde – der einen Angriff außerhalb der Mauern Trojas anführte, um die Achäer zu begrüßen, während sie verwundbar waren und ihr Lager noch nicht befestigt hatten. Die Schlacht endete mit der Erschöpfung der Achäer und der Rückkehr der Trojaner in die Sicherheit ihrer Mauern. Die Griechen hatten den Brückenkopf unter hohen Kosten gewonnen, obwohl auch die Trojaner Verluste hatten. Achilles hatte gegen den berühmten und gefürchteten Cyknus, einen Sohn des Poseidon, der Troja verteidigte, gekämpft und ihn getötet.

Ein griechischer Gesandter

Nachdem sich der Staub gelegt und die achäische Armee sich im trojanischen Gebiet festgesetzt hatte, verlangte die Tradition einen letzten Versuch, den Krieg zu verhindern. König Menelaos und König Odysseus wurden als griechische Gesandte ausgewählt, um die Rückkehr von

Helena und die Wiederherstellung des Friedens zwischen den Königreichen zu verhandeln. Sie wurden in das Haus von Antenor, einem trojanischen Adligen mit vielen griechischen Familien- und Geschäftsverbindungen gebracht. Menelaos sollte seine Ehre wiedererlangen. Odysseus hatte vor seiner Rekrutierung lediglich versucht, einen des Krieges zu vermeiden. Antenor schenkte den beiden Achäern ein offenes Ohr, von denen jeder gerne mit Helena zurückgekehrt wäre.

Aber der Frieden stand nicht wirklich zur Debatte, denn König Priamos war in seiner Position gefangen. Er hatte bereits Helena (und den Schatz, den sie mitgebracht hatte) in seiner Stadt willkommen geheißen, und sie zurückzubringen, nachdem eine Armee aufgetaucht war, hätte bedeutet, dass er einen Irrtum eingestehen musste. Er befand sich in der Zwickmühle, entweder sein Fehlverhalten einzugestehen oder sich als feige zu erweisen oder vielleicht sogar beides. Die Zeit, Helena nach Sparta zurückzuschicken, war längst vorbei, und das Treffen war eine reine Formalität.

Darüber hinaus wussten Menelaos und Odysseus vielleicht nicht, wie nahe sie dem Tod gekommen waren. Ein Trojaner namens Antimachos setzte sich für die Ermordung der Könige ein, nicht nur als Vergeltung für ihre Invasion und das Blutvergießen, sondern um den Achäern zwei ihrer wichtigsten Führer zu rauben. Menelaos war der symbolische Grund für den Krieg zwischen den Trojanern und Odysseus gehörte zu den Hauptstrategen der Achäer. Die Griechen wären über den Mordplan empört gewesen, hätten aber die Logik eines Krieges infrage gestellt, um Helena für einen toten König zurückzuholen. Als Bonus hätten die Trojaner auch den Mann ausgeschaltet, der ihnen mit dem Komplott des Trojanischen Pferdes den Todesstoß versetzen sollte.

Am Ende wurden die beiden Könige aber so friedlich aus der Stadt heraus eskortiert, wie sie hineingekommen waren, und beide Seiten begannen, ihre nächsten Schritte vorzubereiten.

Eine lange Pattsituation

Kalchas sollte bezüglich der Länge des Krieges Recht behalten, denn er zog sich neun lange Jahre hin. Troja wurde nie vollständig von den Achäern belagert, obwohl sie einen Großteil der Ägäis und der Dardanellen kontrollierten. Auch wenn sie den Trojanern zahlenmäßig überlegen waren, fehlten ihnen immer noch Truppen, um die Stadt komplett einzukreisen, ohne ihre Kräfte zu weit auszudehnen und so anfällig für konzentrierte Angriffe zu werden. Infolgedessen hielten die

Trojaner die Kommunikation und den Handel mit ihren Verbündeten aufrecht und ersparten sich Hunger und Pest, die oft durch die Einschließung einer Bevölkerung in einer Zitadelle entstanden.

Die Zitadelle durch brutale Gewalt einzunehmen war eine weitere Option für die Achäer, aber es war eine schlechte Wahl. Troja war nicht nur eine Stadt, die von einer großen Mauer umgeben war, sondern auch ein Musterbeispiel der bronzezeitlichen Militärtechnik. Die Außenmauer war mit einer hölzernen Palisade und einem Graben umgeben, der acht bis zehn Fuß tief in das Felsgestein gegraben worden war, damit wurde die Höhe der Mauer fast verdoppelt, was jeden Versuch einer Untertunnelung vereitelte.

Die Palisade und der Graben hinderten die Gegner auch daran, Belagerungstürme einzusetzen, so dass jeder Versuch, die Mauern zu erklimmen, mit Leitern oder an den Toren – die viel besser verteidigt wurden – gemacht werden musste. Die Zitadelle (Festung) im Inneren, genannt Pergamos, war noch beeindruckender. Ihre dreißig Fuß hohen Wände standen auf einem hundert Fuß hohen Hügel mit Blick auf die umliegenden Ebenen. Die Wände waren sechzehn Fuß dick, spotteten jedem Versuch, sie mit einem Rammbock zum Einsturz zu bringen, und ihre Verteidiger patrouillierten den 1100 Fuß langen Umgang hinter Brüstungen, die die Spitze bekrönten. Jeder Versuch der Achäer, diese Verteidigung zu durchbrechen, wurde mit Schlachtrufen abgewiesen, und danach füllten Leichen die Gräben.

Doch trotz ihres hochgradigen Verteidigungsvorteils waren die Trojaner immer noch zahlenmäßig weit unterlegen und konnten aus ihrer Abwehr des Gegners kein Kapital schlagen. Die Verteidigung der ausgedehnten Festungsanlagen erforderte den größten Teil ihrer Kräfte und nahm zu viele Soldaten in Anspruch, die für eine offene Schlacht damit nicht zur Verfügung standen. Die Trojaner waren immer bedacht, sich von den Griechen nicht aus ihrer defensiven Position herauslocken zu lassen und blieben hinter ihren Mauern.

Priamos' und Hektors Strategie wurde jedoch oft dafür kritisiert, dass sie keine weiteren Hinterhalte und Guerilla-Angriffe gegen die Achäer vorsah. Diese hätten die Zahl der eindringenden Krieger verringert und ihre Moral zerstört, weil sie so weit und so lange von zu Hause entfernt waren. Eine solche Strategie hätte mit Kräften umgesetzt werden können, die klein genug waren, um die Verteidigung nicht zu gefährden, und viele nicht-homerische Quellen sehen das Fehlen solcher Angriffe als Beweis dafür, dass die Trojaner die Griechen fürchteten.

Im Laufe der Zeit gerieten die Streitkräfte in eine Pattsituation, wobei ein Großteil der Kämpfe außerhalb der Zitadelle stattfand, denn Trojas Nachbarn fehlten solche großartigen Mauern. Die Achäer hatten keine nennenswerte Versorgungslinie und so eroberten sie nahe gelegene Städte und Orte und wurden Kriegsherren auf dem Land, um Landwirtschaft zu betreiben und sich selbst zu ernähren zu können. Es überrascht nicht, dass Achilles und Ajax der Große die beiden aktivsten Führer der Achäer bei ihren Überfällen waren. Achilles und seine Myrmidonen (Söldner) besetzten elf anatolische Städte und zwölf nahegelegene Inseln.

Odysseus seinerseits beschäftigte sich mit seiner Rache an Palamedes, dem Mann, der ihn für den Krieg angeworben hatte, seine List durchschaut und seinen kleinen Sohn gefährdet hatte. Entmutigt durch die Länge des Krieges, begann Palamedes, die Führer zu ermutigen, aufzugeben und nach Hause zu gehen. Diese Ironie war zu viel für Odysseus, der ohne Palamedes' Beharren nicht einmal dabei gewesen wäre. Er nutzte die Gelegenheit, Palamedes einen Verrat anzuhängen, indem er eine hohe Geldsumme in Palamedes' Zelt schmuggelte und einen Brief von König Priamos fälschte, der zusammen mit dem Bestechungsgeld entdeckt werden sollte. Odysseus behauptete, dass Palamedes für Priamos arbeite, indem er zum Rückzug aufrief, was zu einem Todesurteil durch Steinigung führte – eine Bestrafung, an deren Vollziehung Odysseus selbst teilnahm. Bei all seiner Klugheit war sein Stolz vielleicht noch größer. Hätte er sich nur auf die Seite Palamedes gestellt, wäre er vielleicht nach Ithaka, zu Penelope und ihrem Sohn zurückgekehrt. Aber er konnte die Kapitulation nicht ertragen, und er konnte Palamedes' Vergehen nicht vergeben. Außerdem nahte das zehnte Kriegsjahr, und das Orakel Kalchas hatte sich noch nie geirrt.

Kapitel 6: Die *Ilias*

Die *Ilias* ist die „Geschichte von Ilion". „Ilion", war der griechische Name für Troja. Die Ereignisse von Homers *Ilias* finden alle gegen Ende des Krieges statt und drehen sich um die Wut des Achilles.

Wie Sie sehen werden, ist Rache der Kern der Geschichte. Achilles will sich an Agamemnon für die Entführung des Brises und für den Tod seines besten Freundes, Patroklos, rächen. Heute glauben viele, dass diese beiden ein Liebespaar waren, obwohl die Illias dies nicht ausdrücklich sagt. Dieses Thema durchzieht Homers *Ilias* – und viele andere altgriechische Gedichte und Geschichten.

Vergebung ist ein weiteres Thema, denn Achilles' Rache bringt ihm keinen Frieden. Selbst den Göttern Opfer zu bringen (oder Hektors Leiche hinter seinem Wagen herzuschleppen), lindert seinen Schmerz nicht. Erst indem er König Priamos zwölf Tage Frieden schenkt – damit der König den Tod seines Sohnes betrauern kann – findet Achilles endlich ein gewisses Maß an Frieden. Nach all den Kämpfen und dem Tod ist Vergebung der Schlüssel zur Heilung seiner Seele.

Abgesehen von den Lektionen der Vergebung kann die *Ilias* aufgrund ihrer Perspektive auf die Schlachten und den unnötigen Tod als erste Anti-Kriegs-Propaganda der Geschichte betrachtet werden. Darin kann man oft über die Schrecken des Krieges und die Tragödie des Trojanischen Krieges lesen, so z. B.:

> „Denn er [Achilles] stand auf dem Hinterverdeck des gewaltigen Meerschiffs, Schauend die Kriegsarbeit, und die tränenwerte Verfolgung." *(Homer 11. Gesang, Zeile 600-601)*

„Weh mir, o Tochter Zeus' des Donnerers, wollen wir noch nicht retten das sterbende Volk der Danaer, auch nur zuletzt noch?" *(Homer 8. Gesang, Zeilen 352-353)*

„jene {die Trojaner] nun schweigend legten gehäuft auf die Scheiter die Leichname, trauriges Herzens, ... Also auch dort entgegen die hellumschienten Achaier legten gehäuft auf die Scheiter die Leichname, trauriges Herzens," *(Homer 7. Gesang 7, Zeilen 427-431)*

(alle Zitate nach
http://freilesen.de/werk_Homer,Ilias,369,12.html)

Abgesehen von den Lehren des Krieges hat Homers Buch viel an historischer Bedeutung gewonnen – so sehr, dass Alexander der Große jede Nacht mit einem Exemplar der *Ilias* schlief! Als eines der ältesten Werke der Literatur wird dieses Buch auch heute noch in Klassenzimmern auf der ganzen Welt gelehrt. Tauchen wir hinein.

Die Geschichte setzt ein, nachdem Achilles und Agamemnon ein nahe gelegenes Dorf überfallen und zwei Frauen gefangen genommen haben. Agamemnon beansprucht Chryseis, und Achilles nimmt ihre Schwester Brises. Der Vater der Frauen, ein Mann namens Chryses (der als Priester des Gottes Apollo diente), findet Agamemnon und bittet ihn, seine Töchter zurückzugeben. Er bietet an, jegliches Lösegeld zu zahlen, doch Agamemnon lehnt ab.

Chryses tut, was die meisten Menschen in dieser Zeit tun, er sucht die Hilfe eines Gottes. Er betet zu Apollo, der eine Pest über die Achäer bringt, die außerhalb von Troja lagern. Nach zehn Tagen, in denen er seine griechischen Landsleute tot umfallen sieht, ruft Achilles Kalchas auf, seine Macht der Prophezeiung zu nutzen, um herauszufinden, was vor sich geht. Kalchas enthüllt, dass die Pest Teil der Rache Apollos ist. Wie Sie sich erinnern werden, befand sich Agamemnon bereits mehr als einmal auf der falschen Seite von Apollo.

Agamemnon erklärt sich bereit, Chryseis zurückzugeben, aber nur, wenn Achilles ihm Brises als Entschädigung gebe. Als Anführer der Achäer glaubt Agamemnon, dass ihm der größte Preis zustehe – und dass er in der Lage sein sollte, seine Gegner zu überlisten.

Achilles, stolz wie immer, wird wütend und droht, Troja zu verlassen und nach Phthia zurückzukehren, sollte Agamemnon weiter darauf bestehen. Als Agamemnon droht, in Achilles' Zelt einzudringen, um sich Brises zu nehmen, bedarf es der Einmischung von Athene, um Achilles daran zu hindern, sein Schwert gegen den griechischen Feldherrn zu ziehen. Stattdessen gibt Achilles nach und überlässt dem König von Mykene, was er will.

Nach seiner Rückkehr in sein Zelt betet Achilles zu seiner Mutter Thetis, und bittet sie darum, Agamemnon und den Rest der Achäer zu bestrafen, weil sie ihn nicht unterstützen. Thetis willigt ein, die Angelegenheit vor Zeus zu bringen, der ihr einen Gefallen schuldet. Zuerst zögert Zeus zu helfen, da seine Frau Hera die Griechen bevorzugt. Aber als er die Möglichkeit sieht, die Zahl der Halbgötter, die Ansprüche auf seinen Thron erheben, zu reduzieren, stimmt er zu, ihr diese Gunst zu gewähren. Odysseus bringt Chryseis zu ihrem Vater zurück, der Apollo bittet, den Fluch der Pest, die sich unter den Achäern ausbreitet, aufzuheben. Doch für viele von ihnen fangen die Schwierigkeiten gerade erst an.

In einem kühnen, aber etwas uncharakteristischen Schritt fordert Paris jeden Achäer zum Einzelkampf heraus und ist bestürzt, als Menelaos vortritt. Paris verliert die Nerven und versucht, sich durch die Reihen der Trojaner zurückzuziehen. Die Situation ist etwas überraschend, da unklar ist, wen Paris als Gegner auf diese Herausforderung erwartet hat, und Menelaos ist bei weitem nicht der geschickteste Krieger, den die Achäer anzubieten haben. Hektor verhindert den feigen Rückzug seines Bruders und überredet Paris stattdessen, zum Duell mit Menelaos, dem spartanischen König, anzutreten. Paris findet seinen Mut wieder und erklärt, der Sieger werde Helenas rechtmäßiger Ehemann sein, ein Ergebnis, das den Krieg beenden würde.

Als Paris und Menelaos sich auf den Kampf vorbereiten, ahnt Helena in der Stadt nichts von dieser Entwicklung. Laut der Geschichte verkleidet sich Iris (die Botin der Götter) als Hektors Schwester und gibt Helena einen Hinweis auf den Kampf und schickt sie zu den Stadttoren, um ihn zu beobachten. Es sollte nicht das erste – oder letzte – Mal sein, dass Götter in diesen Krieg eingriffen.

Das Duell beginnt mit Speeren und geht dann mit Schwertern weiter. Menelaos gewinnt die Oberhand, als er Paris mit seinem Schwert über den Kopf schlägt und ihn an seinem Helm herumzieht. Aphrodite (die Göttin der Liebe, der Schönheit, des Vergnügens, der Leidenschaft und der Fortpflanzung), die immer noch wegen des Urteils des Paris auf der Seite der Trojaner steht, löst den Helmgurt, damit Paris sich aus dem Griff des Spartaners befreien kann. Diese Einmischung verschafft Paris nur einen kurzen Moment. Als sich Menelaos zu einem tödlichen

Speerwurf auf die Brust seines Gegners anschickt, greift Aphrodite erneut ein und befördert Paris augenblicklich zurück in sein Zimmer im Palast.

Dort findet Helena ihn, schimpft mit ihm und legt sich dann zu ihm.

Außerhalb der Tore herrscht große Verwirrung, denn der Prinz von Troja war auf magische Weise verschwunden, anstatt von der Lanze durchbohrt zu werden! Agamemnon erklärt Menelaos zum Sieger und verlangt die Rückkehr von Helena. Natürlich weigern sich Paris und Helena, und die Trojaner unterstützten sie.

Da die Hoffnung, den Krieg mit einem Einzelkampf zu beenden damit vorbei ist, geht der Krieg weiter. Diomedes und der trojanische Held Pandaros treffen auf dem Schlachtfeld aufeinander und Diomedes wird schwer verwundet. Diomedes ist einer der Lieblingskrieger der Göttin Athene, also heilt sie ihn und gibt ihm göttliche Kraft. Sie verleiht ihm auch die Macht, die Götter und Göttinnen auf dem Schlachtfeld zu sehen, deren Taten ihm und den anderen Soldaten verborgen bleiben. Sie sagt ihm, er solle keinen der Götter außer Aphrodite herausfordern oder verletzen.

Mit seinen neuen Fähigkeiten findet er Pandaros auf dem Schlachtfeld wieder und spießt ihn brutal mit seinem Speer auf. Er verwundet auch Aeneas schwer und schneidet seiner Mutter Aphrodite ins Handgelenk, als sie ihm helfen will. Während dies noch im Rahmen von Athenes Weisung ist, übertritt er ihre Warnung, als er Apollo angreift, der Aeneas zu Hilfe kommt.

Mit Leichtigkeit stößt Apollo Diomedes zur Seite und entfernt Aeneas vom Schlachtfeld, damit er geheilt werden kann. Um Diomedes zu bestrafen, lässt Apollo ein Bildnis von Aeneas' Leichnam auf dem Boden liegen, um den Zorn der Trojaner zu erregen – und bringt Ares (den griechischen Kriegsgott) zum Kampf an ihre Seite.

Das Eingreifen der Götter führt dazu, dass die Trojaner die Oberhand erlangen und Hektor und Ares ein starkes Tandem bildeten. Hera und Athene fürchten, dass sich das Blatt gegen sie wenden könnte, und überzeugen Zeus, ihnen zu erlauben, den Achäern zu helfen.

Zeus, der immer auf beiden Seiten spielt, stimmt zu.

Athene sagt Diomedes, er könne jetzt gegen jeden kämpfen, der ihm beliebt, und es gelingt ihm, Ares durch einen Angriff mit seinem Kampfwagen zu verwunden und ihn zurück zum Olymp zu schicken. Athene und Hera entscheiden, dass sie sich zurückziehen können, nachdem Ares vom Schlachtfeld entfernt worden ist, da die Achäer die überlegene Streitmacht sind, *wenn keine Götter mitmischen.*

Um die erbitterte Schlacht des Tages zu beenden und einen weiteren Vorstoß der Griechen zu verhindern, tritt Hektor hervor, um jeden Achäer zum Einzelkampf herauszufordern. Menelaos tritt wieder als Erster hervor, aber Agamemnon überzeugt ihn, dass er mit dem letzten Prinzen zwar leichtes Spiel gehabt habe, diesem aber nicht gewachsen sei. Neun weitere Achäer melden sich freiwillig und beginnen zu losen. Ajax der Große wird als achäischer Champion ausgewählt. Ajax ähnelte Beschreibungen zufolge eher einer Mauer als einem Menschen, und Hektor weiß sofort, dass er in diesem Kampf sein Bestes tun muss. Nach einem Kampf mit Speeren und Lanzen ohne erkennbaren Sieger sind sie im Begriff, die Schwerter zu ziehen, als Zeus eingreift, um den Kampf wegen Einbruchs der Dunkelheit abzubrechen.

Es wird ein Freundschaftspakt zwischen den Kriegern geschlossen, und Hektor gelingt es, die griechischen Truppen daran zu hindern, weitere Trojaner zu töten. Dennoch liegen Leichen auf den Schlachtfeldern, und beide Seiten einigen sich auf einen Tag Waffenstillstand, um sich um ihre Toten zu kümmern.

Während des Waffenstillstands verbietet Zeus den Göttern, sich wieder in den Krieg einzumischen, bis er entschieden hat, welche Seite er bevorzugt. Am Berg Ida in Anatolien legt er die Schicksale der Achäer und Trojaner auf seine Waage und stellt sich auf die Seite Trojas, als die griechische Seite sich nach unten neigt.

Mit einem großen Gewittersturm zerschlägt Zeus das Lager der Achäer und alle beginnen, vor Angst zu fliehen. Hektor und die Trojaner nutzen das Chaos, sie spüren einen Wendepunkt und sehen eine Gelegenheit, sich von den Achäern an ihrem Gestade zu befreien. Als Hera und Athene ihnen helfen wollen, warnt Zeus sie erneut, nicht einzugreifen. Man könnte meinen, das wäre das Ende des Kampfes, aber der Stolz steht wieder einmal im Vordergrund. Die Achäer überreden Zeus, ihnen noch eine Chance zu geben, worauf er erwidert, das nur Achilles sie retten könne.

Inzwischen ist die Nacht über den achäischen Rückzug hereingebrochen, und Hektor befiehlt, Lagerfeuer anzuzünden, damit sie nicht im Dunkeln entkommen. Die Achäer sind verzweifelt und Agamemnon weint bei dem Gedanken, in Schande nach Griechenland zurückzukehren. Diomedes erklärt, er werde weiterkämpfen, und wenn er als Einziger übrigbleibe. Die Achäer beginnen, durch eine Prophezeiung von Kalchas erneuten Mut zu fassen, die ihnen den Sieg verkündet.

Nestor empfiehlt Agamemnon, sich mit Achilles zu versöhnen, damit er wieder mit ihnen kämpfe - und Agamemnon stimmt zu. Er schickt Odysseus und Ajax den Großen eine hohe Geldsumme unter der Bedingung, dass sie zurückkehren.

Zurück auf dem Schlachtfeld finden sie Achilles in seinem Zelt, der entspannt mit seinem langjährigen Freund und Stellvertreter Patroklos die Leier spielt. Die beiden sind zusammen aufgewachsen und haben eine so enge Bindung, dass Gelehrte unsicher sind, ob sie nicht auch Liebhaber gewesen sein könnten, was unter achäischen Soldaten durchaus üblich war. Als Achilles das Angebot hört, lehnt er es rundweg ab und wiederholt seine Pläne, nach Phthia zurückzukehren, was die achäischen Streitkräfte erneut in Verzweiflung stürzt.

Hektor und Ajax der Große treffen sich erneut im Kampf, und wieder kämpfen sie bis zum Unentschieden. Die Trojaner drängen sie zurück, bis Hektor - so sagt die Legende - nahe genug ist, um ein Schiff zu berühren. Als Patroklos dies sieht, gibt er nach und sagt Achilles, er werde sich dem Kampf anschließen, um die Schiffe zu retten. Als Achilles sich immer noch weigert, an der Schlacht teilzunehmen, fragt Patroklos, ob er dessen Rüstung tragen dürfe. Achilles willigt ein. Patroklos und die Myrmidonen eilen hinzu, um den Trojanischen Vorstoß zurückzudrängen, und Achilles betet für die Sicherheit der Schiffe und Patroklos Sicherheit. Homer teilt uns mit, dass Zeus nur eines dieser Gebete erhören wird.

Beim Anblick von Achilles' Rüstung ziehen sich die Trojaner (oder diejenigen, die dazu in der Lage waren) sofort von den achäischen Schiffen zurück. Viele sehen ihren Rückzug durch das plötzliche und unerwartete Eintreffen neuer Kämpfer abgeschnitten. Patroklos schickt sie mit großer Entschlossenheit in den Tod, darunter auch Zeus' sterblichen Sohn Sarpedon. Während Zeus den Tod seines Sohnes ohne Einmischung akzeptiert, entscheidet er, dass im Gegenzug Patroklos sterben muss. Als er so viele Trojaner fliehen sieht, bricht Patroklos sein Wort gegenüber Achilles und verfolgt Hektors Truppen.

Vor den Toren der Stadt wendet sich Hektor dem Feind zu, den er immer noch für Achilles hält, und verwickelt ihn in einen Einzelkampf. Während des Kampfes erkennt Hektor, dass sein Feind nicht Achilles ist, und so erschlägt er Patroklos höhnisch mit den Worten:

„Elender! Achilles, so groß er auch war, konnte Dir nicht helfen.!

Patroklos letzte Worte an Hektor sagen den bevorstehenden Untergang seines Feindes voraus:

„Du selbst bist keiner, der lange leben wird, aber nun stehen schon der Tod und das mächtige Schicksal an deiner Seite, um durch die Hand des großen Sohns des Peleus', Achilles, zu fallen."

Unmittelbar danach beginnen Trojaner und Griechen, um Achilles' Rüstung zu kämpfen, doch Hektor schnappt sich die Rüstung und bringt sie zurück in die Stadt.

Als Achilles von Patroklos' Tod erfährt, erleidet er einen gewaltigen Zusammenbruch. Seine Leidklagen sind laut genug, dass Thetis sie hört und kommt, um nachzusehen, was ihn quält. Da sie weiß, dass sie ihn nicht mehr von seinem kriegerischen Leben abbringen kann, fleht sie ihn an, einen Tag zu warten, bevor er Rache übe. Dies, so argumentiert sie, gebe Hephaistos (dem griechischen Gott der Schmiede, Metallbearbeitung, Zimmerleute, Handwerker, Handwerker usw.) Zeit, ihm eine neue Rüstung anzufertigen, um die von Hektor eroberte zu ersetzen.

Jede Armee schmiedet neue Pläne und Strategien, da Achilles jetzt in die Schlacht zurückkehrt. Die Trojaner erwägen, sich in die Sicherheit ihrer Mauern zurückzuziehen, aber Hektor weigert sich, da er nichts von dem Boden preisgeben will, den sie in den letzten Wochen gewonnen haben.

Thetis kehrt am nächsten Tag zurück, um Achilles seine neue Rüstung zu geben und verspricht, sich um Patroklos' Leiche zu kümmern. Achilles legt seine neue Rüstung an und begibt sich zur Versammlung der Achäer. Er versöhnt sich formell mit Agamemnon, der sein Versprechen einhält, und ihm Geschenke – und Brises –im Gegenzug für Achilles' erneute Teilnahme an der Schlacht überreicht. Achilles schwört, nichts zu tun, nicht einmal zu essen, bis Hektor durch seine Hand gestorben ist. Achilles brodelnder Zorn ist so groß, dass Zeus befürchtet, er könne die gesamte trojanische Zivilisation vernichten, bevor es an der Zeit ist. Die restlichen Götter wollen sich nicht mehr einmischen, sondern nehmen ihre Plätze ein, um zu sehen, wie es mit den Sterblichen allein ausgehen würde – und mit Achilles in einem weitaus mordlustigeren Gemüt als sonst.

Achilles greift die Trojaner in der Nähe des Flusses Skamandros an und tötet so viele von ihnen, dass der Fluss durch die Leichen aufgestaut wird. Die Flussgötter sind von dem, was geschieht, überwältigt und rufen die Götter des Olymp um Hilfe an. Als er die Bitte hört, wird Achilles vom Fluss angegriffen und flussabwärts gezogen, bis Hephaistos (der Gott der Schmiede) das Wasser so lange zum Überkochen bringt, bis es Achilles freigibt. Während dieses Handgemenges steigern sich die meisten Götter und Göttinnen, die die Geschehnisse beobachten, in eine solche Raserei, dass sie anfangen, sich gegenseitig zu bekämpfen.

In der Zwischenzeit öffnet König Priamos die Tore von Troja, um seinen Soldaten den Rückzug zu ermöglichen und Achilles zu entkommen, dabei ist er kaum in der Lage, sie rechtzeitig vor Achilles wieder zu schließen. Nur Hektor bleibt vor den Toren, beschämt über seine Entscheidung, sich nicht zurückzuziehen – eine Entscheidung, die so viele Trojaner das Leben gekostet hat. Zeus begibt sich wieder auf den Berg Ida, um die Schicksale zu richten, diesmal das von Achilles und Hektor, die sich nun zum ersten Mal im Krieg gegenüberstehen. Als er ihre Zukunft auf die Waage legt, neigt sich Hektors Seite mit einem Knall und besiegelt damit Patroklos' letzte Worte.

Allein und außerhalb der Mauern Trojas kreuzen die beiden großen Krieger erneut die Speere. Achilles kennt Hektors Rüstung und kann rasch eine Schwäche im Nacken ausnutzen, als Hektor ihn angreift. Verletzt strauchelt Hektor und stürzt zu Boden. Er bittet Achilles, ihm ein anständiges Begräbnis zu geben, aber der Achäer ist immer noch auf Rache bedacht und sagt ihm, sein Leichnam sei für die Vögel und Hunde bestimmt, bevor er seinen Speer durch die Brust des trojanischen Prinzen stößt. Priamos, Hekuba und Andromache schauen hilflos zu, als Achilles Hektors Leichnam hinten an seinen Wagen bindet und ihn um die Stadt schleift. Tagelang fährt Achilles mit der Entweihung von Hektors Leichnam fort, während er um Patroklos trauert. Schließlich verlässt König Priamos mit Hilfe des Hermes selbst die Mauern Trojas und schlüpft in das Zelt des Achilles, um ihm ein Lösegeld für den Leichnam seines Sohnes anzubieten. Er rührt an Achilles' bessere Seite, als er ihn bittet, an die Liebe zwischen Vätern und Söhnen und an die Liebe zu seinem Vater Peleus zu denken. Achilles nimmt das Lösegeld an und Priamos geht, um sich um den Leichnam seines Sohnes zu kümmern.

Ein Fresko zeigt die Szene von Achilles' Triumph. Es wurden von Franz Matsch gemalt. [35]

Kapitel 7: Der Tod von Penthesilea, Memnon und Achilles

Während die *Ilias* mit Hektors Beerdigung endet, ging der Trojanische Krieg weiter. Troja hatte seinen einheimischen Helden durch den Tod des Prinzen verloren, war aber dabei, Hilfe von einem beeindruckenden Verbündeten zu erhalten: den Amazonen.

Wer waren die Amazonen?

Nach der griechischen Mythologie waren die Amazonen eine Rasse von Kriegerinnen, die häufig gegen die Griechen gekämpft hatten. Ihr Territorium lag irgendwo am Schwarzen Meer und viele Gelehrte verorten ihr Heimatland weiter nördlich bis zur Ukraine. Eine Königin führte diese Kriegerinnen an, und um ihre

Darstellung einer Amazone. [86]

Gesellschaft am Leben zu erhalten, suchten sie Gefährten – behielten aber nur die weiblichen Kinder. Die Mädchen wuchsen zu Kämpferinnen heran wie ihre Mütter und die Jungen wurden ausgesetzt, getötet oder aufgegeben, je nachdem, wie die Geschichte erzählt wurde.

Der Name „Amazone" weckt heute Assoziationen mit Südamerika, aber die griechischen Wurzeln sind „a-mazos", was „ohne Brust" bedeutet. Das ist eine Legende, die besagte, dass die Kriegerinnen sich die rechte Brust abschnitten, damit sie sie beim Schießen mit dem Bogen oder Werfen des Speers nicht behinderten. Dennoch zeigen künstlerische Darstellungen der Amazonen sie mit beiden Brüsten, was viele zu der Annahme verleitete, dass der griechische Name für sie metaphorisch gemeint sei, da sie in der Vorstellung der Griechen das Leben einer Frau ablehnten und für ein Männerleben eingetauscht hätten, indem sie Kriegerinnen geworden waren. Die abschließende Erklärung ist einfacher: Der griechische Name stammt wahrscheinlich von dem Namen, den sie sich selber gaben und der in einer anderen Sprache wurzelt, die weniger weitläufig verstanden wurde als das Altgriechische und verloren ging.

Archäologische Funde geben einen weiteren Einblick in die Debatte, ob diese Gruppe existierte oder ob sie Ausgeburten der kollektiven griechischen Psyche waren. Mit Hilfe von DNA-Tests an Überresten in skythischen Gräbern entdeckten Archäologen, dass viele der Körper, die einst für Männer gehalten wurden, skythische Frauen waren. Was führte zu diesem Irrtum?

Die Frauen waren mit ihren Waffen begraben worden und zeigten Anzeichen von Wunden und Narben, die denen von Kriegern entsprachen. Mit anderen Worten, Archäologen fanden Leichen, die als Krieger dekoriert waren, und nahmen jahrhundertelang an, dass es sich um Männer handelte. Viele der Gräber waren zwar für Männer, aber das egalitäre Begräbnis zeigt, dass skythische Frauen wahrscheinlich genauso für den Krieg ausgebildet waren.

Außerdem entspricht das skythische Gebiet den Regionen, die von den Griechen als Amazonengebiet bezeichnet wurden. Die Skythen besaßen eine Pferdekultur, der die Erfindung des Sattels zugeschrieben wird. Diese Innovation hätte gängige Argumente bezüglich mangelnder Größe und Kraft, die auch heute noch bei der Eignung von Soldatinnen für den Krieg angeführt werden, nivelliert. Wenn man so weit geht, wäre es nicht überraschend, dass es in dieser Zeit auch eine egalitäre Führung gab oder sogar ein Matriarchat an der Macht war.

Ein Matriarchat würde die Praxis unterstützen, die Mädchen großzuziehen und die Jungen zu ihren Vätern zu schicken, anstatt sie zu töten. Ihre Darstellung als Männerhasserinnen wird sogar von den Griechen selbst widerlegt. Sie werden natürlich als Männermörderinnen bezeichnet, da sie in erster Linie gegen Männer kämpften. Und da sie dabei erfolgreich waren, wurden sie als wilde Kriegerinnen beschrieben. Aber auch in den altgriechischen Geschichten wurden sie stark sexualisiert, wie man an den Aufgaben des Herakles (lat. auch Herkules) sehen kann.

Die Amazonen und die neunte Aufgabe des Herakles

Vor ihrer Teilnahme am Trojanischen Krieg waren die Amazonen Teil der Geschichte von Herakles' zwölf Aufgaben. (Falls Sie sich fragen: die Geschichte wird auch die *Aufgaben des Herkules* genannt, in einer Version ist Herkules ein Gott. In dieser Version ist Herakles nur ein Sterblicher.)

Seine neunte Aufgabe besteht darin, den Gürtel von Hippolyte, der Königin der Amazonen, zu beschaffen. Der Erzählung zufolge kommt er bei den Amazonen an und erzählt Hyppolite von seiner Aufgabe. Sie stimmt zu, ihm den Gürtel zu überlassen. Hera ist jedoch bestürzt über die Leichtigkeit, mit der ihm die Erfüllung seiner Aufgabe gelingen sollte und verkleidet sich als eine der Amazonen, um Gerüchte zu verbreiten. Sie erzählt ihren Mitstreiterinnen, die Griechen seien nicht wegen des Gürtels, sondern wegen des Krieges gekommen und dass die Amazonen bald getötet würden, wenn sie nicht aufbegehren und kämpfen würden. Als Herakles den Gürtel von Hippolyte erhalten soll, werden seine Soldaten von den Streitkräften der Amazonen angegriffen und er zieht sein Schwert und tötet die Königin.

Das ist eine Art, die Geschichte zu erzählen, aber sie ergibt wenig Sinn, wenn man sie für bare Münze nimmt. Warum hätte Hera Herakles damit beauftragt, den Gürtel einer Königin zu rauben? Wie immer kommt es hier auf die Symbolik an. In der altgriechischen Kultur stellte das Erhalten (oder Rauben) des Gürtels einer Frau eine sexuelle Eroberung dar, vor allem einer Jungfrau. Hera verlangte von Herakles also, die Königin der Amazonen entweder zu verführen oder zu vergewaltigen. Wenn man es so liest, war Herakles anfangs erfolgreich mit seiner Werbung um Hippolyte, was für Hera eine große Überraschung darstellte. Heras nächste Aktionen bleiben gleich, die Metapher erzählt uns, dass Herakles Hippolyte tötete und dann vergewaltigte, was durch das *anschließende* Entfernen des Gürtels von ihrem Körper symbolisiert wird. Unser Held.

Achilles gegen die Königin Penthesilea

Es gibt eine andere Version des Mythos, in der Herakles Hippolyte entführt, anstatt sie zu töten, nachdem er ihren „Gürtel" an sich genommen hat und mit Theseus nach Athen zurückkehrt, der dann die Königin heiratet. Als Vergeltung für die Entführung greifen die Amazonen, angeführt von Hippolytes Schwester Penthesilea, Athen an, um sie zu befreien. Oder sie greifen Athen an, nachdem Theseus die Amazonenkönigin zugunsten von Phaedra, der Tochter des Königs Minos von Kreta, abserviert. Hippolyte, die Theseus entweder noch liebt oder unversöhnlich hasst, wird versehentlich von Penthesilea getötet. (Oder nichts davon geschah, und Hippolyte wurde von ihrer Schwester mit einem Speer bei einem Unfall auf der Hirschjagd getötet.) Die alten Griechen hatten manchmal Schwierigkeiten, ihre Geschichten einheitlich zu gestalten. Ungeachtet des Schicksals von Hippolyte ist Penthesilea zur Zeit des Trojanischen Krieges Königin der Amazonen, und sie stellt sich wie ihr Vater Ares auf die Seite der Trojaner.

Die Achäer sind durch ihre Ankunft am Boden zerstört, und sie zerschlägt ihre Streitkräfte mit größerer Zähigkeit, als es selbst der kürzlich ausgesandte Prinz Hektor tat. Erneut liegt es an Achilles, sich als größter Krieger des Konflikts zu beweisen und die Königin zum Einzelkampf herauszufordern. Die griechischen Geschichtenerzähler haben es wieder einmal schwer, sich auf das zu einigen, was als Nächstes geschieht. In einigen selteneren, aber immer noch verbreiteten Versionen schockiert Penthesilea jeden, einschließlich der Götter, indem sie den mächtigen Achilles tötet. Zeus entscheidet, dass dies nicht das Ende für den Helden sein kann, so dass Achilles wieder aufersteht und Penthesilea prompt tötet. Es gibt keine Gnadenerweckung für die gefallene Königin, und jeder darf über ein so peinliches Beinahe-Ende für Achilles hinwegsehen. Die meisten Versionen sind jedoch unkomplizierter und erzählen von Achilles, der Penthesilea offen und ehrlich erschlägt und sich dann in sie verliebt, als er ihren Helm abnimmt und ihr Gesicht sieht.

Achilles gegen Memnon

Ein weiterer Herausforderer von Achilles war Memnon, der König von Äthiopien. Als Neffe des Priamos entschließt sich Memnon, den Trojanern zu Hilfe zu kommen, eine starke Armee mitzubringen und Troja neue Hoffnung zu geben. Memnon selbst ist der Sohn des Titanen Eos und wird in einer Reihe mit Achilles, Hektor, Ajax dem Großen und Penthesilea als Krieger beschrieben. In einer Schlacht, in der die Trojaner dabei sind, die Achäer zu besiegen, verwundet Prinz Paris das Pferd, das den Wagen des betagten Königs Nestor von Pylos zieht.

Da Nestor eingekessell ist, kommt ihm sein Sohn Antilochos zu Hilfe und greift Memnon an, dessen Armee die zurückweichenden Griechen verfolgt. Memnon tötet Antilochos, und danach fordert ein trauernder Nestor Memnon zum Einzelkampf heraus. Als er sieht, dass Nestor für einen fairen Kampf zu alt ist, lehnt Memnon ab. Nestor wendet sich mit der Aufgabe an Achilles und appelliert an seinen Stolz mit der Behauptung, es gebe einen anderen Krieger, der ihm ebenbürtig sei.

Thetis erscheint und fleht ihren Sohn an, diesen Kampf abzulehnen, da eine Vision ihr sage, dass Achilles bald nach Memnons Tod sterben werde. Doch in der Überzeugung, ein für alle Mal zu beweisen, dass er der mächtigste Held ist, akzeptiert Achilles und stellt sich Memnon vor den Toren Trojas. Während des Kampfes verwundet Memnon Achilles am Arm, dies ist das erste Mal, dass der scheinbar unbesiegbare Halbgott Blut lässt. Doch während Memnon sich mit Achilles an Stärke messen kann, ist die Geschwindigkeit des Achäers zu groß und Memnon stirbt mit einem Speer im Herzen.

Der Kampf zwischen Achilles und Memnon. [37]

Der Tod des Achilles

Wenn man etwas aus der Geschichte des Trojanischen Krieges lernen kann, dann, dass sich Prophezeiungen erfüllen. Die Menschen konnten sie bekämpfen oder akzeptieren, aber sie wurden trotzdem wahr. Helden und sogar die Götter selbst lebten nach ihnen und starben oft durch sie.

Achilles wird oft vorhergesagt, er werde sterben, wenn er im Trojanischen Krieg kämpft. Seine Mutter denkt daran, als er die Insel Skyros verlässt, um seinen Mut zu beweisen. Es liegt auf den Lippen des gefallenen Hektors, als Achilles sich an den brechenden Augen des Prinzen ergötzt. Als die Prophezeiung Achilles schließlich einholt, erfüllt sie sich auf unerwartete Weise. Obwohl er das Leben eines Kriegers gelebt und eine beeindruckende Zahl an Siegen erfochten haben mag, stirbt er unrühmlich, als Prinz Paris ihn aus der Ferne mit einem Giftpfeil und unter der boshaften Führung des Apollo erschießt. Für Paris bedeutet die Kombination aus Hinterhalt, Gift und göttlichem Eingreifen wenig Anerkennung für die Tötung des Achilles, und selbst im Sieg wird er als Feigling in Erinnerung behalten.

In einigen Versionen ist es nicht einmal Paris, sondern Apollo, getarnt als Paris, der den tödlichen Schuss abgibt und Achilles aus dem Rennen nimmt. So oder so, die Darstellung des Untergangs des Achilles ermöglichte die Verwirklichung der scheinbar widersprüchlichen Prophezeiung, dass er der größte Krieger und im Kampf unbesiegt sein sollte und dennoch im Krieg sterben würde.

Der sterbende Achilles. [88]

In einem Artikel von 1995 mit dem Titel „Achilles Heel: The Death of Achilles in Ancient Myth" („Achilles' Ferse: Der Tod des Achilles im alten Mythos"), führt Jonathon Burgess Belege aus der antiken Kunst und Literatur dafür an, dass Achilles höchstwahrscheinlich vor den Toren Trojas durch zwei Pfeile umkam. Der erste Pfeil traf seinen Knöchel, behinderte ihn und beraubte ihn seiner legendären Geschwindigkeit. Der zweite soll ihn getötet haben. Tatsächlich wurde er im späteren römischen Mythos in die Ferse geschossen, als er sich im Tempel von Apollo befand.

Die Frage nach der Todesart des Achilles ist einfach; die Antwort ist komplex. Aber das gehört zur Mythologie – es ist selten unkompliziert. Achilles ist eine fiktive Figur (glauben wir), also können wir uns die Geschichte aussuchen, die uns am meisten zusagt.

Kapitel 8: Ajax' Tod und die letzten Prophezeiungen

Nach dem Tod von Achilles kämpfen Ajax der Große und Odysseus gegen eine Horde Trojaner, um den Leichnam des gefallenen Kriegers zu bergen. Ajax hebt Achilles, seine Rüstung und seine Waffen auf seine Schultern, und Odysseus kämpft heftig, um die gegnerischen Soldaten in Schach zu halten. Achilles' Rüstung ist vom Gott Hephaistos auf dem Olymp geschmiedet worden, und sowohl Ajax als auch Odysseus begehren sie wegen ihrer Handwerkskunst und ihrer magischen schützenden Eigenschaften.

Obwohl ihre Absichten, Achilles zurück ins Lager der Achäer zu schleppen, ehrenhaft gewesen sein mögen, entwickelt sich zwischen den beiden schnell ein Streit darüber, wer die Rüstung ihres Kameraden mehr verdient. Da Ajax derjenige ist, der buchstäblich die schwere Last geschultert hat, behauptet er, er habe die wesentlichere Rolle gespielt - zumal Odysseus das Gewicht des toten Kriegers nicht bewältigen konnte. Umgekehrt weist Odysseus darauf hin, dass Ajax wohl jetzt tot neben Achilles läge, wenn er nicht gewesen wäre, um die tollwütigen Trojaner abzuwehren.

Beide hatten natürlich recht.

Um den Streit zu schlichten, treten sie vor einem Rat von hochrangigen Achäern. Als Ajax einem Wettkampf zustimmt, bei dem beide geistreiche Reden halten sollen, ist der Wettkampf schon vorbei, bevor er beginnt. Athene hilft Odysseus, seine Rede noch wortgewandter zu gestalten und die Ohren des Rates zu verzaubern. Die Rüstung wird schließlich Odysseus zugesprochen, und Ajax stößt sich aus Trauer sein eigenes Schwert in die Brust.

Diese selbstmörderische Reaktion ist in der griechischen Mythologie ebenso berühmt wie verwirrend. Ajax, der sich in sein Schwert stürzt, ist ein populäres Bild, das auf griechischer Keramik gefunden wurde und in die Kultur der antiken Zivilisation eingebettet scheint. Dennoch scheint die Reaktion in keinem Verhältnis zu dem zu stehen, was geschehen war. Odysseus findet Ajax auf seinen Reisen sogar in der Unterwelt, und der große Krieger ist immer noch wütend auf ihn wegen des Streits um die Rüstung! Was die meisten Gelehrten daraus ablesen ist, dass dieser Teil der Geschichte zeigt, wie ernst die Achäer ihre Ehre nahmen.

Ajax hatte zweimal gegen Hektor gekämpft und galt weithin als fast so unverwundbar wie Achilles selbst. Der Soldat, der die Rüstung trug, war symbolisch der größte achäische Krieger, eine Ehre, von der Ajax zu Recht erwartete, dass sie ihm zufiele. Die Tatsache, dass sie an Odysseus ging, war eine große Schande für Ajax, markiert aber vielleicht einen Wendepunkt in der Geschichte.

Odysseus war Ajax in einem fairen Kampf offensichtlich unterlegen, aber Odysseus hasste faire Kämpfe und war schlau genug, sie zu meiden. In ähnlicher Weise brachten die Achäer mehr und bessere Krieger mit als die Verteidiger Trojas, aber nach einem Jahrzehnt lagerten sie immer noch außerhalb der Stadtmauern. Es waren nicht mehr Schnelligkeit, Stärke und Ehre im Kampf, durch die die Achäer siegten, sondern Strategie und Rücksichtslosigkeit. So war Odysseus der beste Kämpfer, um Aussicht auf einen Sieg zu versprechen, während Ajax nur der überlegene Kämpfer bei den bisher erfolglosen Anstrengungen gewesen war.

Fast wie aufs Stichwort nimmt Odysseus Helenus gefangen, einen trojanischen Prinzen, der nach einem Streit mit seiner Familie die Stadt in Richtung des Bergs Ida verlassen hat, und zwingt ihn, Informationen mit ihm zu teilen. Helenus ist sowohl ein Seher als auch ein Krieger, etwas, das er mehrfach benutzt, um die Achäer auf dem Schlachtfeld zu besiegen. Nun wird er unter Folter gezwungen, seinen Entführern zu sagen, wie sie die Stadtmauern durchbrechen und damit den Krieg gewinnen können.

Um dies zu tun, müssen sie Achilles' Sohn Neoptolemos rekrutieren und Philoktetes (einen berühmten Bogenschützen, der seine Verwundung auf Lemnos auskurierte und den legendären Bogen und die Giftpfeile des Herakles besaß) zurückholen.

Darstellung des Philoktetes auf Lemnos. Man beachte, dass Herakles' Bogen neben ihm liegt. [39]

Die Rekrutierung des Sohnes des Achilles erweist sich als die einfachere Aufgabe, da Philoktetes und seine achäischen Landsleute sich nicht in bestem Einvernehmen getrennt hatten. Nachdem er eine geheimnisvolle, nässende Wunde an seinem Fuß erlitten hat, die nicht heilte, ließen ihn seine Mitstreiter einfach zurück, um ihren Krieg fortzusetzen. Sie fürchteten sich, ihn mitzunehmen, weil sich nicht wussten, ob seine nässenden Gliedmaßen auch sie infizieren könnten.

Also ließ man ihn allein. Seine bronzezeitliche Quarantäne endet, als die Prophezeiung bestimmt, dass er gebraucht wird. Odysseus und Diomedes leiten die Mission, ihn abzuholen. Odysseus hatte sich am lautesten dafür ausgesprochen, Philoktetes zurückzulassen, ein Umstand, der beiden Krieger bei ihrer Wiedervereinigung sehr wohl bewusst ist, als

Philoktetes die Giftpfeile des Herakles umklammert. Odysseus gelingt es, Philoktetes dazu zu bringen, Pfeil und Bogen auszuhändigen, aber Diomedes bleibt standhaft und weigert sich, nur die Waffen und nicht auch den alten Freund mitzunehmen.

Herakles selbst, der nun ein Gott geworden ist, muss eingreifen, um die Pattsituation aufzulösen. Er verspricht, dass Philoktetes, wenn er zustimmt, von dem Sohn des Gottes Asklepios geheilt werde und damit am Ende des Krieges ein großer Held der achäischen Armee werde. Er bestimmt auch, dass es Philoktetes sein muss, der seine ehemalige Waffe führt. Als Zeichen für das Gute, das den Griechen bevorsteht, beweist Philoktetes sofort seinen Wert, indem er mit seinen Giftpfeilen den Prinzen Paris tötet und ihn dreimal trifft, bevor er den vierten Pfeil in seine Ferse schießt, genau wie dieser es (mit Hilfe von Apollo) mit Achilles getan hat.

Mit zwei neuen Rekruten an der Hand, haben die Achäer damit schon die Hälfte der Forderungen von Helenus' Prophezeiung erledigt.

Die dritte Bedingung für einen griechischen Sieg ist, das Palladion von Troja aus seinen Mauern zu stehlen. Das Palladion war eine heilige Holzstatue der Athene (Pallas für die Trojaner), die während der Gründung von Troja vom Himmel fiel und seither als Schutztalisman der Stadt verehrt wurde. Odysseus und Diomedes finden sich zusammen, da sie in einem Zeitalter von Schwertern und Speeren diejenigen sind, die auch feinere Waffen zu handhaben wissen.

Hier ist es wichtig, sich daran zu erinnern, dass Troja nicht vollständig belagert wurde und dass die Menschen durch bestimmte Stadttore kommen und gehen konnten, so schwer bewacht sie auch gewesen sein mögen. In einigen Versionen der Geschichte gelingt es Odysseus, sich als Bettler verkleidet Zutritt zu verschaffen und Diomedes später durch einen geheimen Eingang hereinzulassen, den er von innen öffnet.

In anderen Fassungen werden sie von einem Verbündeten innerhalb der Stadt unterstützt, wahrscheinlich Antenor, der zu Beginn des Krieges zwischen den Achäern und den Trojanern vermittelt hat. Dort angekommen, schleichen die beiden Achäer ein wenig durch die Stadt, töten einige Feinde, bevor sie von Helena erkannt werden. Immer die Doppelagentin und Überlebenskünstlerin, entscheidet sich Helena, den Achäern zu zeigen, wo das Palladion zu finden ist. Sie verlassen die Stadt auf die gleiche Weise, wie sie sie betreten haben. Die dritte Bedingung für die Weissagung ist erfüllt.

Diese Ereignisse werfen jedoch eine größere Frage auf. Wenn sie in die Stadt eindringen konnten, um das Palladion zu stehlen, wozu benötigten sie dann das theatralische Geschenk des Trojanischen Pferdes und das damit verbundene unnötige Risiko.

Die Geschichte lässt sich endlos aus den Metaphern und dem Unterhaltungswert der griechischen Mythen herausfiltern, und dies ist einer der interessanteren Punkte, an denen man verweilen kann. Eine mögliche Antwort ist, dass der Diebstahl des Palladions kein Diebstahl im eigentlichen Sinn ist. Wenn das Palladion ein Symbol für den Schutz von Troja ist, dann handelt es sich vielleicht um den symbolischen Diebstahl der Sicherheit, die die Mauern ihnen boten, als die Griechen einen Weg in die Stadt fanden (oder ihnen dabei geholfen wurden). Der Sturz von Troja nachdem die Griechen einen Zugang in die Stadt gefunden hatten, ergibt, zumindest für heutige Leser, viel mehr Sinn als der Sturz Trojas aufgrund des Verlusts einer Statue.

Die letzte Aufgabe in der Prophezeiung des Helenus ist es, die Gebeine des Pelops nach Troja zu bringen. Pelops war der Großvater von Agamemnon, der in Pisa begraben wurde, so dass der mykenische König sofort ein Schiff aussendet und die Mannschaft damit beauftragt, seinen Verwandten auszugraben und seine sterblichen Überreste zurückzubringen.

Auf der Rückreise geht das Schiff in einem Sturm verloren und die Knochen gelangen nicht bis nach Troja. Dies ist eine weitere merkwürdige Entwicklung, da sie die Achäer daran hindert, die Prophezeiung zu erfüllen. Jeder, der aufgepasst hat, weiß, dass Prophezeiungen für die achäischen Griechen Gesetz waren, und die Griechen konnten trotz ihres Versagens siegen. Warum sollte die Forderung Teil der Prophezeiung sein, wenn sie sie nicht einlösen konnten? Waren Prophezeiungen wichtig oder nicht? Im Gegensatz zur Geschichte des Palladions (eine scheinbar phantastische Erzählung, die den Leser verwirrt) braucht diese eine phantastische Erzählung, damit sie Sinn ergibt.

Beginnen wir am Anfang. Die Geschichte um Pelops beginnt mit seiner Ermordung. Sein Vater, Tantalus, tötet seinen Sohn als Teil seines Planes zu prüfen, ob die Götter wirklich allwissend sind.

Tantalus zerstückelt Pelops und serviert ihn in einem Eintopf, der den Göttern dargebracht wird. Die meisten Götter wissen, dass etwas mit dem Essen nicht stimmt und weigern sich zu essen. Demeter jedoch isst Pelops' linke Schulter. Später setzen die Götter Pelops wieder zusammen und erweckten ihn zum Leben, und Hephaistos, der Gott der Schmiede, stellt eine Schulter aus Elfenbein her, um die von Demeter verzehrte zu ersetzen.

Warten Sie, es wird noch besser:

Poseidon macht Pelops zu seinem Lehrling im Olymp und lehrt ihn, den göttlichen Wagen zu lenken. Nach seiner Reise nach Griechenland nimmt Pelops an einem Wagenrennen gegen Oinomaos, den König von Pisa, teil, der eine Prophezeiung fürchtet, dass er von seinem Schwiegersohn getötet werden wird. Um die Prophezeiung zu durchkreuzen, tötet Oinomaos alle potentiellen Freier seiner Tochter – die seine Herausforderer bei den Wagenrennen waren.

Als Pelops davon hört, bittet er Poseidon um Hilfe. Sie überreden den Wagenlenker des Königs, die Bolzen seiner Wagenräder durch falsche zu ersetzen. Es funktioniert. Oinomaos' Wagen wird während des Rennens zerstört und Oinomaos von seinen Pferden zu Tode geschleift. Pelops wird zum Sieger erklärt, zum König von Pisa ernannt und heiratet Oinomaos Tochter.

Zurück zu einer von Herakles' Aufgaben...Viele glauben daher, es war nicht Pelops Knochen, sondern die Schulter aus Elfenbein, die nach Troja gebracht werden sollte. Diese Geschichte ergibt viel mehr Sinn, denn an den Knochen des toten Königs wäre nichts Besonders, anders als der Knochen, den eine Göttin geschaffen hat.

Genauer gesagt, von Demeter – diejenige, die die Schulter von Pelops in ihrem Eintopf verzehrte – die die Göttin der Ernte war und während des Krieges neutral blieb, im Gegensatz zu ihren reizbareren Geschwistern. Demeters Unterstützung wäre wahrscheinlich in Form einer guten Ernte für die Achäer in einer Zeit der Not gekommen oder dadurch, dass den belagerten Trojanern eine Ernte entzogen wurde. Der Elfenbeinknochen war ein Geschenk von Demeter, vielleicht war es das, was sie brauchten, nicht die brüchigen Überreste eines längst verstorbenen Königs, sondern die Großzügigkeit der Göttin der Ernte.

Fazit: Entweder sagen die Schicksale, dass drei von vier erledigten Aufgaben nicht schlecht sind, oder sie zählen die vierte Aufgabe symbolisch, und die Griechen schmieden ihren endgültigen Plan, die Stadt einzunehmen.

Kapitel 9: Das Trojanische Pferd und die Plünderung Trojas

Es herrscht beinahe allgemeine Übereinstimmung, dass die Stadt Troja existierte, obgleich noch diskutiert wird, wie groß sie war und ob Homer in seinen poetischen Beschreibungen zu Ausschmückungen neigte. Man nimmt zudem an, dass auch der Krieg zwischen den achäischen Griechen und den Trojanern stattgefunden hat, auch wenn in akademischen Kreisen über seine Länge und Bedeutung gestritten wird.

Das Trojanische Pferd hingegen wird von Wissenschaftlern fast gänzlich als Erfindung abgetan.

Dennoch ist es ebenso ikonisch als Symbol für den Sturz der Trojaner, als Zeugnis für den Sieg der Achäer als auch als Symbol für die Erzählung selbst, die ohne es nicht vollständig wäre. Das Pferd vollbrachte, was selbst Achilles mit Muskelkraft nicht vermochte, und ermöglichte es den Griechen schließlich, die Mauern von Troja zu durchbrechen.

Darstellung des Trojanischen Pferdes von Giovanni Domenico Tiepolo. [40]

Die Legende des Trojanischen Pferdes

Der Legende nach entwarf Odysseus den Plan, ein riesiges, hohles Holzpferd zu bauen, in dem sich eine Elitetruppe achäischer Soldaten verstecken konnte. Der Trick bestand darin, die Trojaner dazu zu bringen, das Pferd in die Stadt zu bringen. Um dies zu tun, brechen sie in der Nacht nach Tenedos auf, damit ihre Flotte in der Nähe bleiben kann, aber keine gegenwärtige Bedrohung für Troja darstellt. Die Achäer erklären die Trojaner zu Siegern und das Pferd soll ein Geschenk an die Trojaner sein.

Die Trojaner schicken eine Gruppe, um den verlassenen Strand und die große Holzkonstruktion zu erkunden, die dort steht, wo ein Jahrzehnt lang griechische Armeen lagerten. Unter denen, die geschickt werden, um die unerwartete Trophäe zu untersuchen, befindet sich ein Priester namens Laokoon. Bekanntlich behauptet er, als er das Pferd erreicht: „Ich traue den Griechen nicht, auch wenn sie Geschenke bringen." Er schlägt vor, die Pferde-Skulptur anzuzünden und es dabei zu belassen, aber Athene greift ein, indem sie Schlangen schickt, die aus dem Meer springen und Laokoon und seine beiden Söhne, die ihn begleiten, töten. Da die Trojaner nun befürchten, dass es die Götter erzürnen wird, wenn sie das Geschenk verbrennen oder seine Annahme verweigern, beschließen sie, das Holzpferd durch die Tore in die Stadt zu ziehen und ein Fest zu Ehren der Götter und ihres Sieges zu veranstalten. Kassandra, die verflucht ist, Prophezeiungen zu verkünden, die niemand glauben wird, rät ihrem Vater Priamos ebenfalls davon ab, das Geschenk in die Stadt zu bringen, und erklärt, die Achäer würden sie vernichten, wenn sie es täten. Ihr Rat wird nicht befolgt, und die Trojaner feiern das Holzpferd und essen und trinken bis tief in die Nacht.

Währenddessen sitzen Odysseus, Diomedes, Menelaos, Philoktetes, Ajax der Kleine und etwa zwanzig andere Achäer im Inneren des Pferdes. Sie warten tagelang in entsetzlicher, beengter Stille, während die Trojaner diskutieren, und überlegen, ob sie sie bei lebendigem Leib verbrennen, durch die Tore ziehen oder sie am Strand verhungern lassen werden. Schließlich bringen sie sie in die Stadt und veranstalten ein Fest zu Ehren der Götter und ihres Sieges. Als die Morgendämmerung naht, wird es auf den Straßen endlich ruhig und sie sind allein. Odysseus und seine Bande haben wenig Mühe, sich durch die überraschten und weitgehend betrunkenen Trojaner zu den Toren zu kämpfen. Dort begegnet ihnen die achäische Armee, nachdem sie in der Nacht ungesehen zurückgekehrt ist. Ein Feuersignal hatte ihnen den Hinweis gegeben, dass es Zeit sei zurückzukehren, und sie hatten ihre Boote wieder heimlich außerhalb der Stadt verankert. Nach zehn Jahren geben die Trojaner ihre Wachsamkeit für eine Nacht auf, und die anstürmenden Achäer sorgen dafür, dass ihr Irrtum tödlich endet.

Eine zeitgenössische Erklärung

Das ist die Geschichte, die sich in etwas unterschiedlichen Versionen endlos weitererzählen lässt. Historiker und Archäologen kritisieren sie, weil sie nicht ganz mit dem übereinstimmt, was sie über die Kriegsführung in der Region in der späten Bronzezeit wissen. Das heißt nicht, dass die Griechen nicht in der Lage gewesen wären, das Pferd zu bauen, sondern vielmehr, dass es kein sehr guter Trick war. Ein Gegner wie die Trojaner hätte sehr wohl gewusst, welche Konstruktionen geeignet waren, um Soldaten zu verstecken und Mauern zu durchbrechen. Aus der Perspektive der Achäer barg der Plan ein unglaublich hohes Risiko des Scheiterns und damit einhergehend für diejenigen, die sich so in die Stadt schmuggeln wollten, eines schrecklichen Todes.

Es ist jedoch erwähnenswert, dass sowohl Homer als auch andere griechische Dramatiker und Historiker sich überraschend oft durch archäologische Funde bestätigt sehen, die ihre Behauptungen untermauern, so dass es möglicherweise nicht klug wäre, die Pferdegeschichte komplett abzutun. Wenn das Geschenk als Köder anstatt als Transportmittel verwendet worden wäre, würde der größte Teil der Geschichte immer noch Sinn ergeben. Immerhin hatte es Odysseus schon mehrfach geschafft, sich in die Stadt zu schleichen. Vielleicht hätte er es mit einigen seiner Freunde noch einmal tun können, während König Priamos und die Trojaner mit dem ausgeklügelten und verdächtigen Geschenk beschäftigt waren, das am Strand zurückgelassen wurde. Ungeachtet dessen ist man sich allgemein darüber einig, dass nach einem langwierigen Krieg (der bis zu einem Jahrzehnt dauerte) die belagerten Trojaner dazu gebracht wurden, in ihrer Vorsicht nachzulassen, wofür die Achäer sie teuer bezahlen ließen.

Die Plünderung Trojas

Das Blatt hatte sich gewendet. Dieselben Mauern, die die trojanischen Bürger jahrelang vor den Achäern geschützt hatten, schlossen sie nun im Inneren ein, um abgeschlachtet zu werden. Wie bei der damaligen Kriegsführung üblich war die Plünderung von Troja brutal. Die Achäer, angetrieben von einem Jahrzehnt der Frustration und Niederlagen, schlachteten trojanische Männer, Frauen und Kinder im Schlaf ab. Diejenigen, die nicht getötet wurden, wurden vergewaltigt oder verschleppt – und oft beides. Die trojanischen Soldaten waren zwar überrascht, hatten aber gewiss in die Nacht und in den nächsten Tag hinein einen erbitterten Kampf geführt, von dem sie sich nicht erholen konnten. Die Achäer waren froh, das Feuer tun zu lassen, was ihre Schwerter und Speere nicht vermochten. Das Feuer war ihr Verbündeter, denn es zwang die trojanischen Krieger aus dem Hinterhalt und vernichtete die Gebäude. Um den Feuern zu entkommen, wurden viele wohlhabende Trojaner plötzlich zu besitzlosen Flüchtlingen. In den Ruinen von Troja wurde Schmuck aus Edelmetallen in den Häusern der Menschen gefunden, was auf eine rasche und überstürzte Flucht hinweist.

So schlimm der Sturz Trojas für gewöhnliche Trojaner war, umso schlimmer war er für die Angehörigen der königlichen Familie, die zur Vernichtung und Rache auserkoren wurden. König Priamos wurde von Neoptolemos, dem Sohn des Achilles, am Altar des Zeus gefunden, wo er ohne Prunk hingerichtet wurde. Odysseus, der befürchtete, dass sich derselbe Kreislauf der Gewalt eines Tages über die Achäer wiederholen könnte, fand Hektors Sohn Astyanax und warf ihn von der Stadtmauer in den Tod. Hektors Frau Andromache wurde von Neoptolemos und seine Schwester Kassandra von Agamemnon entführt. Beide kehrten mit den

Achäern nach Griechenland zurück, um als Konkubinen mit den Kriegern zu leben. Prinzessin Polyxena, die einigen Erzählungen zufolge vor seinem Tod verlobt mit Achilles war, wurde auf dem Grab des Halbgottes geopfert. Helena, die der Grund für den Krieg war, erwartete König Menelaos in ihren Gemächern. Nach dem Tod von Paris hatte Helena einen seiner Brüder, Deiphobus, geheiratet, den Menelaos erst kurz zuvor während der Plünderung der Stadt getötet hatte. Als er sie aber sah, wurde er von ihrer Schönheit überwältigt und ließ sein Schwert fallen, und die beiden kehrten als König und Königin nach Sparta zurück.

Der Brand Trojas von Johann Georg Trautmann. [41]

Die Flucht des Aeneas

Unter den Flüchtlingen von Troja war Aeneas, der Sohn des trojanischen Prinzen Anchises und der Göttin Aphrodite. Bis zum Alter von fünf Jahren wurde Aeneas von Nymphen auf dem Berg Ida aufgezogen, bevor er zu seinem Vater zurückgebracht wurde, der geschworen hatte, nie zu sagen, dass er bei einer Göttin gelegen hatte. Er galt weithin als einer der besten trojanischen Kämpfer des Krieges, obwohl er nicht so mächtig war wie Hektor oder wie Achilles, Ajax oder Diomedes auf achäischer Seite. Ein besserer Vergleich könnte Odysseus sein, wenn Aeneas auch etwas weniger gerissen und ein wenig ehrenwerter war.

Wie Odysseus wurde Aeneas von den Göttern begünstigt, die ihn zweimal aus der Schlacht retteten, als der Tod unvermeidlich schien. Wie Odysseus stand auch Aeneas nach dem Trojanischen Krieg vor einer langen und beschwerlichen Reise. Nachdem sein Haus zerstört worden war, floh er mit seinem Sohn, seinem Vater und vielen anderen Gefährten aus der Stadt, nachdem er dazu von den Göttern angehalten worden war, die das Erbe Trojas nicht gänzlich in Vergessenheit geraten lassen wollten.

Aeneas flieht aus dem brennenden Troja *von Federico Barocci.* [42]

Aeneas und seine Mannschaft wurden beauftragt, eine neue Stadt zu gründen, die schließlich eine weitere große Kultur hervorbringen sollte: Rom. Wie vorauszusehen war, wurde ein Großteil dieser Geschichte von einem römischen Dichter erzählt anstatt von einem griechischen, Jahrhunderte nachdem Homer seine *Ilias-* und *Odyssee*-Geschichten geschrieben hatte. Der römische Dichter hieß Vergil und in der *Aeneis* erzählt er von den wechselhaften Abenteuern, die Aeneas und seine Mannschaft durchleben. Ihre Reisen führen sie rund um das Mittelmeer, mit bemerkenswerten Unterbrechungen auf Kreta, Sizilien und Karthago, wo er Königin Dido kennenlernt und sich in sie verliebt. Aeneas muss von den Göttern an seine Mission erinnert werden, und nachdem er heimlich aus Karthago geflohen ist, spricht Dido mit gebrochenem Herzen eine Prophezeiung und einen Fluch aus, der ihre Nachkommen in Karthago und Rom in den punischen Kriegen gegeneinander ausspielt (bevor sie sich selbst mit einem Schwert tötet, das Aeneas ihr hinterlassen hat).

Als Aeneas nach Italien kommt, wird er zunächst von Latinus, dem König der Latiner, empfangen. Doch die gute Stimmung verfliegt, als Latinus die Prophezeiung erhält, dass seine Tochter Lavinia einen Mann aus einem anderen Land heiraten wird. Latinus hält Aeneas für diesen Mann und erfüllt die Prophezeiung, was den benachbarten König der Rutuler, Turnus, erzürnt. Mit den verbündeten Etruskern zieht Turnus in den Krieg gegen die Latiner und ihre neuen trojanischen Verbündeten. Aeneas selbst tötet Turnus, um die letzte Schlacht zu gewinnen, aber Latinus fällt im Krieg.

Aeneas gründet die Stadt Lavinium, benannt nach seiner Frau, und bleibt dort mit seinem Volk für den Rest seines Lebens. Als er stirbt, verhandelt Aphrodite mit Zeus, um ihm Unsterblichkeit zu verleihen. Er wird vom Flussgott Numicus gereinigt und bekommt Nektar und Ambrosia von seiner Mutter, damit er in das Pantheon aufsteigen kann. Viele Generationen später gründen seine legendären Nachkommen Romulus und Remus die Stadt Rom, aber es sind Aeneas und Lavinia, die als die Urahnen des römischen Volkes angesehen werden.

Anthropologisch betrachtet ergibt diese Geschichte sehr viel Sinn. Als Geschichte, die von den Römern geschrieben wurde, verband es sie mit der Antike und verlieh ihren Führern in den Augen ihrer Untertanen größere Legitimität. Das Bündnis mit den Latinern und die Konflikte mit den Rutulern, Etruskern und Karthagern erklären die historischen Beziehungen zwischen den Völkern der Region. Die Beziehung zwischen Rom und Karthago, die zu den punischen Kriegen führte, spiegelt die Rivalität zwischen den Griechen und den Trojanern vor ihnen wider. Römische Historiker schreiben sogar bewundernd über den karthagischen General Hannibal, ähnlich wie die Griechen die Macht und Würde des Prinzen Hektor von Troja ehrten.

Die überlebenden Achäer

Viele der überlebenden Achäer hatten wohl eine schwierigere Zeit als Aeneas. Odysseus, der dem Roadtrip-Fiasko-Film-Genre mehrere Jahrtausende vorausging, hatte den berühmtesten schlechten Trip aller Zeiten. Von dieser unglücklichen Reise erzählt Homer in seiner Fortsetzung der *Ilias*, der *Odyssee*.

In Homers Odyssee hat Odysseus – obwohl noch unter dem Schutz von Athene – Poseidon verärgert, indem er die von Poseidon bevorzugten Trojaner besiegt. Weil die List mit dem Pferd seine Idee war, schickt der Gott des Meeres einen Sturm, um Odysseus Flotte vom Kurs abzubringen und sie auf die Insel der Lotusesser zu führen. Nachdem sie das magische Kraut zu sich genommen haben, vergessen die Männer des Odysseus, woher sie gekommen sind, was sie getan haben und wohin sie gehen. Odysseus muss sie zurück zu ihren Schiffen schleppen, wo sie erneut vom Kurs abgebracht werden und auf einer Insel landen, die sie für unbewohnt halten.

Dort finden sie eine Höhle mit Fleisch- und Käsevorräten, an denen sie sich freimütig bedienen, bis ihr Bewohner zurückkehrt. Polyphem, ein Zyklop und Sohn des Poseidon, entdeckt, dass die Achäer seinen Vorrat verzehren und beginnt sofort, sie zu fressen. Er rollt einen Felsbrocken vor die Mündung der Höhle und fesselt die Achäer an ihr Schicksal. Nachdem Odysseus viele seiner Männer verloren hat, gelingt es ihm, den Zyklopen betrunken zu machen und ihn mit einem Holzpfahl zu blenden, nachdem er ohnmächtig geworden ist. Wütend und vom Schmerz erwachend, tastet Polyphem in der Höhle herum, kann aber die überlebenden Achäer nicht finden, die sich klugerweise ruhig verhalten. Aber sie sind immer noch gefangen, und Odysseus schmiedet den Plan, dass sie sich am Bauch der Schafe des Zyklopen, die er in der Höhle hält, festbinden.

Schließlich muss Polyphem seine Schafe auf die Weide lassen. Er inspiziert jedes einzelne Schaf, während sie an ihm vorbeilaufen, um sicherzugehen, dass es sich tatsächlich um die Schafe handelt, aber er versäumt es, ihre Bäuche, an denen sich die Achäer festklammern, gründlich zu prüfen. In dem Versuch, seine Taten vor Poseidon zu verbergen, unterbricht Odysseus seine Flucht und rief Polyphem zu, er heiße „Niemand" und die ganze Welt wisse, dass Niemand den Zyklopen geblendet habe.

Infolgedessen antwortete Polyphem seinem Vater.

„Wer hat dich geblendet, mein Sohn?"

„Niemand! Niemand hat mich geblendet!"

Odysseus ist mal zu schlau für sein Wohl, mal nicht annähernd so schlau, wie er denkt. In diesem Fall war es ein bisschen von beidem. Poseidon ist schließlich ein Gott, und er weiß, was Odysseus seinem Sohn angetan hat. Noch wütender als zuvor stimmt Poseidon dem Fluch des

Polyphem zu, dass Odysseus und seine Mannschaft zehn Jahre lang auf See bleiben sollen, bevor sie nach Ithaka zurückkehren. Die gesamte Flotte von Odysseus mit Ausnahme seines eigenen Schiffes wird bald zerstört, geht verloren oder wird versenkt.

Odysseus und Polyphem *von Arnold Böcklin.*[15]

Als sie wieder an Land gehen, versorgt Circe alle Männer von Odysseus mit vergiftetem Käse und Wein und verwandelt sie in Schweine. Nur Odysseus behält seine menschliche Form, denn er ist von Hermes gewarnt worden, der ihm ein Kraut namens Moly gegeben hatte, das seine Verwandlung verhindert. Odysseus schafft es, Circe davon zu überzeugen, seine Mannschaft wieder in ihre ursprüngliche Form zurückzuverwandeln, indem er zustimmt, als ihr Liebhaber bei ihr zu bleiben. Nach einem Jahr können sie mit Circes Hilfe ihre Reise fortsetzen. Sie sagt ihnen, wenn sie das heilige Vieh des Helios auf der Insel Thrinakia essen würden, würden sie es niemals nach Ithaka schaffen. Sie warnt sie eindringlich vor dem, was ihnen begegnen wird. Sie erzählt ihnen, dass ihre Reise sie an den tödlichen und schönen Sirenen des Meeres vorbeiführen werde, deren bezaubernde Lieder die Seeleute dazu bringen, von ihren Schiffen zu springen und die Quelle zu suchen, um dann ihr eigenes Grab im Wasser zu finden. Odysseus und seine Mannschaft bereiten sich darauf vor, indem sie sich Bienenwachs in die Ohren stopfen. Das heißt, alle außer Odysseus. Er befiehlt seinen Männern, ihn an den Mast zu binden und zu bewachen, aber er will den Gesang der Sirenen mit eigenen Ohren hören. Als die Zeit gekommen ist, bettelt und fleht Odysseus darum, losgemacht zu werden, um die Musik zu finden, aber seine wachsame Mannschaft bleibt ihren Befehlen treu und widersetzt sich ihm, bis er zu Verstand kommt. Danach rühmt sich Odysseus, dass er der einzige Mensch sei, der jemals die Sirenen gehört und überlebt habe, um davon zu erzählen.

Als Nächstes führt sie ihre Reise durch enge Gewässer. Auf der einen Seite müssen sie einem schrecklichen Strudel namens Charybdis ausweichen, der ihr Schiff auf den Meeresgrund ziehen wird, und auf der anderen Seite müssen sie die Scylla meiden, ein sechsköpfiges Ungeheuer, das sich von vorbeifahrenden Matrosen ernährt. Sechs von der Mannschaft werden verschlungen, einer von jedem Kopf, bevor das Schiff sicher vorbeigefahren ist. Wie viele der Hindernisse auf der Reise, stellen sie wahrscheinlich etwas Realistischeres, aber ebenso Tödliches dar.

Schiffswracks waren ein Teil des frühen Lebens im Mittelmeerraum. Es gab viele Gefahrenstellen für Schiffe, die versuchten, Strudeln auszuweichen und ins offene Meer getrieben wurden, wenn sie sich zu weit vom Land entfernten, unbekannte Küstenlinien und dicht unter der Wasseroberfläche liegende Felsen, wenn sie der Küste zu nahe kamen.

Trotzdem suchten die Überlebenden nun Zuflucht auf der Insel Thrinakia. Odysseus rät davon ab, da er sich an Circes Warnung erinnert, stimmt aber schließlich zu, als der Rest seiner Mannschaft ihn drängt dorthin zu gehen. Nun schickt Zeus einen Sturm, der sie lange Zeit daran hindert, die Insel zu verlassen und sie verzehren alle Vorräte, das Circe ihnen mit auf den Weg gegeben hat. Angesichts des drohenden Hungertods schlachtet die Mannschaft das heilige Vieh des Helios und verzehrt es, während Odysseus fort ist, um für das Ende des Sturms zu beten. Helios verlangt, dass sie getötet werden, so dass Zeus den Sturm lange genug pausieren lässt, um sie davon zu überzeugen, dass er vorbei sei, nur um ihn dann erneut über sie zu bringen, während sie auf See sind. Das Schiff sinkt und die gesamte Besatzung ertrinkt bis auf Odysseus, der an die Küste von Ogygia gespült wird.

Als einziger Überlebender seiner Mannschaft bleibt Odysseus sieben Jahre lang als Liebhaber der der Nymphe Kalypso auf Ogygia. Es wird vermutet, dass dies wirklich alles war, was geschah, und der Rest war eine Geschichte, die der immer (zu) kluge Odysseus erfunden hatte, um seiner Frau Penelope seine lange Abwesenheit zu erklären.

Als er Ogygia verlässt und nach Ithaka zurückkehrt, sind zwanzig Jahre vergangen, seit er fortgegangen ist, und zehn Jahre seit dem Ende des Kriegs. Man hat ihn für tot gehalten, und so findet er bei seiner Rückkehr heraus, dass viele Bewerber gekommen sind, um seine Witwe zu heiraten. Um Informationen zu erhalten, verkleidet er sich als alter Bettler, ein Trick, an den sich Penelope schon aus der Zeit vor dem Krieg erinnern soll. Er befragt sie über die Freier und beobachtet, wie sie reagiert, als er ihr erzählt, er habe auf Kreta einen Mann namens Odysseus getroffen. Nachdem er überzeugt ist, dass sie ihm immer noch treu ist, offenbarte er sich seinem inzwischen erwachsenen Sohn Telemachos. Gemeinsam erdenken sie einen Wettkampf unter den Freiern, den nur Odysseus gewinnen kann, bei dem er seinen Bogen spannt und einen Pfeil sauber durch zwölf Ringe schießt. Odysseus, immer noch als Bettler verkleidet, stellt seine Stärke unter Beweis, indem er den Bogen spannt und den Pfeil durch die Reifen schießt.

Für den empfundenen Verrat der Freier an Odysseus schlachten er und Telemachos sie alle ab und töten sogar viele der Diener, die den Möchtegern Bräutigamen geholfen oder bei ihnen gelegen haben.

Odysseus hat sich dank seines unerschütterlichen Witzes den Göttern widersetzt, dem Gesang der Sirenen gelauscht, einen Zyklopen besiegt, ist der einzige Überlebende eines Schiffbruchs und wird sowohl von einer Seenymphe als auch von einer Zauberin geliebt. Zumindest behauptet er das.

Agamemnon hat eine weniger verschlungene Rückkehr nach Mykene als Odysseus nach Ithaka, die sich aber als schwieriger erweist. Er hat seinen Thron als der mächtigste der achäischen Könige verlassen, aber in seiner Abwesenheit kehrt der alte Familienzwist zurück. Die Fehde zwischen seinem Vater Atreus und seinem Onkel Thyestes erweist sich keineswegs als beigelegt, da nun Aigisthos, der Sohn des Thyestes, Agamemnons Frau Klytämnestra geheiratet und sich auf den Thron gesetzt hat. Dies spiegelt Thyestes' Affäre mit Aerope, Atreus' Frau und Agamemnons Mutter wider.

Klytämnestra hatte Agamemnon verlassen, weil er bereit gewesen war, ihre Tochter Iphigenie im Namen seines kostbaren Krieges zu opfern. Sie rächt sich, indem sie sich mit Aigisthos verschwört, ihn zusammen mit Kassandra zu ermorden, die als seine Konkubine zurückgekehrt ist. Aigisthos regiert sieben Jahre lang, bis der Zyklus auch ihn erwischt. Agamemnons Sohn, Orestes, kehrt aus dem Exil zurück und tötet sowohl Aigisthos als auch Klytämnestra (seine eigene Mutter) für ihren Verrat an seinem Vater. In den Augen der Gerechtigkeit scheint Orestes einen Schritt vorwärts und einen zurück zu machen, indem er seinen Vater rächt und seine Mutter tötet. Infolgedessen wird er von den Furien verfolgt, den Göttinnen der Rache und Vergeltung, die die Menschen in den Wahnsinn treiben.

Apollo und Athene stellen sich jedoch auf seine Seite, und Apollo sagt ihnen, wenn er auf die Barbareninsel Tauris gehen würde, um eine Statue der Artemis zu holen, könne er die Qual der Furien beenden. Er wird gefangen genommen und zu einer Priesterin gebracht, die sich als seine lange verschollene Schwester Iphigenie herausstellt, die er für tot gehalten hat. Sie erzählt ihm, Athene habe sie gerettet, und dann habe sie Orestes bei der Flucht geholfen und die Statue der Artemis gefunden. Diese Wendung der Ereignisse durchbricht den Kreislauf der Rache, an der die Familie leidet, und die Furien geben ihre Verfolgung von Orestes auf. Er kehrt nach Mykene zurück, nimmt Hermione zur Frau (die Tochter von Menelaos und Helena) und regiert als König.

Diese Serie unglücklicher Ereignisse, die Agamemnon und seinen Angehörigen widerfahren, ist Teil dessen, was der Fluch des Hauses Atreus genannt wird. Ein Fluch, der in der antiken griechischen Mythologie „ansteckend" war, wurde *Miasma* genannt. Die Geschichte beginnt mit Agamemnons Urgroßvater, Tantalus, der versucht, die Götter dazu zu bringen, seinen Sohn zur Überprüfung ihrer Allwissenheit zu verzehren. Er wird entdeckt und in die Unterwelt geschickt, wo er für seine Arroganz eine wahrhaft dante'ische Folter erduldet. Er steht in einem Wasserbecken, aber jedes Mal, wenn er sich bückt, um einen Schluck zu nehmen, verdunstet das Wasser, bevor er es erreichen kann. Ebenso steht er unter einem Baum, der Früchte trägt, aber wenn er zugreift, um einen zu pflücken, weht eine Brise den Ast außer Reichweite. Das *Miasma* ergreift seine Kinder, wo es zu Brudermord, Vatermord, Inzest und Menschenopfer führt, bis es von Agamemnons Kindern Iphigenie und Orestes besiegt wird.

Anderen bemerkenswerten Achäer, die überleben, ergeht es besser. Nestor, der sich nicht an der Plünderung Trojas beteiligt hat, genießt eine sichere und schnelle Heimreise. Schließlich geht er fort, um die Kolonie Metapontum in Süditalien zu gründen.

Als Diomedes nach Hause kommt, findet er heraus, dass seine Frau ohne ihn weitergezogen ist, so entschließt er sich, eine Kolonie in Süditalien zu gründen.

Philoktetes tritt ebenfalls dem Italienklub bei, wo er ein Heiligtum für Apollo den Wanderer gründet, dem er den Bogen des Herakles widmet, den er seit seiner Verletzung und Aussetzung getragen hat.

Neoptolemos kehrt mit Andromache nach Phthia zurück, wo er seinem Großvater Peleus als König folgt. Das Paar hat ein Kind namens

Molossus, und seine Abstammung soll auf Alexander den Großen von Mazedonien zurückgeführt werden können. Die makedonischen Könige behaupten ebenfalls, von Herakles abzustammen, aber es ist wahrscheinlich aufrichtig zu sagen, dass es ihnen eigentlich nur darum ging, ihre Familie mit einem fast unbesiegbaren Halbgott zu verbinden, *welcher auch immer das sein mochte.*

Ajax dem Kleinen ergeht es jedoch nicht gut und er wird auf seiner Heimreise von den Göttern als Vergeltung für die Zerstörung des Apollotempels und die Vergewaltigung der Priesterinnen frühzeitig getötet. Die Götter sind mit ihrer Einschätzung, wann Dinge wie Brandstiftung, Vergewaltigung, Sklaverei und Mord in Ordnung sind, sehr inkonsistent. Im Grunde mögen sie Ajax einfach nicht.

ABSCHNITT DREI: DIE WIRKUNG DES TROJANISCHEN KRIEGS

Kapitel 10: Die Literatur: Antike griechische Autoren über den Trojanischen Krieg

Homers *Ilias* ist der älteste und vollständigste Bericht über die Ereignisse rund um den Trojanischen Krieg, und seine *Odyssee* konkretisiert einige der Ereignisse nach der Beerdigung Hektors. Tatsächlich gehören diese beiden Bücher zu den ältesten Texten der Welt, die noch heute gelesen werden. So alt sie auch sind, sie wurden erst zwischen vier und fünfhundert Jahren nach den Ereignissen des Trojanischen Krieges geschrieben, eine Periode, die ein dunkles Zeitalter der griechischen Geschichte darstellt.

Die Texte oder Informationen, die bis zu Homer gelangten, wurden durch eine Kombination aus mündlicher Überlieferung und einigen verstreuten Aufzeichnungen überliefert. Homer selbst lebte in Anatolien, näher beim antiken Troja als beim antiken Mykene, Athen oder Sparta. Dies mag sowohl der Grund für das scheinbare Mitgefühl für einen Feind der Griechen in seinen Gedichten sein als auch für einen besseren Zugang zu Informationen über die Ereignisse nach mehreren hundert Jahren. Die *Ilias* und die *Odyssee* waren jedoch keine vollständigen Berichte über den Konflikt.

Die *Ilias* ist besonders dürftig und umfasst weniger als zwei Monate des zehnjährigen Krieges. Zu einem bestimmten Zeitpunkt gab es den Epischen Zyklus, der die gesamte Geschichte von Anfang bis Ende in epischen daktylischen Hexametern darstellte. Diese epischen Gedichte waren *Cypria, Ilias, Aethiopis,* die *Kleine Ilias,* die *Plünderung Trojas, die Rückkehr von Troja, Odyssee* und *Telegonie.* Die Fragmente, die aus den anderen Büchern des Epischen Zyklus überliefert sind, sind meist Zeilen, die an anderer Stelle zitiert wurden, meist von späteren griechischen Historikern. Die Originalwerke selbst gingen verloren.

Cypria

Cypria wurde entweder von Homer, Stasinos von Zypern, Hegesinus von Salamis oder Cyprias von Halikarnassos geschrieben. Fünfzig verstreute Zeilen sind erhalten und erzählen von den ersten Ereignissen, die zum Trojanischen Krieg führten. Sie beschreiben den Plan des Zeus, die Welt von seinen Halbgottkindern zu reinigen, das Urteil des Paris, die Sammlung der achäischen Streitkräfte und die Prophezeiungen des Kalchas in Aulis, den Tod des Protesilaos durch die Hand Hektors und den griechischen Gesandten, der die Rückkehr Helenas und den von Paris geraubten Schatz aushandeln soll.

Die *Ilias* (siehe dazu Kapitel 6)

Aithiopis

Das dritte Gedicht des Epischen Zyklus stammt von Arktinos von Milet und beginnt nach Achilles Sieg über Hektor. *Aithiopis* erzählt die Geschichte der andauernden Herausforderungen des achäischen Helden und seines unersättlichen Verlangens, sich als der größte Krieger der Welt zu beweisen. Zumindest ist das die Vermutung, die die spärlichen fünf überlieferten Zeilen nahelegen, die über seine Schlachten mit Penthesilea und Memnon berichten.

Die Kleine Ilias

Dieses Epos wird entweder Homer, Lesches von Pyrrha, Kinaithon von Sparta oder Diodorus von Erythrae zugeschrieben. Dreißig Zeilen des Originaltextes sind erhalten, und obwohl er nicht zitiert wird, wird er in vielen weiteren Texten erwähnt, was ihn zu einem der besser verstandenen Werke des Epischen Zyklus macht.

Es erzählt vom Streit zwischen Odysseus und Ajax um Achilles' Rüstung, von den Prophezeiungen des Helenus nach seiner Gefangennahme, von Eindringen Odysseus' und Diomedes' in Troja, um das Palladion zu bergen, von der Konstruktion des Trojanischen Pferdes durch Epeius und vom Auftauchen der achäischen Soldaten in den Mauern Trojas. Da dieses Werk oft als Referenz angegeben, aber nicht immer zitiert wird, gibt es viele Diskrepanzen und Widersprüche, ohne dass sich eine einzige definitive Version aus den abgeleiteten Texten ergibt. Die Prophezeiung des Helenus, dass die Achäer Philoktetes von Lemnos zurückholen müssen, um den Krieg zu gewinnen, wird in einigen Texten Kalchas zugeschrieben. Die Ankunft Philoktetes und der Tod des Paris zu einem früheren Zeitpunkt in der Geschichte lässt dem trojanischen Seher nur drei Prophezeiungen für die Achäer.

Die Plünderung Trojas

Die Plünderung Trojas von Arktinos von Milet springt in der Abfolge der Ereignisse etwas zurück und beginnt damit, dass die Trojaner das Trojanische Pferd am Strand entdecken und debattieren, was damit zu tun ist. Der Tod von Laokoon und seinen Söhnen, die Flucht des Aeneas und seiner Gruppe und die Schicksale der trojanischen Königsfamilie in den Händen der achäischen Eroberer. Nur zehn Zeilen sind erhalten, was dies zu einem der schmalsten Überbleibsel des Epischen Zyklus macht.

Die Rückkehr aus Troja

Dieses Epos wurde entweder von Homer, Eumelos von Korinth, oder Hagias von Troizen geschrieben und nur fünfeinhalb Zeilen sind von diesem Beitrag zur Geschichte übriggeblieben. Mehr lässt sich aus anderen Texten ableiten, die es nicht direkt zitieren, und sein Inhalt erzählt von den Geschichten der meisten Achäer nach dem Krieg (mit Ausnahme von Odysseus, der sein eigenes Buch erhielt). Die italienischen Kolonien von Nestor, Diomedes und Philoktetes werden ebenso erwähnt wie die Ermordung von Agamemnon und Kassandra durch Aigisthos und Klytämnestra.

Odyssee (siehe Kapitel 9)

Telegonie

Der letzte Teil des Epischen Zyklus ist die *Telegonie* von Kinaithon von Sparta, und sie bildet einen seltsamen Abschluss. Es beginnt damit, dass Odysseus und Telemachos die Leichen der getöteten Freier begraben. Die Geschichte richtet ihren Fokus jedoch auf einen Sohn, den seine Geliebte Circe gebar, nachdem er mit seiner Mannschaft ihre Insel verlassen hat. Sein Sohn Telegonos verlässt die Insel, nachdem er erwachsen geworden ist, und landet unwissentlich auf Ithaka, als ein Sturm sein Schiff vom Kurs abbringt. Da er nicht weiß, dass er im Land seines Vaters ist, fängt er an, Vieh zu stehlen und zu schlachten, um es zu essen. Ein betagter Odysseus kommt herbei, um sein Eigentum zu verteidigen und wird von Telegonos in einem Kampf getötet. Telegonos und Odysseus erkennen einander in seinen letzten Momenten, und er beklagt, was er getan hat.

Telegonos findet daraufhin Penelope und seinen Halbbruder, Telemachos, und kehrt auf Circes Insel zurück. Telegonos heiratet Penelope, Telemachos heiratet Circe, und Circe macht sie alle unsterblich. Odysseus stirbt als Sterblicher, während seine Familie ewig lebt.

Im klassischen Zeitalter Athens trugen griechische Dramatiker auch zur wachsenden Kakophonie heroischer, aber oft widersprüchlicher Darstellungen des damals fast tausend Jahre alten Krieges bei. Ein Theaterstück über dem Trojanischen Krieg war für die Athener der Klassik wie ein Film über Robin Hood für ein modernes Publikum. Dennoch waren sie von den Charakteren fasziniert, die sich im Laufe der Zeit zu immer komplexeren und weniger brutalen Charakteren wandelten. Die drei wichtigsten Dramatiker, deren Werke überliefert sind, sind Aischylos, Sophokles und Euripides.

Aischylos und die Orestie

Aischylos gilt als der Vater der griechischen Tragödie, obwohl nur sieben seiner etwa siebzig bis neunzig Stücke dem Zahn der Zeit entgingen. Obwohl der größte Teil seines Werkes verloren gegangen ist, stellen drei der sieben erhaltenen Stücke eine Trilogie über die Spätzeit des Hauses Atreus dar.

Sein Stück *Agamemnon* beginnt mit der Rückkehr der Titelfigur aus dem Trojanischen Krieg nach Hause. Agamemnon wird jedoch meist durch die Augen anderer Figuren gesehen. Die Stadtbewohner fürchten den Fluch auf dem Haus und sorgen sich wegen der Vergeltung für die Opferung Iphigenies. Seine Frau Klytämnestra ist entsetzt, dass er eine trojanische Konkubine mit nach Hause bringt. Kassandra sieht den Mord an Agamemnon und ihr selbst voraus, geht aber ihrem Schicksal entgegen, wohl wissend, dass ihr niemand glauben wird und es ihr nicht gelingen wird zu fliehen, selbst wenn sie es versucht.

Im nächsten Buch *Choephoren* (manchmal auch *Die Weihgussträgerinnen)* trifft Agamemnons Sohn Orestes seine Schwester Elektra am Grab ihres Vaters, um Rache an ihrer Mutter und Aigisthos zu planen, den sie zu ihrem neuen Ehemann genommen hat. Doch der letzte Teil, *Die Eumeniden*, beschreibt seine Schuld und die Qualen, die ihm von den Furien für die Tötung seiner Verwandten zugefügt wurden. Schließlich erhält Orestes für das, was er seiner Mutter angetan hat, Vergebung, und die Furien werden in *Die Eumeniden* oder *Die Gütigen* umbenannt.

Sophokles: Elektra, Ajax und Philoktetes

Während Sophokles vor allem für seine Tragödien *Ödipus Rex* und *Antigone* bekannt ist, trug er auch mit dreien seiner Stücke zur Legende des Trojanischen Krieges bei, die allerdings keine Trilogie darstellen. Sein Stück *Ajax* versucht, den Ruf von Ajax dem Großen und Odysseus zu retten, die beide nach Achilles Tod einige verwirrende Momente hatten. *Elektra* ist eine weitere Erzählung von *Choephoren*, in der sie und Orestes den Tod ihrer Mutter und Aigisthos inszenieren – aber nicht mit Orestes, sondern mit Elektra als Protagonistin.

In Sophokles' Version bringt sich Ajax nicht sofort um, nachdem Achilles' Rüstung Odysseus zugesprochen worden ist, sondern schwört Rache an Agamemnon und Menelaos, die beide gegen ihn gestimmt hatten. In seiner Wut nimmt er seine Waffen und seine eigene Rüstung und macht sich auf die Suche nach den niederträchtigen Brüdern, um sie zu töten. Athen trübt jedoch seine Sehkraft, so dass er stattdessen das Vieh und die Hirten der Griechen tötet. Als Ajax zur Besinnung kommt und erkennt, was er getan hat, treibt ihn die Scham zum Selbstmord. Während diese Version etwas genauer erklärt, was den Helden dazu gebracht hat, sich selbst aufzuspießen, ändert sich die Logik völlig. Im Original zieht er den Tod der Schande vor, die ihm durch das Urteil anderer gebracht wird. In dieser Version entscheidet er sich jedoch für den Tod, anstatt sich mit der Schande zu befassen, die selbst er über sich gebracht hat. Odysseus seinerseits plädiert für eine angemessene Beerdigung von Ajax, obwohl Agamemnon und Menelaos dem nur widerwillig zustimmen. Schließlich beginnt Philoktetes damit, dass Odysseus und Neoptolemos (statt Diomedes) nach Lemnos gehen, um den verwundeten Bogenschützen nach Troja zu bringen. Odysseus und Neoptolemos erwägen, nur Pfeil und Bogen mitzunehmen und Philoktetes dort zu lassen, aber Philoktetes sträubt sich mitzukommen, nachdem er erfahren hat, dass die Prophezeiung seine Rückkehr erforderlich macht, damit die Achäer siegreich sein werden.

Euripides' neun Dramen

Euripides war der Letzte der großen Dramatiker der klassischen Epoche, und er schrieb am ausführlichsten von den Dreien über den Trojanischen Krieg. Seine neun erhaltenen Theaterstücke über den Krieg sind *Andromache* (die Gattin Hektors), *Hekuba* (die Gattin von König Priamos während des Trojanischen Krieges), *Zyklop*, *Elektra* (die Tochter von König Agamemnon und Königin Klytämnestra von Mykene), *Die*

Troerinnen, *Iphigenie bei den Taurern*, *Helena*, *Orestes* und *Iphigenie in Aulis*.

Andromache

Im Palast des Neoptolemos trifft Orestes seinen Freund Pylades. Neoptolemos beschützt Astyanax, um sich Andromaches Gunst zu sichern. Orestes, der in Hermione verliebt ist, stellt eine Bitte an Neoptolemos, der diese jedoch abweist. Aber seine Zurückweisung geschieht aus Liebe zu Andromache. Hermione will zu König Menelaos, ihrem Vater, zurückkehren.

Aber es geht noch weiter ...

Neoptolemos ist wütend über Andromaches Kälte und gibt Orestes nach. Wütend über den Verlauf der Ereignisse organisiert Orestes die Entführung von Hermione. Nachdem es ihr nicht gelingt, Hermione davon zu überzeugen, ihren Sohn zu retten, wendet sich Andromache an Neoptolemos, der sie als Gegenleistung für seinen Schutz heiratet.

Andromache beschließt, Neoptolemos nachzugeben, nachdem sie Hektors Geist an dessen Grab befragt hat, bereitet sich aber darauf vor, sich unmittelbar nach der Hochzeit umzubringen. Hermione verlangt, dass Orestes Neoptolemos vor dem Altar tötet, als Vergeltung für dessen Ablehnung. Hermione ist nach Neoptolemos' Weggang zwischen Liebe und Hass hin- und hergerissen. Als Cleone, ihre Vertraute, ihr von Neoptolemos' verletzendem Glück bei der Hochzeitszeremonie erzählt, siegt der Groll. Als sie Orestes erzählen hört, wie die Griechen sie gerächt haben, indem sie Neoptolemos am Altar getötet haben, verflucht sie ihn und ersticht sich selbst in Gestalt des Neoptolemos. Orestes wird von Verzweiflung überwältigt und verfällt dem Wahnsinn.

(Ihrem Ruf getreu liest sich die griechische und römische Mythologie wie die Episoden der US-Fernsehserie SOAP aus den späten 70er Jahren.)

Hekuba

Die Griechen haben Troja erobert. Die Frauen von Troja werden unter den achäischen Siegern aufgeteilt, aber sie sind nach Hause zurückgekehrt. Starke Winde halten die griechische Flotte auf. Der Geist des Achilles verlangt, dass Polyxena, die Tochter von Hekuba und Priamos, dem Herrscher von Troja, geopfert wird. Odysseus, der griechische Held, kommt, um sie zu entführen. Er ist unbeeindruckt von Hekubas Angst oder ihrer Ermahnung, dass er ihr einst sein Leben verdankte. Polyxena hingegen würde lieber sterben, als versklavt zu werden, und sie akzeptiert ihr Schicksal. Hekuba ist wieder einmal die Leidtragende, als sie sich auf die Beerdigung vorbereitet. Polydoros, ihr jüngster Sohn, ist mit einem Anteil von Priamos' Vermögen zu Polymestor, dem Herrscher der thrakischen Chersones (wo heute die griechische Flotte stationiert ist) geschickt worden.

Als Troja fällt, ermordet Polymestor den Jungen Polydoros und wirft seinen Körper ins Meer, um den Schatz für sich zu behalten. Er wird gewaschen und zu Hekuba gebracht. Auf der Suche nach Vergeltung wendet sie sich an Agamemnon, den griechischen König, aber er ist trotz seines Mitgefühls vorsichtig. Hekuba nimmt die Sache selbst in die Hand und sucht Rache. Polymestor und seine Söhne werden in ihr Zelt gelockt, wo ihre Diener ihm die Augen aufschlitzen und seine Söhne ermorden. Agamemnon schickt den geblendeten König auf eine einsame Insel und prophezeit, dass Hekuba sich für das, was sie getan hat, in einen Hund verwandeln wird.

Die Zyklopen

Dies ist eine vertraute Interpretation der verbreiteteren Version von Odysseus' Begegnung mit dem Zyklopen in der *Odyssee*. Hier besucht Odysseus seinen Freund Silenos auf dem Ätna auf Sizilien und bietet ihm im Tausch gegen seinen Wein Essen an. Als dionysischer Diener kann Silenos nicht umhin, den Wein zu beschaffen, obwohl ihm das Essen nicht schmeckt. Kurz darauf erscheint ein Zyklop und Silenos beschuldigt Odysseus, das Essen verzehrt zu haben, und schwört den Göttern und den dabeistehenden Satyrn, dass er die Wahrheit sage.

Der Zyklop nimmt Odysseus und seine Mannschaft nach einem Streit in seine Höhle mit und verzehrt einige von ihnen. Odysseus entkommt und ist erstaunt über das, was er sieht. Er entwirft einen Plan, um den Zyklopen betrunken zu machen und ihm dann, während er nicht bei Sinnen ist, mit einem großen Schürhaken das Auge auszubrennen.

Als der Zyklop betrunken ist, behauptet er, Götter zu sehen und beginnt, Silenos als Ganymed zu bezeichnen. Der Zyklop entführt Silenos und bringt ihn in seine Höhle, und Odysseus beginnt die nächste Phase seines Plans. Odysseus holt sich die Hilfe der Satyrn, die dem Zyklopen das Auge ausbrennen. Sein Name sei „Niemand", wie er den Zyklopen zuvor mitgeteilt hat. Infolgedessen klingt die Klage des Zyklopen, wer ihn geblendet hat, wie: „Niemand hat mich geblendet."

Die Troerinnen

Dieses Stück ist eine der bewegendsten Tragödien des Euripides und zeigt die Notlage der trojanischen Frauen, nachdem ihre Männer abgeschlachtet wurden und sie den achäischen Siegern ausgeliefert sind. Sie warten auf ihr Schicksal, traurig und besorgt. Der Herold Talthybios verkündet, dass sie unter den Siegern aufgeteilt werden. Die trojanische Königin Hekuba wird dem verachteten Odysseus in die Hände fallen, ihre Tochter Kassandra wird Agamemnon übergeben und ihre Tochter Polyxena wird auf Achilles' Grab erschlagen.

Kassandra, die tragische Gestalt, erscheint. Als Prophetin kündigt sie den Untergang des Eroberers an, doch wie üblich hört ihr niemand zu oder glaubt ihr. Andromache kommt mit ihrem Sohn Astyanax, um die Siegesbeute von Achilles' Sohn Neoptolemos zu werden. Talthybios taucht wieder auf, um Astyanax zu entführen, der von den Griechen zum Tode verurteilt wird.

Als Nächstes treffen sich Menelaos und Helena. Menelaos ist eifrig darauf bedacht, sie zu vernichten, und Hekuba schürt seinen Hass. Auf der anderen Seite vertritt Helena ihren Standpunkt, und ihre Versöhnung wird angedeutet, als Helena und Menelaos abgehen. Talthybios taucht mit Astyanax' gebrochenem Körper wieder auf und Hekuba bereitet die Beerdigung vor. Troja wird angezündet und die Türme der Stadt stürzen zusammen, als die Frauen sich in die Sklaverei begeben.

Iphigenie bei den Taurern

Als Iphigenie in Aulis geopfert werden sollt greift Artemis ein und ersetzt sie durch ein Reh auf dem Altar, rettet sie und bringt sie nach Tauris. Dort wird sie Priesterin im Tempel der Artemis, wo sie Ausländer, die an den Küsten des Königs Thoas landen, rituell opfern muss.

Iphigenie verachtet ihre erzwungene religiöse Sklaverei in Tauris und will ihrer Familie unbedingt mitteilen, dass sie noch lebt. Außerdem hat sie eine Vorahnung, dass ihr Bruder Orestes gestorben ist. In der Zwischenzeit hat Orestes seine Mutter, Klytämnestra, ermordet und ist wird von den Furien gequält. Obwohl er in Athen für nicht schuldig befunden wurde, wird er von einigen Furien weiterhin gejagt. Daraufhin befiehlt ihm Apollo, eine heilige Statue der Artemis an Athen zurückzugeben, woraufhin er von den Furien befreit werden würde. Wie es dort üblich ist, wird er von den taurischen Wachen verhaftet und in den Tempel gebracht, wo er hingerichtet werden soll.

Orestes und Iphigenie erkennen einander und sind glücklich. Iphigenie überlistet König Thoas, Orestes am Leben zu lassen, indem sie ihm erzählt, dass der Muttermord ihres Bruders die Artemis-Statue besudelt habe. Sie schlägt vor, sie beide gehen zu lassen, da sie sich selbst in Schande gebracht und auch durch ihre Familie Schande erlitten habe. Sie fliehen noch während König Thoas seine Entscheidung überdenkt und nehmen die Statue mit. Thoas verspricht, die Flüchtlinge aufzuspüren und zu töten, doch Athene greift ein und ermöglicht ihnen die Flucht.

Helena

Helena ist in dieser alternativen Geschichte nie mit Paris nach Troja geflohen, sondern wird nach Ägypten verschleppt, wo König Proteus sie beschützt. Nach Proeteus' Tod plant sein Sohn Theoklymenos, Helena zu heiraten, die ihrem Mann Menelaos treu geblieben ist. Als die Nachricht Ägypten erreicht, dass Menelaos ertrunken sei, wird Helena zum Heiratsobjekt. Um sicher zu sein, besucht sie die Schwester des Königs, eine Seherin namens Theonoe. Sie erfährt, dass Menelaos überlebt hat und bald ein Fremder nach Ägypten kommen werde. Es stellt sich heraus, dass dieser Fremde kein Geringerer als Menelaos selbst ist! Da sie einen Ausweg aus Ägypten finden muss, sagt sie König Theoklymenos, Menelaos sei tatsächlich tot und sie müsse ein Begräbnis auf See durchführen, um erneut heiraten zu können. Menelaos, noch verkleidet, schleicht sich mit ihr ins Boot und sie fliehen zurück nach Griechenland.

Elektra

In Euripides' Erzählung von Elektra heiratet sie einen Bauern, weil sie befürchtet, dass ihre Kinder eines Tages versuchen werden, Agamemnons Tod zu rächen, wenn sie im königlichen Haus bleibt und einen Adligen heiratet. Elektra ärgerte sich über ihr Exil und die Hingabe ihrer Mutter an Aigisthos, trotz seiner Freundlichkeit zu ihr. Orestes, der Sohn von Agamemnon und Klytämnestra, wird ins Exil zum König von Phokis geschickt, wo er sich mit dessen Sohn Pylades anfreundet.

Als sie erwachsen sind, kehren Orestes und Pylades auf der Suche nach Rache nach Mykene zurück und finden Elektra und ihren Mann. Ein Diener erkennt Orestes an einer Narbe, obwohl er versucht, seine Identität zu verbergen, um Informationen zu erhalten. Elektra stimmt zu, ihrem Bruder auf seiner Rachemission zu helfen. Sie beschließen, Klytämnestra aus dem Haus zu locken, damit Orestes Aigisthos töten kann. Nachdem sie dies getan haben, streiten sie über die Entscheidung, ihre Mutter zu töten. In dieser Version töten Orestes und Elektra ihre

Mutter gemeinsam und werden sofort von Schuldgefühlen übermannt. Schatten erscheinen, um ihnen zu sagen, dass, obwohl ihre Mutter ihren Tod verdient hat, sie dennoch eine schändliche Tat begangen haben, für die sie büßen müssen.

Orestes

Orestes und Elektra sind nach der Ermordung von Klytämnestra auf der Suche nach Menelaos' Schutz nach Sparta geflohen. Helena verlässt den Palast unter dem Vorwand, am Grab ihrer Schwester Klytämnestra ein Opfer darbringen zu wollen und Apollo für das Unglück des Hauses Atreus verantwortlich zu machen. Orestes erwacht, nachdem Helena gegangen ist, noch geplagt von den Furien. Als Menelaos im Palast eintrifft, unterhält er sich mit Orestes über den Mord und die Qualen, die sie seither heimsuchen. Tyndareos, Orestes' Großvater und Menelaos' Schwiegervater kommen und diskutieren die Einmischung der Menschheit in die göttliche Gerechtigkeit.

Später verteidigen Orestes und Pylades ihren Fall vor der Stadtversammlung, aber Orestes und Elektra werden zum Tode verurteilt. In einer interessanten Wendung beschließen sie, sich gegen Menelaos, Helena und Hermione zu verschwören, von denen sie glauben, sie hätten ihnen Unrecht getan. Helena löst sich in Luft auf, als die Geschwister sie töten wollen, also ziehen sie weiter zu Hermione. Menelaos kommt gerade noch rechtzeitig, und bevor noch mehr Blut vergossen werden kann, erscheint Apollo, um Menelaos mitzuteilen, dass Helena ihren Platz inmitten der Sterne eingenommen habe und dass Orestes in Athen vor Gericht gestellt werden müsse. Er versichert Orestes, er werde freigesprochen und Hermione heiraten.

Iphigenie in Aulis

Das Stück beginnt damit, dass Agamemnon bereits zugestimmt hat, seine Tochter Iphigenie zu opfern, um Artemis zu besänftigen, aber er beginnt zu zweifeln. Er versucht, ihr einen Brief zu schicken, in dem er ihr mitteilt, sie solle umkehren und nach Mykene zurückkehre, aber Menelaos fängt ihn ab, bevor er sie erreicht, und gerät in einen heftigen Streit mit seinem Bruder über dessen Meinungsänderung.

Merkwürdigerweise gelingt es jedem Bruder, die Meinung des anderen zu ändern, und sie wechseln die Seiten! Menelaos zieht es nun vor, die achäischen Streitkräfte aufzulösen und die Wiedererlangung seiner Frau aufzugeben anstatt seine unschuldige Nichte sterben zu sehen, und Agamemnon bestärkt seinen Entschluss, dass das Opfer schmerzhaft, aber notwendig für ihre Sache ist. Immer noch zerstritten, vermag keiner von ihnen Klytämnestra aufzufordern, umzukehren, so dass sie im Lager in dem Glauben ankommen, dass Iphigenie dorthin komme, um Achilles zu heiraten. Diese List ist kurzlebig und dient in erster Linie dazu, Achilles zu erzürnen. Als Agamemnons Frau und Tochter die Wahrheit erfahren, sind sie entsetzt und streiten mit Agamemnon, der inzwischen vollkommen davon überzeugt ist, dass er das Richtige tut. Achilles ist bereit, Iphigenie zu verteidigen, aber das Mädchen willigt ein, geopfert zu werden, als es sieht, wie es die achäische Armee belastet, dass sie ohne Wind dort bleiben muss und nicht nach Troja segeln kann. Im allerletzten Moment lässt Artemis Gnade walten und tauscht das Mädchen gegen ein Reh aus.

Ja, diese Versionen sind sehr unterschiedlich – aber so ist die Mythologie. Durch Generationen des Erzählens und Wiedererzählens – verbunden mit kulturellen Veränderungen, die eine Veränderung des Narrativs erfordern – werden diese Geschichten zu einem Frankenstein. Hier und da werden Teile ausgetauscht und gelegentlich ein völlig fremdes Element hinzugefügt. Und obwohl man vielen nur schwer folgen kann, sind die durchschlagenden Themen die der Verschwörung, der Rache, der Flucht und der Vergebung.

Kapitel 11: Die Legende: Wie die antiken Griechen den Trojanischen Krieg betrachteten

Dieses Kapitel behandelt die Zeit, in der die *Ilias* und die *Odyssee* geschrieben wurden, wie sie von Generation zu Generation weitergegeben wurden, was die Griechen der Antike über den Krieg dachten (ob er nun ein Mythos war oder nicht) und *wann er laut den antiken Gelehrten stattfand.*

Eine umfangreiche Debatte tobt noch über die Abgrenzungen, die Historiker und Gelehrte zwischen der Geschichte, Religion und der puren Unterhaltung in diesen Geschichten ziehen. Aber was ist mit den Griechen selbst? Wie viel Glauben haben sie ihren eigenen Geschichten geschenkt, und wie viel – wenn überhaupt – haben sie augenzwinkernd als Ausschmückung abgetan?

Auf diese Frage gibt es natürlich nicht nur eine richtige Antwort.

Wie die Menschen heute waren die alten Griechen keine monolithische Gruppe. Die Mythen der antiken Griechen waren fest in ihrer Kultur verankert. Während viele die Geschichten wörtlich nahmen, schätzten andere sie für ihren Gebrauch von Metaphern, Poesie und Pointen. Für die Griechen, die zur Zeit Homers lebten, oder in der klassischen Epoche Athens oder im Reich Alexanders des Großen, lag der Trojanische Krieg lange zurück. Die Stadt Troja war verschwunden, und die achäischen Griechen hatten wenig Ähnlichkeit mit der modernen griechischen Kultur. Wie die Dramen von Aischylos, Sophokles und Euripides zeigen, bestand ein großer Teil der Feinarbeit an den Geschichten darin, die Charaktere menschlicher zu gestalten und sie stärker mit Werten aus dem 5. Jahrhundert v.u.Z. in Einklang zu bringen.

Also wird die Frage komplizierter: nicht nur: „Haben die Griechen ihre Geschichten wörtlich genommen?", sondern auch: „Welchen Versionen ihrer Mythen wurde am meisten und am wenigsten Glauben geschenkt, und wie hat sich das im Laufe der Zeit verändert?" Es gibt vielleicht einen besseren Weg, diese Frage indirekt anzugehen, und zwar zu fragen: „Was dachten die Griechen über ihre Helden?" Das ist eine weitaus aussagekräftigere und viel eher zu beantwortende Frage.

Schließlich ist es nicht unklug, Leute zu fragen, was sie über Lukes Reise in Star Wars denken oder darüber zu debattieren, was Thor und Steve Rogers in der Avengers-Reihe „würdig" macht. Sie spiegeln Werte wider und diese Werte lassen Historiker ganz wörtlich in die Köpfe der alten Griechen schauen. Die griechischen Mythen über den Trojanischen Krieg waren wie ein Gespräch, das alle miteinander führen konnte; nicht wie eine Sprache, sondern wie ein Bewusstsein.

Also lassen Sie uns tief in ein paar der Charaktere (oder historischen Figuren – wenn Sie dieser Ansicht sind) eintauchen.

Unabhängig davon, welchen Charakter man betrachtet, wichtig ist, dass sie für die alten Griechen *Archetypen* darstellten. Achilles, Odysseus, Hektor, Agamemnon und Helena standen alle *für etwas*, worüber sie sich mehr oder weniger einig waren, auch wenn dieses „Etwas" sich im Laufe der Zeit weiterentwickelte. Ihre Geschichten handeln von vielen Dingen, aber sie drehen sich auch um die Darstellung eines Ideals durch die Figur, deren eigene Natur oft auf Nachsicht hoffen kann, aber letztlich ihrem Untergang nicht entkommt.

Achilles
Achilles war eindeutig alles, was ein bronzezeitlicher Grieche sein sollte und ist daher der archetypische Kriegsheld. Er war stark, schnell und kampftauglich. Obwohl er nicht übermäßig intelligent war, war er keine Bestie und blieb während des Trojanischen Krieges sein eigener Herr, befehligte seine eigenen Myrmidonen und behauptete oft seine Unabhängigkeit, was Agamemnon und andere griechische Führer veranlasste, ihn ständig auf dem Schlachtfeld zu umwerben.

Er sah auch gut aus und hatte einen ausgeprägten Gerechtigkeitssinn. Manchmal zeigte sich dieser in Form traditioneller Fairness, wie wenn er bereit war, Iphigenie vor ihrem erzwungenen Opfer zu schützen. Manchmal aber erschien er jedoch auch in Form von äußerster Wut und irrationalem Gerechtigkeitssinn, was sich zeigte, als er nicht nur den Tod Hektors durch eigene Hand verlangte, sondern auch dessen ewige Demütigung für die Ermordung seines lebenslangen Gefährten Patroklos. Dem Leser ist bewusst, dass Hektor wenig Unrecht getan hat, als er Patroklos im Kampf niederschlug, aber dennoch ist die Rache des Achilles schrecklich. Dies markiert einen der weniger diskutierten Aspekte des archetypischen Helden: *er bringt die Menschen dazu, Ausnahmen für sie zu machen.*

Die Taten des Achilles schmälerten seinen Stand weder in den griechischen noch in den modernen Köpfen. Vor allem die Griechen kannten das Ende der Geschichte und ließen ihren idyllischen Krieger nicht im Stich, als er Hektor hinter seinen Wagen herschleppte und seinen Körper den Hunden überließ. Sein Status sank übrigens auch nicht, als er den Göttern beiläufig Menschen opferte, wie er es nach dem Tod des Patroklos tat, oder einheimische Frauen entführte und vergewaltigte, wie er es zu Beginn der *Ilias* tat.

Agamemnon wurde für diese Dinge zur Rechenschaft gezogen. Tatsächlich sind die Opferung der Iphigenie und die Entführung der Kassandra als Konkubine die beiden Hauptgründe, warum sich Klytämnestra in Aischylos' Orestie-Trilogie gegen ihn wandte. Immer wieder wird in den Erzählungen Achilles' Arroganz von Homer als „groß in seiner Größe" erklärt. Dies ist sowohl eine ausgefallene Art zu sagen, dass er ein Archetyp für Größe ist, als auch ein Hinweis auf den letzten Aspekt, der seinen Archetyp vervollständigt: seinen Untergang.

Obwohl er der einzige Mensch in der Geschichte war, der buchstäblich eine Achillesferse hatte (ein Ausdruck, der heute synonym für die Schwäche oder den Niedergang einer Person verwendet wird), war diese kleine, unbekannte Verwundbarkeit nicht das, was ihn wirklich umbrachte. Damit Charaktere wie Achilles im kollektiven Bewusstsein bleiben, muss es einen sich schließenden Kreis geben. Mit anderen Worten, wenn er wegen seiner Größe groß ist, muss seine Größe ihn auch zerstören. Dieser Aspekt der Geschichte macht Achilles' Geschichte unvergesslich.

Er wurde vor die Wahl gestellt, der größte Krieger der Welt zu sein, aber jung zu sterben oder ein langes, glückliches Leben zu führen, und vergessen zu werden. Auch erhielt er immer wieder die Möglichkeit, sich anders zu entscheiden – selbst, nachdem er seine ursprüngliche

Entscheidung getroffen hatte, Größe und Tod im Trojanischen Krieg zu begegnen.

In den griechischen Mythen sind Prophezeiungen typischerweise Gesetz, aber Achilles' Situation ist insofern einzigartig, als er im Wesentlichen zwei Prophezeiungen erhält, zwischen denen er wählen muss. Die Debatte darüber, ob er aufgrund seiner Natur wirklich eine Wahl hatte, mag noch weitergehen, aber es bleibt eine erzählerische Wahl, die nicht typisch für das Genre ist. Seine Duelle mit Penthesilea und Memnon – nachdem er Hektor getötet hatte – zeigen, dass der Beweis seiner Größe gegen Ende seines Lebens für ihn eher eine Besessenheit oder ein Zwang geworden ist als eine Tugend.

Nachdem er seine Entscheidung getroffen hat, ein Krieger zu sein, wird er zum Sklaven dieser Entscheidung. Selbst als er erneut vor seinem bevorstehenden Tod gewarnt wird, entscheidet er sich dafür, Memnon zu bekämpfen und zu töten. Natürlich kann der große Kriegerheld nicht sterben, indem er im Kampf besiegt wird, und so kommt sein lang vorhergesagter Tod durch die Hand eines Attentäters, nämlich Paris. Außerdem brauchte Paris Gift an seinem Pfeil und die Führung Apollos, um Achilles auf eine Weise zu töten, auf die sich Achilles nicht vorbereiten konnte, da er von seiner Schwäche nichts wusste. Indem er auf diese Art starb, wurde alles, was er war, bewahrt.

Odysseus

Der Held am Ende des Krieges ist zweifellos Odysseus. Obwohl er viele Eigenschaften anderer griechischer Helden besaß, wie Geschicklichkeit im Kampf, repräsentiert er einen anderen Archetypen: den Außenseiter. Indem er seine Klugheit und seine Gedankenschnelligkeit zu seinem wirkungsvollsten Charakterzug macht, wird er zu einem wichtigen Repräsentanten der Strategie (und oft auch der Rücksichtslosigkeit), die nötig war, um durch den Diebstahl des Trojanischen Palladions und die List mit dem Trojanischen Pferd siegreich zu sein.

Durch Odysseus erkannten die Griechen die Schwächen roher Kraft und konventioneller Sitten. Während die Pflicht Hektor zwang, seinen fast sicheren Tod im Einzelkampf zu erleiden, hat Odysseus keine Skrupel vor Heimlichkeit, Hintertürchen und dem brutalen Mord an Hektors Kind. Während Ajax den Tod der Unehre vorzieht, als er in der Frage um Achilles' Rüstung übergangen wird, fühlt sich Odysseus mit unehrenhaftem Lügen und Betrug durchaus wohl, solange er gewinnt.

Schließlich stellt die Hinwendung von Achilles zu Odysseus eine andere Darstellung des Ruhms dar: die des Überlebens. Wo Achilles sterben musste, um groß zu sein, musste Odysseus leben. Seine Odyssee endet damit, dass er der einzige Überlebende der Reise nach Ithaka ist und Penelopes einsamer Freier bleibt.

Wie bereits erwähnt, liegen die Klugheit des Odysseus und sein Überlebensbedürfnis in seiner Natur, und vieles von seinem widerwärtigen Verhalten wird in diesem Zusammenhang vergeben. Seine Ermordung von Astyanax, dem Sohn von Hektor und Andromache, wird abgetan, weil sie die zukünftige Rache und einen weiteren Krieg gegen die Griechen verhindert. Seine vollständige Weigerung der Hilfe für Philoktetes (fast zweimal) auf Lemnos wurde ebenfalls vergeben, da er dies im Namen des griechischen Sieges und der Vorbeugung gegen Pest, vielleicht sogar gegen Aussatz, in den achäischen Heeren tat. Selbst der Tod seiner gesamten Crew ist gerechtfertigt, um sowohl ihre mangelnde Vorsicht als auch Odysseus' Überlebenstalent zu beweisen.

Wie Achilles wurde Odysseus nicht durch seine eigenen Stärken getötet, sondern durch eine unbekannte Schwäche. Die mangelnde Kenntnis über seinen Sohn führte zu einer Fehleinschätzung, wer – und wie gefährlich – der fremde Viehdieb war, den er in Ithaka traf. Nach einem ungeplanten konventionellen Kampf lange nach seiner körperlichen Blüte wurde Odysseus getötet.

Es ist auch bemerkenswert, dass Odysseus erst getötet werden konnte, als er sein Abenteurerdasein aufgab und sich niederließ. Mit anderen Worten, er starb, als er aufhörte, der zu sein, der er war. Wo Achilles einen symbolischen Tod durch Vergessenheit erfahren hätte, hätte er sich niederlassen wollen, begegnete Odysseus damit im wahrsten Sinne seinem Tod, womit die beiden homerischen Helden der *Ilias* und *Odyssee* ein weiteres Mal im Gegensatz zueinander stehen.

Hektor

Hektor ist der ehrenwerte Beschützer im Trojanischen Kriegsepos. Obwohl er fast die gleichen körperlichen Eigenschaften und Fähigkeiten wie Achilles besitzt, nutzt er sie zur Verteidigung seiner Familie und seines Volkes, nicht um Ruhm oder Erinnerung zu suchen. Dieser ehrenvolle Charakterzug zeigte sich zunächst in seiner Entscheidung, seinen Bruder Paris zu unterstützen, obwohl er ihn für einen Narren hielt und mit dem, was er getan hatte, nicht einverstanden war. Seine Stärke als Krieger wird durch diese Loyalität geschärft und gebündelt, was ihm die Kraft gibt, mit den Achäern ein Jahrzehnt lang um etwas zu kämpfen, worüber er sich mit ihnen einig war. So konnten sich Homer (und die Griechen, die sein Werk lasen) mit der feindlichen Seite der Schlacht identifizieren. Er machte sie nicht zu Gegenspielern, sondern zu kontrastierenden Archetypen.

Die *Ilias* und die *Odyssee* sind Geschichten, in denen es keine echten Gegenspieler gibt, außer Prophezeiungen und vielleicht den Göttern und Göttinnen. Daher konnten die Griechen ebenso hinter Hektor stehen und sich über die Prinzipien und den Ausgang des Krieges zugunsten der Achäer, ihrer eigenen Vorfahren, zerrissen fühlen. So konnte Hektor ein Rivale oder ehrenhafter Feind der griechischen Sache sein. Er vertrat viele ihrer eigenen Werte, nur dass er auf der anderen Seite der Mauer stand, anstatt ein Erzfeind zu sein, den sie als ihr Gegenspieler betrachteten.

Und genau wie bei seinem griechischen Gegenüber wurde im Namen seiner Loyalität und Ehre viel Gewalt verübt, die das Publikum wohlwollend übersehen sollte. Die Verteidigung der Taten seines Bruders, von denen er weiß, dass sie falsch sind, ist vielleicht seine grausamste Tat gegenüber der Stadt Troja. Im Grunde genommen möchte er eher ehrenhaft sein, als recht zu haben, und Hektors Charakter ist vielleicht der tragischste, weil er nicht nur zu seinem eigenen Untergang führt, sondern auch zum sinnlosen Tod von Tausenden. Er bekämpft die Achäer prinzipiell, was die beiden anderen Helden nie getan hätten.

Dieses Trio wetteifert also um die Krone, wer der „wahre" Held des Trojanischen Krieges ist, was für die Griechen der wichtigste Teil der Geschichten ist. Ob sie glaubten, Achilles sei ein Halbgott oder einfach nur ein unglaublich schneller und geschickter Krieger, ist weit weniger wichtig, als ob sie glaubten, dass er dadurch über Odysseus und Hektor stand.

In ähnlicher Weise zeigt die Tatsache, wem sie eher seine Fehler und schlechtes Verhalten nachsehen, den Archetypen, mit dem sie sich stärker identifizieren. Wenn Ungestüm und Eitelkeit bei jemandem übersehen werden können, der der Beste ist in dem, was er tut, dann neigt sich die Waagschale zugunsten von Achilles. Wenn Rücksichtslosigkeit und Betrug verziehen werden können, wenn sie von List und strategischer Planung begleitet werden, dann ist Odysseus der Protagonist der Wahl. Und wenn das Opfer und der Tod von vielen durch das Prinzip gerechtfertigt werden kann, für das man kämpft, dann ist Hektor die zentrale Figur der Sage. Es gibt auch andere wichtige Charaktere, die zwar nicht als die ultimativen Helden der Legende angesehen werden, aber dennoch wichtig für das Verständnis des altgriechischen Denkens über den Trojanischen Krieg sind.

Agamemnon

Der mächtigste Achäerkönig und Anführer der griechischen Heere im Trojanischen Krieg zählt nicht zu den zentralen Helden, ist aber im griechischen Denken immer noch prominent als Archetyp eines Herrschers und (abwesenden) Vaters. Auch der Fluch des Hauses Atreus, benannt nach seinem Vater und von seinem Urgroßvater begründet, wird durch Agamemnon weitergetragen. Tantalus, Pelops und Atreus werden als seine Vorfahren beschrieben, Orestes, Elektra und Iphigenie sind seine Kinder und machen ihn zu einer zentralen Gestalt in der Geschichte seiner Familie während des Trojanischen Krieges.

Als archetypischer Herrscher stellt er seine eigene Macht über seine Familie, was am besten durch seine Bereitschaft charakterisiert wird, Iphigenie zu opfern, selbst wenn er eine Weile schwankt. Diese Handlung war notwendig, damit die Achäer nach Troja segelten, und die Niederlage von Troja war notwendig, um Agamemnon und Mykene zum Hauptsitz der Macht in der Ägäis zu machen. All dies geschah auf Kosten seiner Familie und zeigt, dass der Fluch seines Hauses mit mangelnder Loyalität gegenüber der eigenen Familie zusammenhängt. Der Kreislauf von Mord und Rache unter den Verwandten ist es, was ihnen beständig Leid zufügt, und er endet erst, als sein Sohn Orestes trauert und um Vergebung für den Mord an seiner Mutter bittet.

Es war Agamemnons Natur, nach Macht streben, und obwohl er der Einzige seiner Sippe ist, der kein Mitglied seiner eigenen Familie tötet, war er gewiss bereit, dies zu tun, und er tat es symbolisch durch die Vernachlässigung seiner Familie und seine Abwesenheit. Er zeigt keinen Familiensinn in seinen Handlungen, ganz im Gegensatz zu Hektor, der den trojanischen Thron geerbt und der mächtigste Herrscher der Ägäis geworden wäre, wenn er seine Familie und sein Volk erfolgreich verteidigt hätte.

Agamemnon kehrt als Sieger nach Hause zurück, nur um getötet zu werden, als er den Höhepunkt seiner Macht erreicht. Obwohl Agamemnon den gleichen tragischen Fehler aufweist wie die anderen Helden, wird ihm vom Publikum nicht die gleiche Vergebung gewährt. Er wird oft so gesehen, dass er zu weit geht und seinen Ehrgeiz die Oberhand über sich gewinnen lässt und seine Geschichte ist eher eine warnende als eine, der man nacheifern oder die man bewundern sollte. Dieser

Untergang hebt ihn vom heroischen Trio Achilles, Odysseus und Hektor ab.

Helena

Eine weitere warnende Geschichte ist die von Helena, obwohl sie von einer ganz anderen Art als die von Agamemnon ist. Ihre Geschichte beginnt in Sparta mit dem Gewinn des Wettbewerbs um ihre Hand durch Menelaos, die von ihrem Vater, König Tyndareos, gewährt wurde. Zu keinem Zeitpunkt entschied sie sich für Menelaos, obwohl viele Überarbeitungen ihrer Geschichte, wie die des Euripides, versuchen, sie ihrem ersten Mann gegenüber loyaler erscheinen zu lassen. Auch hat sie sich nicht für Paris entschieden, da sie ihm nicht von ihrem Vater, sondern von der Göttin Aphrodite, der Siegerin des Schönheitswettbewerbs, versprochen wurde. Um den „Preis" zu erzwingen, wurde Helena von einem magischen Pfeil des Eros (bei den Römern hieß er Amor) getroffen, damit sie mit Paris nach Troja fliehen konnte. Bei Helena ist die Interpretation sehr wichtig und divergierend, was sie zu einer der kontroversesten und rätselhaftesten Figuren des Epos macht. Wie die drei Helden verriet auch die Art, wie die Griechen Helena sahen, ihre eigenen Werte, genau wie in der heutigen Gesellschaft.

Für diejenigen, die glauben, dass Helena eine pflichtbewusste Ehefrau war, die von den Göttern manipuliert und verzaubert wurde, um sie zur Flucht zu bewegen und gegen ihre Natur zu handeln, repräsentiert sie den Jungschen Archetypus des „Jedermanns" (oder in diesem Fall der „Jedefrau"). Es ist nicht so sehr, dass sie einen eigenständigen Charakter hat, sondern dass sie dem Publikum einen Einstieg in die Geschichte und eine Rechtfertigung für den darauffolgenden Krieg gibt. Diese Interpretation wird durch die fortgesetzte Darstellung von Helena als Druckmittel gestützt, beginnend mit ihrer Verlobung mit Menelaos und danach in Troja, wo eine Gruppe von Männern sie als Eigentum ihres Gatten (je nachdem, auf welcher Seite sie stehen) diskutieren und dann Entscheidungen für sie treffen. Es war nicht ihre Entscheidung, Menelaos zu heiraten, es war nicht ihre Entscheidung, sich in Paris zu verlieben, und es war nicht ihre Entscheidung, in Troja zu bleiben oder nach Sparta zurückzukehren.

Eine Darstellung der Helena. "

Die zweite Deutung ist, dass Helena Menelaos heiratete, weil man es von ihr als Prinzessin von Sparta erwartete, dass sie sich aber wirklich in Paris verliebte und aus eigenem Antrieb beschloss, mit ihm fortzugehen. Diese Lesart macht Helena zum Archetypen der Liebenden, die vor allem Glück, Intimität und Erfahrung sucht. Unterstützt wird dies durch die Beschreibung von Helena als die schönste Frau der Welt, nicht als die pflichtbewussteste. Obwohl sie sicherlich beides sein könnte, liegt die Betonung auf Ersterem als ihrem wichtigsten Attribut und impliziert, dass sie die Schönheit und Intimität in anderen suchen würde, anstatt einfach das zu tun, was von ihr erwartet wurde. Die Tatsache, dass sie und Paris uneins sind, unterstützt diese Ansicht, da eine pflichtbewusste Ehefrau ihn unterstützt hätte, egal was in der antiken Ägäis geschah. Wegen eines Streits vergeht ihre Liebe zu Paris, was eher einer leidenschaftlichen Persönlichkeit entspricht und wahrscheinlicher ist als eine plötzliche nachlassende Magie der Götter. Dies würde ihren Sturz auch in Einklang mit dem der anderen Charaktere bringen. Wenn ihre leidenschaftliche Natur sie zur Flucht veranlasste, so würde dies wahrscheinlich auch zu Tod und Zerstörung führen, und ihre Rückkehr in eine lieblose und einengende Ehe mit Menelaos in Sparta wäre ein passendes tragisches Schicksal.

Eine abschließende Interpretation ihres Charakters ist führt zu der Erkenntnis, dass sie eine aktiv Handelnde in den Geschehnissen des Krieges spielt, die auf den Seiten beider Kriegsparteien agiert, um eine Verbesserung ihrer Situation herbeizuführen. In dieser Erzählung hätte sie den Archetyp des Magiers repräsentiert, die Art von Person, die Veränderung katalysiert und die Verbesserung ihrer Stellung aus eigener Initiative anstrebt. Ihre Verlobung war nicht unbedingt schlecht, zumal ihr Verlobter so etwas wie ein Dummkopf war - und die Verbindung ihr erlaubte, in Sparta zu bleiben.

Doch durch Paris' diplomatische Besuche in Sparta kam Helena irgendwann zu der Überzeugung, dass Troja vielversprechender für sie war. Sei es, weil sie glaubte, dass die Trojaner mächtiger seien, oder weil sie eine Möglichkeit sah, ihren Reichtum zu vergrößern, indem sie mit Spartas Vermögen auf den Schiffen nach Troja flüchtete, oder weil es mehr Gerechtigkeit für Frauen in Politik und Gesellschaft gab - oder *all das oben Gesagte.*

Diese Version schließt Liebe, Macht, Reichtum oder Gleichheit nicht als Motivation aus, erfordert aber einige Vermutungen über die trojanische Kultur. Letzteres ist besonders interessant, da Andromache als eine wertvolle Beraterin von Hektor angesehen wird und die Amazonen Zentralasiens prominent auf Augenhöhe mit ihren männlichen Kollegen als erbitterte Kriegerinnen auftreten. Dennoch sind es keine sehr abwegigen Vermutungen. Homer und die griechischen Dramatiker schrieben ihre Geschichten nach Hunderten von Jahren des dunklen Zeitalters, und selbst das klassische Griechenland in seinem goldenen Zeitalter war für Frauen nicht so golden. Es ist nicht schwer, sich vorzustellen, dass Helena ihr eigenes Wohl stärker im Blick hatte, als die späteren Griechen begreifen konnten.

Helena hätte sich an einem bestimmten Punkt des Krieges wieder auf die Seite der Achäer schlagen müssen, die für sie eine bessere Option darstellten. Der Tod von Hektor, Penthesilea und Memnon könnte der Anstoß für die Veränderung gewesen sein, was durch ihre Unterstützung von Odysseus bestätigt wird, als er und Diomedes die Stadt betraten, um das Palladion zu stehlen. Wenn der Diebstahl des Palladions symbolisch statt wörtlich gesehen wird, dann bedeutet das, dass die Verbündete, die den Achäern gezeigt hat, wie man die Mauern durchbricht, Helena und nicht Antenor gewesen sein könnte. Wenn man ihr auch nur das kleinste bisschen Handlungskompetenz zugesteht, ist sie die naheliegende Wahl, da sie vor kurzem durch den Tod von Paris zur Witwe wurde und in der Erzählung explizit erwähnt wird, dass sie beim Diebstahl des schützenden Zaubers von Troja geholfen hat. Ihre letzte Manipulation von Menelaos, den sie überredet, sie mit zurückzunehmen, anstatt sie zu töten, ist ihr endgültiger Sieg, wenn auch ein verdorbener, denn sie wäre eine Visionärin gewesen, die ihrer Unabhängigkeitsträume beraubt und gezwungen gewesen wäre, für den Rest ihres Lebens das Ego eines mächtigen Mannes zu streicheln.

Carl Jung schrieb im zwanzigsten Jahrhundert über viele dieser Archetypen, aber es war kein Revisionismus, der ihn sein Denken auf Menschen richten ließ, die tausende von Jahren vor ihm lebten. Schließlich versuchte er, etwas Universelles herauszuarbeiten. Das war dasselbe, was die Griechen mit ihren Mythen und Geschichten taten, ungeachtet der Überschneidung zwischen den beiden Genres. Glaubten die Griechen, dass der Trojanische Krieg real war? Ja, offensichtlich. Und nein, natürlich nicht.

Kapitel 12: Das Vermächtnis: Heutige Erkenntnisse und Interpretationen

In Ermangelung überzeugender archäologischer Beweise wurde angenommen, dass die Stadt Troja in dem Gebiet existierte, das auf zeitgenössischen Karten im Nordwesten der Türkei als „Troas" bezeichnet wurde. Begeisterte, die von den homerischen Legenden oder den späteren Werken der griechischen Dramatiker fasziniert waren, begaben sich oft auf Pilgerfahrten, um am selben Ufer zu stehen, an dem Achilles so viel Blut vergossen hatte und für dessen Verteidigung Hektor sein Leben gab. Doch erst im späten 19. Jahrhundert gab es für diese These Beweise, als ein ungewöhnliches Duo seine Ausgaben von Homer und seine Spaten nach Kleinasien mitnahm.

Frank Calvert lebte in der Troas nahe dem Hügel Hisarlik. Er war kein professioneller Archäologe, verfügte aber über ausreichende Kenntnisse, um in seiner archäologischen Arbeit effektiv zu sein. Seine Nachforschungen führten ihn zu der Erkenntnis, dass dies ein guter Ort sei, um seine Grabung zu beginnen und 1868 rekrutierte er einen weiteren begeisterten Archäologen namens Heinrich Schliemann. Ihre Erkenntnisse waren überwältigend und eroberten die Welt im Sturm. Obwohl sie Amateure waren, fanden sie antike Helden zusammen mit antiken Mauern und Tonscherben und verliehen der aufstrebenden Disziplin der Archäologie Legitimität. Als er Schmuck fand, vermutete

Schliemann bekanntermaßen, dass er die Accessoires der sagenumwobenen Helena gefunden hatte. Eine neue Generation, inspiriert von den Legenden Homers, sollte bald ihre Fackel in die Neuzeit tragen, um eine der drängendsten Fragen der Geschichte zu beantworten: War der Trojanische Krieg real?

Die Ausgrabungen begannen zu zeigen, dass Troja in der einen oder anderen Form seit etwa 3.000 v.u.Z. besiedelt war. Die Einwohner lebten in einer schwierigen Gegend, die das Leben oft zu einer Herausforderung machte. Archäologische Funde belegen, dass sowohl Kriege als auch Naturkatastrophen wie Erdbeben für das Auf und Ab der trojanischen Macht verantwortlich waren. In Zeiten von Wohlstand und Macht führten solche Verhältnisse dazu, dass die Trojaner Festungen erbauten, um sich zu schützen und Lebensmittel für drohende Hungersnöte oder Belagerungen zu lagern. Tatsächlich war die Nordwesttürkei eine der am geschäftigsten Gegenden des Handels der Antike gewesen, und ihre strategische Engpasslage am Eingang der Dardanellen war wahrscheinlich dazu genutzt worden, ihren Wohlstand durch Handel und Zölle zu vergrößern. Sie benötigten natürlich auch militärische Stärke, um die Zahlung von Zöllen für die durchreisenden Händler und Flotten zu einer besseren Option zu machen als die Aussicht auf eine Auseinandersetzung. Die Schaffung eines Marktplatzes an dieser Kreuzung war auch für sie von großem Interesse gewesen, da eine solche Win-Win-Situation Krieg und Gewalt als erfolgversprechende Strategie uninteressant gemacht hätte, ähnlich wie moderne Wirtschaftsvereinbarungen zwischen den EU-Mitgliedsstaaten einen Dritten Weltkrieg unattraktiv gemacht haben.

Überreste des Athenetempels in Troja. Dieser Tempel entstand nach dem Trojanischen Krieg.[45]

Die archäologischen Zeugnisse deuten jedoch nicht auf ein konstantes Wachstum hin. Sie zeigen Perioden von Wachstum und Schrumpfung, während derer die Bevölkerung in Zeiten des Wohlstands wuchs und in armen Perioden zurückgingen. Der Zeitpfeil bewegt sich jedoch nur in eine Richtung. Archäologisch bedeutet das „nach oben". Je tiefer die Artefakte, Wände oder Überreste liegen, desto länger ist es her. Troja wurde nicht am selben Ort wiederaufgebaut, sondern auf den Ruinen der vorherigen Stadt. Diese Schichtung, zusammen mit Methoden wie der Kohlenstoffdatierung, hat Archäologen eine ziemlich gute Vorstellung davon gegeben, wann Troja stark, schwach oder dazwischen war. Die älteste Siedlung von Troja ist Troja I, die zweitälteste Troja II usw.

Troja I war klein, aber wohlhabend, und als es zwischen 2550 und 2300 v.u.Z. zu Troja II heranwuchs, war es aufgrund seiner Größe sehr wohlhabend geworden. Der Bau der ersten Stadtmauern markiert den Übergang von Troja I zu Troja II, mit einer Zitadelle auf dem berühmten strategischen Hügel von Troja, 100 Meter über der umliegenden Ebene.

Doch selbst mit diesem dauerhaften Merkmal sah der Rest der Topographie anders aus. Der größte Unterschied zu heute ist, dass die Stadt viel näher am Meer lag, aufgrund der Ansammlung von Schlamm in Flussdeltas, der die Küste immer weiter hinausgeschoben hat. Die Lage der Stadt direkt am Ufer war von Bedeutung, da sie dadurch sowohl über einen Zugang zum Meer verfügte als auch eine strategische Lage entlang der Landwege einnahm. In vielerlei Hinsicht war Troja eine frühe Version des heutigen Istanbul (die Stadt wurde zuerst Byzanz genannt, dann Konstantinopel und schließlich Istanbul). Ein weiterer Vorteil für die Trojaner war die Art der Seefahrt zu ihrer Zeit, wo Schiffe oft tage- oder wochenlang anlegen mussten, während sie auf günstige Winde warteten. Die Bereitstellung eines sicheren Hafens und einer Unterkunft schuf einen Markt und trug zu ihrem Ruf als Handelszentrum bei.

In der späten Bronzezeit – als die Achäer auftauchten – war Troja großartiger und wohlhabender geworden, als die Bewohner von Troja II dachten. Tatsächlich deuten die Hinweise auf drei Dinge hin. Erstens war Troja größer, als Historiker erwartet hatten. Zweitens, dass Homers Beschreibungen von Troja wahrscheinlich sehr genau waren. Und drittens war es *wahrscheinlich die größte Stadt der Bronzezeit im Mittelmeerraum.* Troja VII war die letzte Ausbaustufe der Stadt, jene, die von den griechischen Truppen niedergebrannt und dem Erdboden gleichgemacht wurde, aber die Überreste zeigen, dass die Achäer zu einem schlechten Zeitpunkt kamen. Troja war auf seinem absoluten Höhepunkt, unberührt von jeglichem dunklen Zeitalter, Dürre, Krieg oder Rezession. In der Tat scheint es sich mit der fortschreitenden Ausgrabung der Stadt mit moderner Technologie zu erweisen, dass die Achäer rauflustige Underdogs waren, die keinen Anlass hatten, sich mit einem so wichtigen Handelszentrum anzulegen. Sparta wirkte im Vergleich mehr wie ein rückständiges Nest, aus dem Helena vielleicht flüchtete, um ihr Leben in einer kosmopolitischeren und anregenderen Kultur zu verbringen. Troja war nicht nur eine Festung, sondern ein städtebaulicher Komplex mit Außen- und Innenmauern, die nicht nur das Königshaus und den Adel schützten, sondern die gesamte Bevölkerung. Dieses Wachstum und die Verschiebung der Mauern zur unteren Stadt markiert den endgültigen Übergang der Stadt von Troja VII zu Troja VIII.

Die größere landwirtschaftliche Fläche war unter dem Schutz der militärischen Macht Trojas und unter der Führung von Hektor, der den Spitznamen „Zähmer der Pferde" trug, sorgfältig bewirtschaftet worden. Das bedeutete auch, dass ein großer Teil des Reichtums der Trojaner aus der Pferdehaltung stammte. Gezähmte Kriegspferde waren in der späten Bronzezeit weit weniger verbreitet als zur Zeit der griechischen Antike und waren daher viel wertvoller. Die Schafzucht bildete die Grundlage für eine aufstrebende Textilindustrie um Troja herum, deren Produkte die Trojaner über ihren Zugang zum Meer und die Kontrolle von Wasser- und Landwegen in alle Länder des Mittelmeerraums und Kleinasiens exportierten. Alle diese Details sind neuere Enthüllungen, da moderne Geräte eine Analyse der Artefakte ermöglicht haben, die den Archäologen nicht einmal während des zwanzigsten Jahrhunderts zur Verfügung standen.

Diese Enthüllungen zeichnen ein etwas anderes Bild vor dem Hintergrund der ägäischen Hauptmächte der Bronzezeit: der Achäer, der Trojaner und der Hethiter. Während die Einschätzung der Hethiter als mächtigste Macht der drei unverändert geblieben ist, könnte sich die Einschätzung eines Machtgleichgewichts der Achäer und Trojaner im Prozess der Revision befinden. Trojas eigentliches Territorium war klein, ja, aber die zunehmenden Beweise ihres Wohlstands, ihrer Macht und ihres Einflusses haben für Erstaunen gesorgt. Es kann sein, dass die Achäer dies sahen und zwei Dinge erkannten.

Erstens bestand die Möglichkeit, dass ihr „freundlicher Rivale" sie schnell überholen konnte, wenn er nicht gebremst wurde. Trojas Neutralität zwischen den Griechen und den Hethitern hatte ihnen erlaubt, bis zu einem problematischen Punkt zu wachsen. Wenn sie nicht bald etwas unternahmen, konnten sich die Achäer schnell zwei mächtigen Feinden gegenübersehen. Nach dieser Interpretation fand der Trojanische Krieg auf dem Höhepunkt der trojanischen Macht statt, genau aus diesem Grund: Troja war eine gefährliche aufsteigende Macht, die es zu kontrollieren galt. Wenn die Geschichte etwas gelehrt hat, dann, dass die Führer den Status quo bevorzugen, und Troja war im Begriff, diesen in den achäischen Königreichen aus dem Gleichgewicht zu bringen.

Wenn man in dieser Richtung weiterdenkt, könnten die Achäer von Gier getrieben worden sein. Als sie den Reichtum und die Macht sahen, die Troja durch seine strategische Lage angesammelt hatte, begehrten sie das Land, auf dem es lag, und sahen voraus, wie sie selbst an Macht gewinnen würden, wenn sie es kontrollierten. Diese Denkweise liefert eine viel stichhaltigere geopolitische Erklärung dafür, warum andere achäische Führer als Menelaos in den Krieg gezogen wären. Agamemnon könnte vielleicht durch Loyalität zu seinem Bruder gebunden gewesen sein, aber Loyalität war auch kein Merkmal, das üblicherweise von den mörderischen Mitgliedern des Hauses Atreus hochgehalten wurde. All dies wird durch hethitische Tafeln gestützt, die sich auf einen Krieg um 1180 v.u.Z. zwischen den Wilusa, dem hethitischen Namen für die Trojaner, und den Ahhiyawa, dem Namen für die Achäer, beziehen.

Damit wir uns nicht zu leicht von diesem Gedanken mitreißen lassen, sei angeführt, das Troja nicht die einzige Macht in der Ägäis war, die um 1180 v.u.Z. unterging. Aus Gründen, die unklar bleiben, stürzten die meisten Mittelmeermächte um diese Zeit ins dunkle Zeitalter und ihren Ruin, einschließlich der Achäer und Hethiter. Es war wie ein großer Reset-Knopf, und die „Griechen", die aus dem finsteren Zeitalter um Homers Zeit hervorgingen, unterschieden sich ethnisch und kulturell von den Achäern, auch wenn sie noch eine gemeinsame oder verwandte Sprache teilten.

Ebenso sind die Hethiter Kleinasiens in der Bronzezeit nicht die gleichen Hethiter, die wahrscheinlich die Vorfahren der biblischen Hebräer sind. Troja wurde, wie ausführlich dokumentiert, am härtesten getroffen. Der Titel der am „strategisch günstigsten gelegenen Stadt" ging an Byzanz über, und die einzige Möglichkeit, einen Wiederaufbau von Troja zu sehen, war, die Stadt in Lavinium anzusiedeln, wohin Aeneas zog, obwohl die Historizität dieser Legende bestenfalls zweifelhaft ist.

Wären die Achäer besser in der Lage gewesen, aus ihrem Sieg Kapital zu schlagen, wüssten Historiker wahrscheinlich mehr. Aber nach der Plünderung durch die Achäer wurde Troja nicht als griechische Stadt wiederaufgebaut.

Die archäologischen Funde zeigen viel Handel mit den griechischen Königreichen, weisen die Stadt in ihren späteren Entwicklungsstufen aber nicht als griechisch aus. Hätte es einen Trojanischen Krieg gegeben und wäre eine so mächtige Stadt wie die von Homer beschriebene von den Achäern geplündert worden, so gäbe es Hinweise darauf, dass die Sieger versuchten, die Stadt und das Umland zu kontrollieren und neu zu besiedeln. Der vielleicht seltsamste und am wenigsten glaubwürdige Teil des Epischen Zyklus ist, dass jeder nach dem Krieg einfach nach Hause ging oder sich in Italien niederließ.

Warum Italien? Wenn Nestor, Diomedes oder Philoktetes neue Kolonien gründen wollten, warum sollten sie die unglaublich lukrative, die sie gerade erobert hatten, aufgeben? Am Ende stimmt etwas einfach nicht. Höchstwahrscheinlich wurden Homer und die anderen Dichter mit der gleichen Frage zurückgelassen. Was geschah im Mittelmeerraum nach dem Trojanischen Krieg? Ein kataklysmisches Ereignis hätte den gleichzeitigen Niedergang erklärt, aber Beweise für so ein Ereignis fehlen noch. Dennoch, wenn die Autoren des Epischen Zyklus tatsächlich ohne Quellenmaterial oder eine klare Vorstellung davon, was passiert war, waren, dann wäre es sinnvoll, dass sie versuchten, nach vorn zu schauen und nicht zurück. Die Expansion in das westliche Mittelmeer war die neue Grenze des archaischen und klassischen Griechenlands, so dass es sinnvoller war, seine Helden in die „neue Welt" zu schicken, als sie mit dem Rest der alten verschwinden zu lassen.

Diese und andere Fragen lassen Historiker in Bezug auf den Trojanischen Krieg ein wenig ratlos zurück. Es gibt überwältigende archäologische Beweise, dass die Stadt selbst nicht nur existierte, sondern in einer Gestalt existierte, die von der homerischen Legende beschrieben wird. Ja, das darauffolgende dunkle Zeitalter löschte jeglichen Beweis dafür aus, ob ein solcher Krieg zwischen den Achäern und jener Zivilisation real oder erfunden war. Dennoch haben sich griechische Historiker, Dichter und Dramatiker im Laufe der Zeit als seltsam zuverlässig erwiesen, obwohl sie häufig das Übernatürliche einbeziehen.

Infolgedessen glauben die meisten Historiker, dass es einen Krieg zwischen den Achäern und den Trojanern gegeben hat, einen Krieg, der durch zeitgenössische hethitische Texte und die Geschichten späterer Griechen gestützt wird. Dennoch wird das Ausmaß des Krieges, seine Teilnehmer und sein Ausgang von vielen Skeptikern in Frage gestellt. Es scheint ihnen zu unwahrscheinlich, dass ein solch massiver Krieg stattgefunden hat, ohne eine Spur von direkten Beweisen zu hinterlassen, die über ein paar spärliche Zeilen in Aramäisch und eine Stadt, die zur gleichen Zeit wie viele andere Städte auch in Trümmer fiel, hinausgehen. Diese konservativeren Historiker gehen von einem kurzen Krieg mit unbekanntem Ausgang und unklarer Bedeutung aus, wobei beide Kulturen kurze Zeit später niedergingen.

Dennoch ist es wichtig, aus den neu auftauchenden archäologischen Funden so viel wie möglich zusammenzutragen. Die Ruinen, die durch moderne Ausgrabungen freigelegt und erforscht werden, hätten tatsächlich einer zehnjährigen Belagerung standhalten können, vor allem, wenn die Invasionsarmee nicht groß genug gewesen wäre, um die Stadt komplett einzuschließen, ein Detail, das durch Texte aus dem Epischen Zyklus bestätigt wird. Darüber hinaus stimmen die beschriebenen Schlachten und Technologien mit Homers Erzählungen überein, obwohl dies immer dem eigenen Geschichtsverständnis des Dichters zugeschrieben werden könnte.

Die Beweise haben auch einen zwingenderen Grund für den Krieg aufgedeckt, als er im Epischen Zyklus genannt wird. Eine Stadt von Trojas Reichtum und strategischer Lage hätte den Einsatz der Achäer zur Eroberung der Stadt als auch die Investition der Trojaner in die Verteidigung der Stadt geschaffen, die notwendig war, um sie zu erhalten. Auch die spätere Bedeutung von Byzanz und jüngerer Schlachten des Ersten Weltkrieges verdeutlichen die militärische Bedeutung des Ortes. In der berühmten Schlacht von Gallipoli - ein geografisches Äquivalent zu Troja aus dem 20. Jahrhundert - starben über 130.000 Soldaten. Diese Bedeutung würde wiederum die Notwendigkeit einer wirtschaftlich und militärisch konzentrierten Kultur unterstreichen, die neben dem Krieg gegen die Achäer wahrscheinlich noch viele „Trojanische Kriege" gekämpft hätte. Das würde bedeuten, dass die Menschen schon seit Jahrtausenden um Troja kämpften und starben, bevor die Achäer es angriffen; wer weiß, ob die Trojaner ihrer Zeit selbst die Ureinwohner waren oder nur die jüngsten fremden Eroberer?

Wenn es einen Trojanischen Krieg gegen die Achäer gab, könnte vieles von dem, was bisher angenommen wurde, falsch sein. Der Krieg wurde wahrscheinlich nicht durch ein paar wichtige Showdowns entschieden, bei denen ein Krieger einen anderen Krieger zum Kampf forderte. Wahrscheinlicher war es die jüngste Abfolge von Gefechten in einer länger währenden Serie von Schlachten, mit denen die Armeen versuchten, den strategisch gelegenen Stadtstaat zu kontrollieren.

Vermutlich gab es weniger großangelegte Angriffe als Homer beschrieben hat und mehr Guerilla-Aktionen beider Seiten: die Trojaner gegen die achäischen Lager und die Achäer gegen das trojanische Umland. Kurz gesagt, der Krieg wäre eher hässlich als glorreich gewesen. Mit einem Wort, es wäre nur ein Krieg gewesen.

Wie in vielen Kriegen mag es eine List gegeben haben, die den Achäern genau zur richtigen Zeit einen Vorteil verschaffte, als die Trojaner in ihrer Wachsamkeit nachließen. Es könnte etwas gewesen sein, das von jemandem ausgebrütet wurde, der Odysseus ähnelte, oder es könnte auf die Kriegsmüdigkeit der Trojaner und das Glück der Griechen zurückzuführen sein.

Letztlich ist es sehr verlockend, so viel wie möglich über Homers Trojanischen Krieg und seine Helden zu glauben, aber es ist genauso gefährlich wie die Glorifizierung jedes Krieges. Indem wir ihn unter dem Gesichtspunkt der Tugend betrachten, kehren wir seine Auswüchse unter den Teppich, die dann in unserer Welt genauso wie in der der alten Griechen weiterwuchern. Achilles ist ein faszinierender Charakter, aber er wäre ein furchterregender Mensch. Jemanden wie ihn anzubeten, ist ebenso eine Wertschätzung der menschlichen Fähigkeiten wie unserer Neigung, die weitaus größere Zahl der „kleinen Leute" zu vergessen: die Zivilisten, Bauern und gewöhnlichen Leute, die alle im Namen seiner Herrlichkeit starben. Am Ende war es bestenfalls ein Krieg um die Ehre einer Handvoll Menschen und schlimmstenfalls nur um Politik. Heldentum kann immer zur Schau gestellt werden, aber als Reaktion auf – nicht als Ursache für – den Krieg.

Hat Helenas Gesicht tausend Schiffe in See stechen lassen? Hat die Wut des Achilles tausend Menschen getötet? Die Aufzeichnungen sagen uns in beiden Fällen: wahrscheinlich nicht, und zwar aus verschiedenen Gründen. Aber es gab sehr wahrscheinlich doch einen schrecklichen Krieg, mit viel Sinnlosigkeit und einigem Heldentum, wenn auch wahrscheinlich von Seiten derer, die ihn nie wollten. Die traurige Realität ist, dass wir immer noch die falschen Fragen stellen.

Was würden wir über Helena sagen, wenn sie mehr als ein Heiratswerkzeug gewesen wäre? Und welche großen Taten hätte Achilles vollbringen können, wenn er nicht zu einem Werkzeug des Agamemnon gemacht worden wäre? Diese Fragen sehen den Krieg als ein Hindernis für größere Taten. Achilles würde wohl zustimmen, denn alles, was er am Ende tat, war, andere große Krieger zu vernichten, weil es ihn gut aussehen ließ. Aber vielleicht haben die griechischen Mythen viele

Schichten, und das war genau das, was Homer sagte. Achilles wurde durch den Krieg nicht groß gemacht, er wurde durch ihn kleiner. Er verzehrte ihn und wurde zu ihm. Er versuchte, sich vom Krieg abzuwenden (und wollte weg), wurde aber immer wieder von Eitelkeit und Arroganz zurückgehalten.

Denken wir daran, dass Achilles einer der wenigen Helden in der griechischen Mythologie war, der eine Wahl hatte.

Vielleicht entschied er sich gegen seine bessere Natur, ignorierte den Rat seiner Mutter, seine eigene Abneigung gegen Agamemnon und die Unabhängigkeit, die er so dringend durchsetzen musste, indem er tat, was jeder von ihm wollte und erwartete. Er musste gewusst haben, dass ein Talent für den Tod ihn einsam machen würde, und ein Vermächtnis des Todes vielleicht kein sehr glorreiches war. Oder vielleicht ist das nur die Übertragung moderner Ideen auf einen Geist der Bronzezeit, der einen ganz anderen Moralkodex hatte. Wer kann das sagen? Der Punkt ist, dass die Deutungen, Symbolik und Bedeutung der griechischen Mythen so vielfältig sind wie die Leser, und das ist *genau der Grund, warum sie bestehen bleiben.* Ähnlich wie die griechischen Konstellationen sind die unklaren Umrisse ein Merkmal, kein Fehler, und sie ermöglichen es den Menschen, das zu sehen, was sie sahen, *nicht trotz ihrer Unbestimmtheit, sondern gerade deswegen.* Zumindest so etwas in der Art.

Schlussbemerkung

Trotz ihrer vielen Interpretationen, Tausenden von Unterrichts- oder Forschungsstunden und vielen archäologischen Überraschungen, die ihre Behauptung untermauern, bleibt Homers *Ilias* eines der weltweit meistgelesenen und diskutierten Werke aller Zeiten. Obwohl viele seine Bedeutung aus historischer Perspektive beurteilen würden, würden wahrscheinlich ebenso viele Leser die wichtigsten Schlussfolgerungen aus psychologischer Sicht ziehen.

Unabhängig von der Perspektive wird der von Homer präsentierte Trojanische Krieg auch heute noch aus allen Blickwinkeln diskutiert. Diese einfache Tatsache beweist, wie wichtig die Bedeutung des Verständnisses unserer Vergangenheit für die Beurteilung unserer Zukunft ist.

Viele Historiker gehen davon aus, dass der Trojanische Krieg selbst nicht so wichtig war wie das homerische Epos, das darauf folgte, da die *Ilias* für die alten Griechen zu einer Art Bibel wurde. Seine Erzählung inspirierte Tausende von Menschen – ganz zu schweigen von dem großen Krieger Alexander dem Großen – und wurde zu einem der frühesten und am meisten erforschten Werke der Literatur.

Dennoch wird die Geschichte nicht nur von diesem einen literarischen Werk gestützt. Wir haben zeitgenössische Texte, die die Tatsache unterstreichen, dass der Trojanische Krieg kein kleiner Krieg war – oder einer ohne Bedeutung. Mykenische Griechen aus weiten Teilen der Welt vereinigten sich, um Troja anzugreifen. Sie versammelten 70.000 bis 130.000 Mann auf etwa 1.200 Schiffen! Diese Expedition war ein großes Unterfangen für diese Zeit in der Geschichte.

Der Fall Trojas löste vermutlich das dunkle Zeitalter im alten Griechenland aus, das von etwa 1200 v.u.Z. bis 800 v.u.Z. dauerte – kein kleines Ereignis in der griechischen Geschichte. Homers *Ilias* war nicht nur die Erzählung einer Kriegsgeschichte; sie diente als Ruf nach Einigkeit, nach einem Aufstehen aus der Asche, einer klaren Bestimmung und einem Patriotismus, der in den vergangenen 400 Jahren so gut wie verloren gegangen war. Die Geschichte – von Homer erzählt – half den Griechen, sich an die Mythen und die Geschichten ihrer Vergangenheit zu erinnern und sie gleichzeitig mit einem gemeinsamen Feind in der Zeit der Perserkriege zu verbinden. Auf diese Weise brachte die *Ilias* die Vergangenheit in ihre Gegenwart und förderte Nationalstolz und ein gemeinsames Gefühl des Schicksals.

Trotz dieses wichtigen Einflusses inspirierte der Trojanische Krieg die Griechen zur Erfindung des phonetischen Alphabets; sie bestimmten, welche Vokale und Konsonanten koexistieren, um den Klang gesprochener Wörter wiederzugeben. Ohne diese kann die *Ilias* nicht von ihrer mündlichen Geschichte in ihre schriftliche Form umgewandelt worden sein. Vor dieser wichtigen Zeit wurden zum Schreiben Keilschrift oder Piktogramme verwendet – mit denen sich menschliche Geschichten mit Kraft, Majestät und Emotion nicht festhalten ließen. Das erste Wort in Homers Epos? „Wut."

Wir täten gut daran, uns heute an dieses treffende Wort zu erinnern, wenn wir uns der Drohung eines Krieges nähern.

Schauen Sie sich ein weiteres Buch aus der Reihe Enthralling History an.

Literatur

Teil 1: Sparta

Herodotus. *The Histories with an English translation by A. D. Godley.* (1920). Cambridge: Harvard University Press. At the Perseus Project of the Tufts University.

Fields, N. *Thermopylae 480 BC.* Osprey Publishing, 2007.

Ctesias. *Persica* (excerpt in Photius's epitome).

Diodorus Siculus. *Library in Twelve Volumes with an English Translation by C. H. Oldfather. Cambridge, Mass.; London.* (1967). At the Perseus Project of the Tufts University.

Herodotus. *Herodotus.* Penguin Classics, 1996.

Hornblower, Simon & Spawforth, Antony & Eidinow, Esther. *The Oxford Classical Dictionary.* Oxford University Press, 2012.

Kinzl, Konrad H. *A Companion to the Classical Greek World.* Wiley-Blackwell, 2010.

Plutarch. *Aristides.*

Xenophon. *Anabasis.*

Burn, Andrew Robert. *The Pelican History of Greece.* Penguin. 1974.

Aristotle. *Politics.*

Berve, Helmut (1937). *Sparta.* Meyers Kleine Handbücher, 7. Leipzig: Bibliographisches Institut AG.

Cicero. Tusculan Disputations.

Delbrück, Hans. History of the Art of War Vol I. ISBN 978-0-8032-6584-4.

Holland, Tom. Persian Fire. Abacus, 2005. ISBN 978-0-349-11717-1

Campbell B. (ed). The Oxford Handbook of Warfare in the Classical World. OUP, Oxford, 2013.

Kinzl K.H. (ed). A Companion to the Classical Greek World. Wiley-Blackwell, 2010.

Salisbury, J. E. Encyclopedia of Women in the Ancient World. ABC-CLIO, 2001.

Snyder, J. M. The Woman and the Lyre. Southern Illinois University Press, 1989.

Spencer, C. Homosexuality in History. Harcourt, Brace & Company, 1995.

Simon Hornblower. The Oxford Classical Dictionary. Oxford University Press, USA, 2012.

William Shepherd. Plataea 479 BC. Osprey Publishing, 2012.

Xenophon. Constitution of the Lacedaemonians.

Burg, B. R. Gay Warriors: A Documentary History from the Ancient World to the Present. NYU Press, 2001.

Cahill, T. Sailing the Wine-Dark Sea: Why the Greeks Matter. Anchor Books, 2004.

Cartledge, P. The Spartans: The World of the Warrior-Heroes of Ancient Greece. Vintage Books, 2004.

Crompton, L. Homosexuality and Civilization. Belknap Press: An Imprint of Harvard University Press, 2006.

Forrest, W. G. A History of Sparta: 950-192 BC. W. W. Norton & Company, 2000.

Thucydides & Strassler, R. B. et. al. Thucydides Histories. Cambridge University Press, 2013.

Xenophon. The Whole Works of Xenophon. Andesite Press, 2015.

Aristotle & McKeon, R. Aristotle's Politics. Clarendon Press, 1999.

Cartledge, P. The Spartans: The World of the Warrior-Heroes of Ancient Greece. Vintage Books, 2004.

Lefkowitz, M. R & Fant, M. B. Women's Life in Greece and Rome. Johns Hopkins University Press, 2016.

Plutarch. Plutarch's Lives. Palala Press, 2016.

Plutarch. The Age of Alexander. Penguin Classics, 2012.

Xenophon. The Landmark Xenophon's Hellenika. By Robert B. Strassler. 2010.

Teil 2: Der Trojanische Krieg

(2021). Retrieved 23 October 2021, from https://www.theoi.com/articles/what-was-the-cause-of-the-trojan-war/

(2021). Retrieved 23 October 2021, from https://www.greekmythology.com/Myths/Mortals/Philoctetes/philoctetes.html

(2021). Retrieved 23 October 2021, from https://www.greekmythology.com/Myths/Heroes/Achilles/achilles.html

(2021). Retrieved 23 October 2021, from https://www.greekmythology.com/Myths/Figures/Amazons/amazons.html#:~:text=The%20Amazons%20were%20a%20race,the%20god%20of%20war%20Ares.

(2021). Retrieved 23 October 2021, from https://www.masterclass.com/articles/writing-101-the-12-literary-archetypes#12-archetypal-characters-to-use-in-your-writing

(2021). Retrieved 23 October 2021, from https://www.baltimoresun.com/news/bs-xpm-1993-02-22-1993053194-story.html

Achaeans (Homer) - Wikipedia. (2021). Retrieved 23 October 2021, from https://en.wikipedia.org/wiki/Achaeans_(Homer)

Achilles - Wikipedia. (2021). Retrieved 23 October 2021, from https://en.wikipedia.org/wiki/Achilles#Death

Achilles | Myth, Meaning, Significance, & Trojan War. (2021). Retrieved 23 October 2021, from https://www.britannica.com/topic/Achilles-Greek-mythology

Aeneas - Wikipedia. (2021). Retrieved 23 October 2021, from https://en.wikipedia.org/wiki/Aeneas

Agamemnon - Wikipedia. (2021). Retrieved 23 October 2021, from https://en.wikipedia.org/wiki/Agamemnon

Amazon Warriors Did Indeed Fight and Die Like Men. (2021). Retrieved 23 October 2021, from https://www.nationalgeographic.com/history/article/141029-amazons-scythians-hunger-games-herodotus-ice-princess-tattoo-cannabis

Amazons - Wikipedia. (2021). Retrieved 23 October 2021, from https://en.wikipedia.org/wiki/Amazons

Ancient Troy: The City & the Legend. (2021). Retrieved 22 October 2021, from https://www.livescience.com/38191-ancient-troy.html

Apollo - Wikipedia. (2021). Retrieved 22 October 2021, from https://en.wikipedia.org/wiki/Apollo#Anatolian_origin

Brouwers, J. (2021). The suicide of Ajax. Retrieved 23 October 2021, from https://www.ancientworldmagazine.com/articles/suicide-ajax/

Cassandra - Wikipedia. (2021). Retrieved 22 October 2021, from https://en.wikipedia.org/wiki/Cassandra

Epic Cycle - Livius. (2021). Retrieved 23 October 2021, from
https://www.livius.org/sources/content/epic-cycle/

Epic Cycle - The Center for Hellenic Studies. (2021). Retrieved 23 October
2021, from https://chs.harvard.edu/primary-source/epic-cycle-sb/

Epic Cycle - Wikipedia. (2021). Retrieved 23 October 2021, from
https://en.wikipedia.org/wiki/Epic_Cycle

Expedition Magazine - Penn Museum. (2021). Retrieved 23 October 2021, from
https://www.penn.museum/sites/expedition/the-hittites-and-the-aegean-world/

Fall of Troy: the legend and the facts. (2021). Retrieved 22 October 2021, from
https://theconversation.com/fall-of-troy-the-legend-and-the-facts-92625

First Sacking of Troy in Greek Mythology. (2021). Retrieved 22 October 2021,
from https://www.greeklegendsandmyths.com/first-sacking-of-troy.html

Geology corresponds with Homers description of ancient Troy. (2021).
Retrieved 22 October 2021, from
https://www1.udel.edu/PR/UDaily/2003/troy030303.html

Greek & Roman Mythology - Homer. (2021). Retrieved 23 October 2021, from
https://www2.classics.upenn.edu/myth/php/homer/index.php?page=trojan

Hancox, D. (2021). The Archetypal Father. Retrieved 23 October 2021, from
https://corecounselling.ca/the-archetypal-
father/#:~:text=The%20Father%20archetype%20combines%20the,to%20put%20
ideas%20into%20fruition.

Hektor in Greek Mythology. (2021). Retrieved 22 October 2021, from
https://www.greeklegendsandmyths.com/Hektor.html

Hercules' Ninth Labor: Hippolyte's Belt. (2021). Retrieved 23 October 2021,
from http://www.perseus.tufts.edu/Heracles/amazon.html

Hippolyta in Greek Mythology. (2021). Retrieved 23 October 2021, from
https://www.greeklegendsandmyths.com/hippolyta.html

Idomeneus of Crete - Wikipedia. (2021). Retrieved 23 October 2021, from
https://en.wikipedia.org/wiki/Idomeneus_of_Crete

Iphigenie - Wikipedia. (2021). Retrieved 23 October 2021, from
https://en.wikipedia.org/wiki/Iphigenie

Judgement of Paris - Wikipedia. (2021). Retrieved 23 October 2021, from
https://en.wikipedia.org/wiki/Judgement_of_Paris

Lindberg, T. (2021). Achilles and Patroclus: Archetypal Heroes. Retrieved 23
October 2021, from https://warontherocks.com/2015/12/achilles-and-patroclus-
archetypal-heroes/

Memnon: the African warrior who made Achilles bleed. (2021). Retrieved 23
October 2021, from https://thinkafrica.net/memnon-african-in-troy/

Menestheus - Wikipedia. (2021). Retrieved 23 October 2021, from
https://en.wikipedia.org/wiki/Menestheus

Mike Greenberg, P., Mike Greenberg, P., & Mike Greenberg, P. (2021).
Diomedes: A Hero of the Trojan War. Retrieved 23 October 2021, from
https://mythologysource.com/diomedes-trojan-war/

Mycenaean Greece - Wikipedia. (2021). Retrieved 23 October 2021, from
https://en.wikipedia.org/wiki/Mycenaean_Greece#Political_organization

Neill, C. (2021). Understanding Personality: The 12 Jungian Archetypes.
Retrieved 23 October 2021, from
https://conorneill.com/2018/04/21/understanding-personality-the-12-jungian-
archetypes/

Nestor | Greek mythology. (2021). Retrieved 23 October 2021, from
https://www.britannica.com/topic/Nestor-Greek-mythology

NPR Cookie Consent and Choices. (2021). Retrieved 23 October 2021, from
https://www.npr.org/templates/story/story.php?storyId=6117459

Original Sources - Discover Trojan War. (2021). Retrieved 23 October 2021,
from https://www.originalsources.com/Discover.aspx?ID=363

Original Sources - Fragment #1. (2021). Retrieved 23 October 2021, from
https://www.originalsources.com/Document.aspx?DocID=SFSAGL8BJN6SDX
M

Original Sources - Fragment #1. (2021). Retrieved 23 October 2021, from
https://www.originalsources.com/Document.aspx?DocID=HNLSDCYI215BPW
W

Original Sources - Fragment #1. (2021). Retrieved 23 October 2021, from
https://www.originalsources.com/Document.aspx?DocID=CFYALH4C4RY16C
A

Palladion (classical antiquity) - Wikipedia. (2021). Retrieved 23 October 2021,
from https://en.wikipedia.org/wiki/Palladion_(classical_antiquity)

Peleus - Wikipedia. (2021). Retrieved 23 October 2021, from
https://en.wikipedia.org/wiki/Peleus

Penthesilea. (2021). Retrieved 23 October 2021, from
http://www.hellenicaworld.com/Greece/Mythology/en/Penthesilea.html

Philoctetes - Wikipedia. (2021). Retrieved 23 October 2021, from
https://en.wikipedia.org/wiki/Philoctetes

Priam - Wikipedia. (2021). Retrieved 22 October 2021, from
https://en.wikipedia.org/wiki/Priam

Scythians. (2021). Retrieved 23 October 2021, from
https://www.worldhistory.org/Scythians/

Strauss, B. (2006). Strauss Offers Fresh Look at 'Trojan War'. Retrieved 22 October 2021, from https://www.npr.org/templates/story/story.php?storyId=6117459

Strauss, B. (2008). The Trojan War. London: Arrow.

The Final Labors of Heracles. (2021). Retrieved 23 October 2021, from https://www.greecetravel.com/greekmyths/argos8.htm

The Mythology of Tenedos. (2021). Retrieved 23 October 2021, from https://www.cointalk.com/threads/the-mythology-of-tenedos.332304/

The search for the lost city of Troy - British Museum Blog. (2021). Retrieved 23 October 2021, from https://blog.britishmuseum.org/the-search-for-the-lost-city-of-troy/

There could be surprising findings in Troy: Excavation head. (2021).

Thetis - More than Achilles's Mom. (2021). Retrieved 23 October 2021, from https://www.thoughtco.com/thetis-not-just-a-greek-nymph-116707

Trojan War - Wikipedia. (2021). Retrieved 23 October 2021, from https://en.wikipedia.org/wiki/Trojan_War#Gathering_of_Achaean_forces_and_the_first_expedition

Trojan War - Wikipedia. (2021). Retrieved 23 October 2021, from https://en.wikipedia.org/wiki/Trojan_War

Who Was Agamemnon? (2021). Retrieved 23 October 2021, from https://www.thoughtco.com/agamemnon-116781

Winkle, C. (2021). The Eight Character Archetypes of the Hero's Journey. Retrieved 23 October 2021, from https://mythcreants.com/blog/the-eight-character-archetypes-of-the-heros-journey/

Bildquellen

1   Sparta territory.jpg: MarsyasTerritorioEspartano.svg: Rowanwindwhistlerderivative work: Péter Gulyás, CC BY-SA 4.0 <https://creativecommons.org/licenses/by-sa/4.0>, via Wikimedia Commons https://commons.wikimedia.org/wiki/File: Sparta_Territory.svg

2   https://commons.wikimedia.org/wiki/File:Leda_-_after_Michelangelo_Buonarroti.jpg

3   https://commons.wikimedia.org/wiki/File:Dante_Gabriel_Rossetti_-_Helen_of_Troy.jpg

4   Sharon Hahn Darlin, CC BY 2.0 <https://creativecommons.org/licenses/by/2.0>, via Wikimedia Commons https://commons.wikimedia.org/wiki/File :%C3%87anakkale,_Turkey_-_Trojan_Horse,_March_2022.jpg

5   https://commons.wikimedia.org/wiki/File:Lycurgus_of_Sparta,_Merry_Joseph_Blondel.jpg

6   https://commons.wikimedia.org/wiki/File:Greek_Phalanx.jpg

7   Map_Peloponnesian_War_431_BC-fr.svg: Marsyasderivative work: Aeonx, CC BY-SA 2.5 <https://creativecommons.org/licenses/by-sa/2.5>, via Wikimedia Commons https://commons.wikimedia.org/wiki/File:Map_Peloponnesian_War_431_BC-en.svg

8   Ionian_Revolt_Campaign_Map-fr.svg: Eric Gaba (Sting - fr:Sting)derivative work: MinisterForBadTimes, CC BY-SA 3.0 <https://creativecommons.org/licenses/by-sa/3.0>, via Wikimedia Commons https://commons.wikimedia.org/wiki/File:Ionian_Revolt_Campaign_Map-en.svg

9   The original uploader was Hammer of the Gods27 at English Wikipedia., CC BY-SA 3.0 <http://creativecommons.org/licenses/by-sa/3.0/>, via Wikimedia Commons https://commons.wikimedia.org/wiki/File:Statue_of_Pheidippides_along_the_Marathon_Road.jpg

10 EcoChap, CC BY-SA 3.0 <https://creativecommons.org/licenses/by-sa/3.0>, via Wikimedia Commons https://commons.wikimedia.org/wiki/File:Isthmus_of_Corinth.svg

11 Fkerasar, CC BY-SA 3.0 <http://creativecommons.org/licenses/by-sa/3.0/>, via Wikimedia Commons https://commons.wikimedia.org/wiki/File: Thermopylae_hot_springs.jpg

12 https://commons.wikimedia.org/wiki/File:Scene_of_the_Battle_of_the_ Thermopylae.jpg

13 Dieses Bild wurde während des „DensityDesign Integrated Course Final Synthesis Studio" an der Polytechnischen Universität Mailand erstellt, das 2015 vom DensityDesign Research Lab organisiert wurde. Das Bild wird unter der CC-BY-SA-Lizenz veröffentlicht. Die Namensnennung erfolgt durch „Nicolo Arena, DensityDesign Research Lab". CC BY-SA 4.0 <https://creativecommons.org/licenses/by-sa/4.0>, via Wikimedia Commons https://commons.wikimedia.org/wiki/File:Nicolo_ arena_battleofthermopylae.svg

14 User:Bibi Saint-Pol, CC BY-SA 3.0 <http://creativecommons.org/licenses/by-sa/3.0/>, via Wikimedia Commons https://commons.wikimedia.org/wiki/File:Map_Greco-Persian_Wars-en.svg

15 Map_athenian_empire_431_BC-fr.svg: Marsyasderivative work: Once in a Blue Moon, CC BY-SA 2.5 <https://creativecommons.org/licenses/by-sa/2.5>, via Wikimedia Commons https://commons.wikimedia.org/wiki/File:Map_athenian_empire_431_BC-en.svg

16 https://commons.wikimedia.org/wiki/File:Pelopennesian_War,_Walls_Protecting_ the_City,_431_B.C.JPG

17 https://commons.wikimedia.org/wiki/File:Spartan_King_Agesilaus.jpg

18 https://commons.wikimedia.org/wiki/File:Boeotia_ancient-en.svg

19 https://commons.wikimedia.org/wiki/File:362BCThebanHegemony.png

20 Map_Macedonia_336_BC-es.svg: Marsyas (French original); Kordas (Spanish translation)derivative work: MinisterForBadTimes, CC BY-SA 2.5 <https://creativecommons.org/licenses/by-sa/2.5>, via Wikimedia Commons https://commons.wikimedia.org/wiki/File:Map_Macedonia_336_BC-en.svg

21 MapMaster, CC BY-SA 3.0 <https://creativecommons.org/licenses/by-sa/3.0>, via Wikimedia Commons https://commons.wikimedia.org/wiki/File:Map_ Cleomenean_War-en.svg

22 https://commons.wikimedia.org/wiki/File:Sparta_Ephoren_(WMH_11-1861-62_S_48_LLoeffler).jpg

23 G.dallorto, Attribution, via Wikimedia Commons https://commons.wikimedia.org/wiki/File:3196_-_Athens_-

_Sto%C3%A0_of_Attalus_Museum_-_Spartan_shield_(425_BC)_-
_Photo_by_Giovanni_Dall%27Orto,_Nov_9_2009.jpg

24 Phokion, CC BY-SA 4.0 <https://creativecommons.org/licenses/by-sa/4.0>, via
Wikimedia Commons https://commons.wikimedia.org/wiki/File:Xiphos_2.jpg

25 Phokion, CC BY-SA 4.0 <https://creativecommons.org/licenses/by-sa/4.0>, via
Wikimedia Commons https://commons.wikimedia.org/wiki/File:Kopis_2.jpg

26 © Marie-Lan Nguyen / Wikimedia Commons
https://commons.wikimedia.org/wiki/File:Caryatid_Erechtheion_BM_Sc407.jpg

27 Map data ©2023 GeoBasis-DE/BKG (©2009), Google, Inst. Geogr. Nacional, Mapa
GISrael https://www.google.com/maps/place/Gallipoli+Peninsula/
@42.7867119,22.0686044,5z/

28 This file is licensed under the Creative Commons Attribution-Share Alike 3.0
Unported license. https://creativecommons.org/licenses/by-sa/3.0/deed.en
https://en.wikipedia.org/wiki/File:Mycenaean_World_en.png

29 Bilipados, CC BY-SA 4.0 <https://creativecommons.org/licenses/by-sa/4.0>, via
Wikimedia Commons https://commons.wikimedia.org/wiki/File:Acropolis_of_
Athens_28Mar2020.jpg

30 https://upload.wikimedia.org/wikipedia/commons/1/1a/Francesco_
Primaticcio_003.jpg

31 https://commons.wikimedia.org/wiki/File:Dish_Thetis_Peleus_Louvre_CA2569.jpg

32 https://commons.wikimedia.org/wiki/File:Golden_Apple_of_Discord_by_
Jacob_Jordaens.jpg

33 https://commons.wikimedia.org/wiki/File:Helene_Paris_David.jpg

34 https://commons.wikimedia.org/wiki/File:The_Sacrifice_of_Iphigenia.jpg

35 Franz von Matsch, CC BY 2.0 <https://creativecommons.org/licenses/by/2.0>, via
Wikimedia Commons
https://commons.wikimedia.org/wiki/File:Peinture_murale_de_
LAchilleion_(Corfou)_(3278859760).jpg

36 GFDL, CC BY-SA 3.0 <https://creativecommons.org/licenses/by-sa/3.0>, via
Wikimedia Commons https://commons.wikimedia.org/wiki/File:Amazzone_ferita_-
_Musei_Capitolini.jpg

37 rob koopman, CC BY-SA 2.0 <https://creativecommons.org/licenses/by-sa/2.0>, via
Wikimedia Commons https://commons.wikimedia.org/wiki/File:Combat_
between_Achilles_and_Memnon,_Grave_amphora_southern_Italy,_330_BC.jpg

38 Dr.K., CC BY-SA 3.0 <https://creativecommons.org/licenses/by-sa/3.0>, via
Wikimedia Commons https://commons.wikimedia.org/wiki/File:Closeup_of_Achilles
_thniskon_in_Corfu_Achilleion_autocorrected.JPG

39 Metropolitan Museum of Art, CC BY 2.5
<https://creativecommons.org/licenses/by/2.5>, via Wikimedia Commons
https://commons.wikimedia.org/wiki/File:Philoktetes_Lemnos_Met_56.171.58.jpg

40 https://commons.wikimedia.org/wiki/File:Giovanni_Domenico_Tiepolo_-_The_Procession_of_the_Trojan_Horse_in_Troy_-_WGA22382.jpg

41 https://commons.wikimedia.org/wiki/File:J_G_Trautmann_Das_brennende_Troja.jpg

42 https://commons.wikimedia.org/wiki/File:Aeneas%27_Flight_from_Troy_by_Federico_Barocci.jpg

43 https://commons.wikimedia.org/wiki/File:Arnold_B%C3%B6cklin_-_Odysseus_und_Polyphemus_(1896).jpg

44 Yair Haklai, CC BY-SA 3.0 <https://creativecommons.org/licenses/by-sa/3.0>, via Wikimedia Commons https://commons.wikimedia.org/wiki/File:Antonio_Canova-Helen_of_Troy-Victoria_and_Albert_Museum.jpg

45 Carole Raddato from FRANKFURT, Germany, CC BY-SA 2.0 <https://creativecommons.org/licenses/by-sa/2.0>, via Wikimedia Commons https://commons.wikimedia.org/wiki/File:Troy_(Ilion),_Turkey_(7446501008).jpg

www.ingramcontent.com/pod-product-compliance
Lightning Source LLC
Chambersburg PA
CBHW072338090426
42741CB00012B/2841